Gerhard von dem Borne

Der Gral in Europa

Wurzeln und Wirkungen

Fischer Taschenbuch Verlag

Perspektiven der Anthroposophie

Herausgegeben von
Johannes M. Mayer und Wolfgang Niehaus

Ungekürzte Ausgabe
Veröffentlicht im Fischer Taschenbuch Verlag GmbH,
Frankfurt am Main, Februar 1987

Lizenzausgabe mit freundlicher Genehmigung
des Verlages Urachhaus GmbH, Stuttgart

Umschlaggestaltung: Jan Buchholz/Reni Hinsch
Gesamtherstellung: Clausen & Bosse, Leck
Printed in Germany
1480-ISBN-3-596-25559-7

Inhalt

Vorwort

Das vorliegende Buch ist das Ergebnis einer jahrzehntelangen Forschung um den Gral. Schon im Jahre 1944 konnte der Verfasser seine Studien in einer größeren (ungedruckten) Arbeit über »Die neueste Gralsforschung und ihr Verhältnis zu Wolframs Parzival. Grundlegendes zu einer Vertiefung des Christentums in der Gegenwart« unter der Ägide des Bonner Altgermanisten Hans Naumann zusammenfassen. Bei der weiterführenden Arbeit wurden die Ergebnisse der Fachwissenschaften, besonders der germanistischen und philologischer Legenden- und Mythenforschung, aber auch der Manichäismus-Forschung stets berücksichtigt. Darüber hinaus wurden aber auch die archäologischen Untersuchungen frühgeschichtlicher keltischer und persisch-iranischer Kultstätten verfolgt und einbezogen.

Richtunggebend für die eigene Fragestellung war der Gedanke, daß sich ein menschheitliches *Gral-Geschehen* aus der vorgeschichtlichen Vergangenheit sowohl im keltisch-druidischen Westen als auch im urpersischen Osten aufzeigen läßt, aber auch in eine ferne, nur zu erahnende Zukunft weist. Das Gralsgeschehen hat die menschheitliche Geistesgeschichte bestimmt, lange bevor es im poetisch bezeugten »Gral«-Symbol sich wandelnder Bildvorstellungen zur Zeit des Hochmittelalters in Frankreich und Deutschland durch große Vers- und Prosa-Romane konkret wurde. So ist der Gral keineswegs nur literaturhistorisch zu sehen oder als poetisches Requisit zu verstehen; er ist vielmehr die Symbol-Mitte einer geistig-seelischen Sphäre, in der sich religiöses Schicksal gestaltet, und steht somit in den weltheilsgeschichtlichen Perspektiven eines Christentums, das sich schon vor dem Erscheinen des Christus Jesus auf Erden anbahnte. Dabei wird deutlich, daß der »Gral« überall in Europa aufzufinden ist und daß er sich zwischen Skandinavien und Spanien oder zwischen Rußland, Großbritannien und Irland in den verschiedensten Bildern äußert, zum Beispiel als Stein oder Schale. Es handelt sich also um Imaginationen, die sich zwar mit einer äußeren Erscheinung verbinden, nicht aber mit ihr in deren Begrenztheit identisch sind. Als Vorstellungskomplex läßt sich der »Gral« nicht nur aus einer einzigen Herkunft ableiten: Weder aus einer nur keltischen, noch aus einer nur orientalischen oder aus einer nur einzigen christlichen Wurzel.

Einige wichtige fachwissenschaftliche Erkenntnisse sind dem Verfasser für seine eigenen Forschungen wesentlich geworden. Der christliche (ostkirchlich) Vorstellungsbereich um »Blut-Kelch« und »Blut-Lanze« war ihm durch Konrad Burdachs großes Werk ›Der Gral‹ (1938) seit dessen Erscheinen erschlossen. Gleichzeitig zeigte sich durch das Buch von Franz Rolf Schröder ›Die Parzivalfrage‹ (1928) – im Rahmen der Legion von orientalischen Analogien, die über das von Wolfram von Eschenbach ausdrücklich berufene spanische, arabisch-jüdische Toledo nach Europa einströmen konnten – die Brücke zur

manichäisch-persischen Sphäre. Diese Perspektive wurde durch die späteren Forschungen (besonders zur Gestalt des Graltempels von Lars-Ingvar Ringbom und Werner Wolf) nach verstärkt.
Durch zahlreiche Reisen konnten die eigenen Forschungen vertieft werden. So wurden in die vorliegende Arbeit archäologische, geographische sowie philologische und nicht zuletzt die geisteswissenschaftlichen Erkenntnisse Rudolf Steiners einbezogen. Auf dem 7. Internationalen Kongreß für Iranische Kunst und Archäologie am 9.9.1976 wurde im Zusammenhang mit dem darin beschriebenen Feuerheiligtum von Shiz auf das kurz zuvor erschienene, hier als Taschenbuchausgabe vorliegende Buch hingewiesen. Dies ergab sich aufgrund eines Vortrages von Gerd Noppe*, der sowohl die Beschreibung dieser Tempelstätte im Alexanderbuch des Nezami Ganjawi aus dem 12. Jahrhundert mit dem Graltempel von Wolfram von Eschenbach als auch dessen »Gral« mit dem »Weltenblickbecher« des Nezami verglich; er kam dabei zu dem Schluß, daß beide Dichter eine gemeinsame Quelle gehabt haben müssen. Den deutlich gewordenen persischen Anteil in Wolframs Parzival bekräftigte Noppe mit dem Hinweis auf die im vorliegenden Werk nachgewiesenen Zusammenhänge. So bestätigt sich auch durch archäologische Forschung die prophetisch-vorchristliche Gralsströmung und läßt um so klarer die Gral-Gegenwart und -Zukunft in ihrer Bedeutung erkennen und als eine hohe Verpflichtung empfinden.

Im Juli 1986 *Gerhard von dem Borne*

* Vgl. »Archäologische Mitteilungen aus Iran«, neue Folge, Bd. 10, 1977; S. 243–291

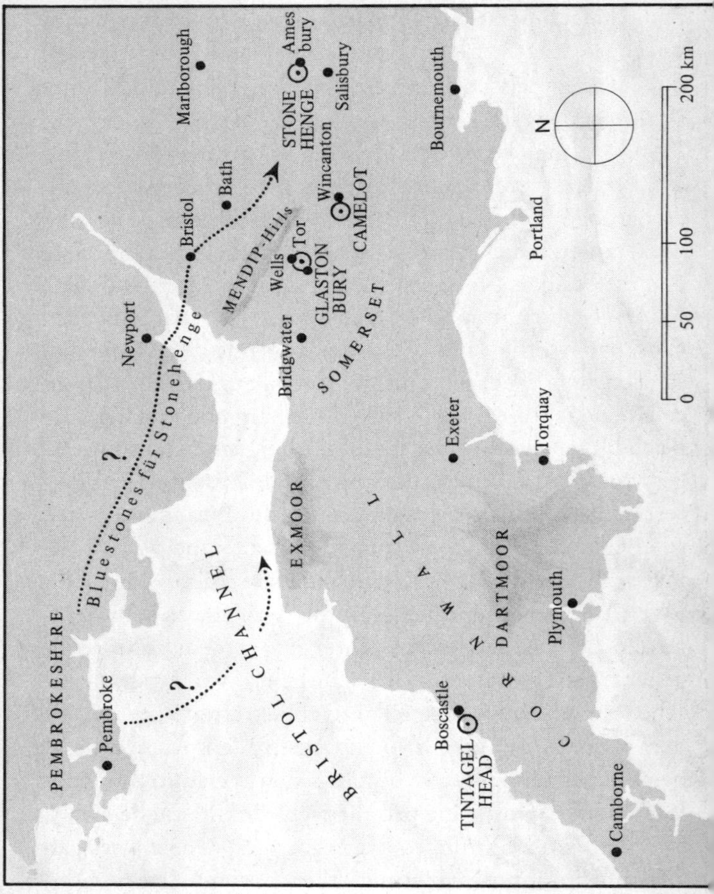

Südengland mit den wichtigsten im Text genannten Orten

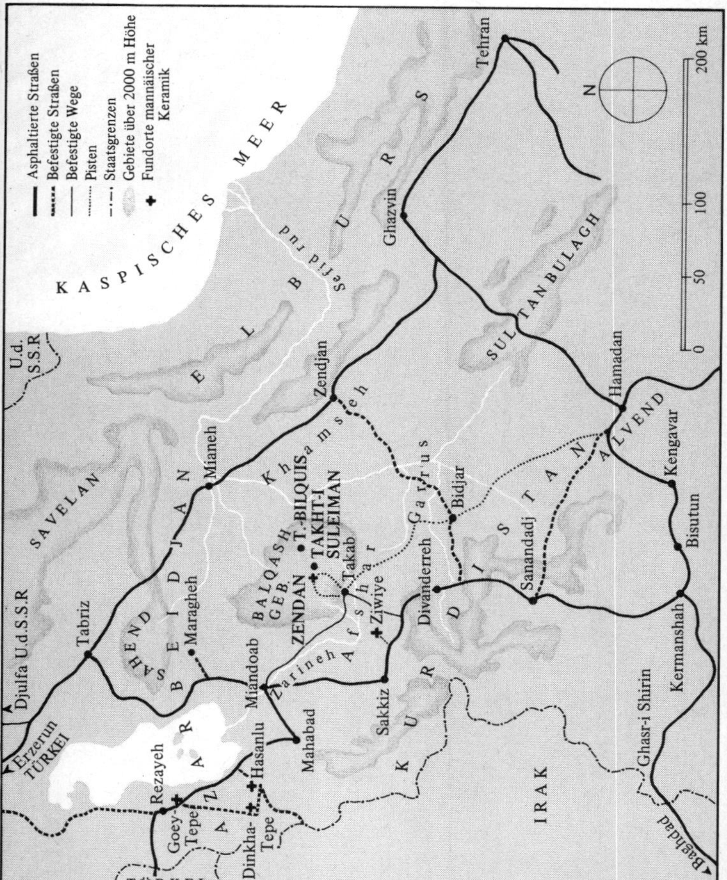

Nordwest-Iran mit den Tempelstätten Takt-i-Suleiman, Zendan und Bilquis

Mittelalterliche Jagdkarte des Waldes von Brocéliande mit mythologischen Hinweisen

Einführung

In den gegenwärtigen Auseinandersetzungen der christlichen Kirchen sowie der Christen selbst und ihrer Gegner sind zwei Arten des Ringens und Erkenntnisbemühens zu beobachten.
Die eine bekundet sich laut auf den Konzilien, auf Kirchentagungen, auf Synoden und Akademieveranstaltungen, in Podiumsgesprächen und in Diskussionen. Ihre Probleme, ihre Aussagen, ihre Zielsetzungen füllen die Tageszeitungen und Zeitschriften, finden ihren Niederschlag in Bild und Dokumentation, werden durch Radio und Fernsehen jedem zugänglich gemacht. Aber aufs Ganze gesehen ist dies nur die Oberfläche, der äußere Wellenschlag einer Ratlosigkeit, einer inneren Unsicherheit, die ungezählten Menschen oder Menschengruppen und vor allem der ehrlich suchenden Jugend zu schaffen machen.
Die andere Auseinandersetzung verläuft unter dieser Oberfläche, in aller Stille, wo sie den inneren Menschen aufruft, der sich in einen technischen Industriemechanismus hineinverstrickt erlebt. Sie bekundet sich in mancher Dichtung in Ost und West, spricht sich aus durch metaphorische Malerei und atonale Musik, betätigt sich

in zielbewußter Forschung und Lehre, die sich ausdrücklich abhebt von der nur auf das Äußere, Materielle sowie Quantitative ausgerichteten Forschungsweise. Eine solche Auseinandersetzung geht heutzutage in jedem einzelnen Menschen mehr oder minder bewußt vor sich, wenn er sein Menschentum bedroht fühlt. Dieses Faktum innerer Not bewegt ungezählte Scharen von Jugendlichen, sie finden sich im Chaos gegenwärtiger Meinungen wie geduldig Wartende in ihren eigenen Organisationen zusammen, aber ihre Sehnsucht bleibt im Grunde unerfüllt. Sie suchen Yogaschulen auf, um durch seelisch-physische Praktiken Erfüllung zu finden. Sie suchen durch Einnahme von Drogen etwas vom Seelisch-Realen zu erfahren. Im tiefsten ist es ein Suchen nach einer spirituellen Welt, in der die wahre Würde des Menschen ihre Erfüllung findet. Manche Pfarrer ringen um neue Formen des Gottesdienstes, die der Jugendsehnsucht nach neuer Musik, neuem Kirchenlied, nach undurchschauten Rhythmen entgegenkommen. Es werden Ritualexperimente gemacht. Diese treten auch auf der Bühne außerhalb eines ausgesprochen christlichen Bereiches in Erscheinung und deuten hin auf das Heraufkommen neuer, geistgetragener Kulturformen.
Von dieser zweiten Art der Auseinandersetzung stoßen wir zu einer noch tieferen Schicht gegenwärtigen seelischen Ringens vor, um an ein Urbild europäischen Geisteslebens heranzukommen, das aus den Bewußtseinstiefen des Gegenwartsmenschen durch alle Variationen christlichen, religiösen und atheistischen Strebens hinaufdrängt und gleichzeitig dem Namen EUROPA zugrunde liegt. Dieser Name bezeichnet das Land, wo es Abend wird vor der Nacht, wo es in den Tod geht, wo

das Schicksal der Menschheit sich nach unten neigt. Das uralte phönikische Wort ÄRÄB trägt heute die griechische Vorsilbe EU; sie hat die Bedeutung von gut, wohl, schön. Hier verschlingen sich die Bedeutung von gut und tot in eins, so daß der Tod den Sinn des Guten, das will sagen: der Überwindung in sich trägt. – Um die Zeitenwende zeigte sich die Größe einer solchen menschheitlichen Aufgabe.

Unsere Gegenwart hat gerade diese Aufgabe zu ergreifen, weil wir heute, wo sich das zweite Jahrtausend seinem Ende zuneigt, vom Tode in verschiedenster Form umdroht sind, sei es jener der Verseuchung und Vergiftung, der Naturkatastrophen oder des Hungers und Krieges, des Atomtodes.[1] Das ist erschütternde Realität, doch erweckt sie andererseits im Menschen den Lebenswillen, das »Dennoch«. So wie einst am Ostermorgen das Leben dem Tod auf Golgatha entrungen wurde, so kann auch in der Gegenwart aus der Bedrohung ein Ostern hervorgehen. Es ist sinnlos, das Geschehen von Golgatha zu »entmythologisieren« oder im Sinne eines Atheismus für null und nichtig zu erklären. Golgatha steht als geistig-physisches Faktum vor unserem inneren Auge, es wird zu dem erschütternden Realbilde, zu der die Menschen seit zwei Jahrtausenden bewegenden Imagination von Gethsemane. Dort im Garten, wo das Öl gekeltert wurde, stoßen in einem Gottmenschen zusammen Todesmacht und Auferstehungskraft. Da erfüllt sich, wie noch dargestellt werden soll, tausendjährige christliche Entwicklungsgeschichte der Menschheit, die sich in weltweiten Mythologien und im Alten Testament *vorverkündend* offenbart hat. Da spricht in allen vier Evangelien des Neuen Testamentes das Bild des Kelches, für den die

Kreuzigung letzter, erschütternder Ausdruck und wunderbares Vorzeichen der Auferstehung ist.
Von nun an beginnt dieser Kelch von Palästina aus durch die europäische Menschheit im Laufe vieler Jahrhunderte in alle Himmelsrichtungen zu wirken wie eine geistige Macht. Wir wissen alle, wie tausend und abertausend Menschen zu ihm aufgeschaut haben bis in unsere Tage, wie er aber auch erbittert und blutig umkämpft worden ist. Es offenbart sich uns das Werden des Christentums als ein bedeutungsvolles und zugleich reales Gethsemane-Geschehen bis in unsere todumdrohten Erdentage. Vertiefen wir uns auch hier wieder in das Innere dieser Kämpfe und Auseinandersetzungen, dann entfaltet sich vor uns das Wirken eines geistig-christlichen Entwicklungsstromes, und das Bild des heiligen Kelches erweitert sich zur Bilderwelt des Heiligen Grales, dessen Wirksamkeit nun dargestellt werden soll. Doch bevor wir uns an die Legenden, Sagen und geschichtlichen Tatsachen um den Gral heranmachen, soll noch geklärt werden, wie diese anzuschauen sind.
Betrachten wir zu diesem Zwecke beispielhaft die Berichte des Evangelisten Lukas, die uns darstellen, was nach der Grablegung geschah. Lesen wir ganz unvoreingenommen in den Bildern, die er uns von dem Auferstehungsgeschehen gibt. Nehmen wir sie auf wie das Gemälde eines Künstlers, das uns etwas sagen will.
Er berichtet, wie die Frauen am frühen Morgen des ersten Tages der Woche zum Grabe kommen, um den Leib des Herrn zu salben; sie finden ihn aber nicht mehr vor. Da ergreift sie Furcht, und sie *neigen* ihr Gesicht *zur Erde,* als zwei Gestalten in lichterstrahlenden Gewändern vor ihnen stehen und sagen: »Warum sucht ihr den

Lebendigen bei den Toten? Er ist nicht hier, er ist auferstanden« (Lukas 24,5/6).
Was sagt dieses Bild aus? Wer nach unten, nach der Erde blickt und nur das Tote gelten läßt, der sucht das Leben im Grabe, aber er findet den Auferstandenen, den Christus nicht. *Er verfällt der Erdensucht.*
Der Evangelist Lukas berichtet nun in der Apostelgeschichte über die Himmelfahrt, wie eine Wolke Christus vor den Augen der Jünger wegnimmt. Als sie, die Blicke *nach oben* gewendet, ihm nachsehen, stehen wieder zwei Gestalten in lichterstrahlenden, weißen Gewändern da und sagen:
»Was schaut ihr nach oben *zum Himmel?* Er wird kommen, wie ihr ihn zum Himmel fahren saht« (Apg. 1,11).
Was sagt das Bild aus? Wer, die Erde verneinend, nur nach oben schaut, der findet Christus nicht. Er verfällt der *Erdenflucht.*
Mitten zwischen diesen beiden Weisungen der Gestalten im Lichtgewand aber schildert der gleiche Evangelist recht anschaulich, wie Christus sich den Zweien, die, vom Auferstehungsgeschehen zutiefst bewegt, nach Emmaus wandern, als der Dritte zugesellt, wie er mit ihnen ins Gespräch kommt, wie er bei ihnen einkehrt und das Brot dankend bricht, wie sie ihn dann letztlich, von Freude, von Schrecken durchzogen, erkennen als den wahrhaft Auferstandenen.
Was sagt wiederum dieses Bild aus? Wo Menschen aus innerem Christuserleben miteinander sprechen, wo sie durch Gedanken und Herz sich mit ihm beschäftigen, da keimt und lebt etwas wie ein erstes Erkennen der wesenhaften Lichtgestalt des Auferstandenen, von seiner stärkenden Daseinsnähe. Aus einer unmittelbar erleben-

den Mitte beginnt der Mensch zu erkennen, er schreitet einen langen Weg, auf ihm überwindet er Schritt um Schritt *Erdensucht und Erdenflucht.*

Wir haben das Bildhafte des Lukasberichtes zu uns sprechen lassen; es schließt sich zu einer wirkungsvollen Einheit zusammen. Im Anfang unseres eben beschrittenen Weges wird die irdische Todesanschauung korrigiert, die himmlische Sehnsucht am Schluß. In der Mitte aber steht das erlebende Erkennen der Anwesenheit von Christus.

Wie die Bilder in einem Pflanzenbuch von der Wirklichkeit der Natur sprechen, so spricht in der Bibel das Bildhafte der Berichte über Jesus Christus von einer seelisch-geistigen Wirklichkeit. Und in dieser Weise begeben wir uns in die umfangreiche Geschichts- und Bilderwelt, die als Mittelpunkt das Bild des Grales hat. Es ist eine Welt, die weit in die Vergangenheit verschiedener Erdgebiete zurückführt, weil dort ihre Urquellen zu finden sind, die alle in die Gralströmung einmünden. Außerdem ist es eine Welt, die von drei Entwicklungsepochen des inneren Menschenwesens getragen, durchatmet und durchpulst ist: der vorchristlichen, sogenannten heidnischen, der frühchristlich-mittelalterlichen und der neuzeitlichen Entwicklungsepoche. Alle drei sind gekennzeichnet durch die stufenweise Entfaltung und Betätigung ganz bestimmter *Seelenkräfte,* die das Wesenhafte der menschlichen Natur ausmachen. Sie werden von Rudolf Steiner geisteswissenschaftlich* in folgender Weise mit dem ganzen Bereich des Graltums in Zusammenhang gebracht: »Alle Legenden, die an König Artus' Tafelrunde an-

* Über die Seelenglieder des Menschen siehe Rudolf Steiner ›Theosophie‹, GA Dornach 1973, Bibl.-Nr. 9

knüpfen, stellen dar die Wiederholung der Erlebnisse der früheren Zeiten der *Empfindungsseele*; alle die Legenden und Erzählungen, die unmittelbar zusammenhängen mit dem Heiligen Gral, abgesehen von Parsifal, stellen dar, was die *Verstandes-* oder *Gemütsseele* durchleben muß; und alles, was in der Gestalt des Parsifal zum Ausdruck kommt, dieses Ideales der neuen Initiation, insofern diese neuere Initiation abhängt von der Bewußtseinsseele, das stellt dar die Kräfte, die vorzugsweise eben durch das in uns angeeignet werden müssen, was wir die *Bewußtseinsseele* nennen.«[2] (S. 82)

Diese drei Bezeichnungen *Empfindungsseele, Verstandes-* oder *Gemütsseele, Bewußtseinsseele* sollen Wegweiser sein auf dem Erkenntniswege, der, wie sich noch zeigen wird, mehrere Jahrtausende durchzieht und nunmehr eingeschlagen werden muß, um die Menschheitsbedeutung des Christuswesens im Bilde des Grales zu erfassen. Das ist heute durch die Geisteswissenschaft Rudolf Steiners möglich. Auf der Dreiheit *King Arthur, Gral, Parzival* bauen sich demnach die nachfolgenden Ausführungen auf. In ihrem Verlauf wird sich nicht nur klären, was mit den zunächst abstrakt erscheinenden Begriffen gemeint ist, die auf Seelenkräfte hinweisen, sondern es wird sich auch erweisen, daß es sich dabei um kulturschaffende Seelenkräfte des Menschen handelt, die dem wesenhaft Geistigen zugänglich sind und von ihm gespeist und gelenkt werden, so daß sie ganze Kulturepochen hervorgebracht haben.

Nach diesen grundlegenden Bemerkungen soll zunächst auf die »Geschichte vom Heiligen Gral« des französischen Dichters Robert de Boron eingegangen werden, die etwa um das Jahr 1200 niedergeschrieben sein mag.[3]

Um diesem Dichter gerecht zu werden und ihn in einem größeren Zusammenhang zu verstehen, nähern wir uns zum dritten Male dem Golgathageschehen, wie es in den Evangelien seinen Niederschlag gefunden hat. Dabei stellen wir uns die Frage: Was war mit dem am Kreuze hängenden Leichnam nach dem Tode des Menschensohnes geschehen? Alle Jünger und Frauen waren auseinandergestoben. Wir vernehmen aus den Evangelien, daß der reiche Ratsherr Joseph von Arimathia und Nikodemus, der das heimliche Nachtgespräch mit Christus geführt hatte, den Leichnam vom Kreuz herabholten und in den felsigen Garten nahe bei der Schädelstätte brachten. Hier werden sie ihn gewaschen haben. Joseph wird dabei das Besondere, das Heilige des Blutes gewahrt haben, das aus den Wunden floß und in das herbeigeholte Gefäß tropfte, von dem der Dichter Robert de Boron weitererzählt und auf das wir fortan unsere Aufmerksamkeit richten wollen. Das aber soll so geschehen, wie wir es bereits anhand des Lukasberichtes taten; lesen wir also in den Sinnbildern, die uns der Dichter vermittelt. Wir werden sie als die Sprache einer inneren Realgeschichte, einer subtilen christlichen Strömung verstehen.

Nach den erschütternden Auferstehungserlebnissen der Frauen und Jünger nahmen die verängstigten, ratlosen Juden Joseph gefangen und warfen ihn in ein Turmverlies, wo er im Finstern, von aller Welt abgeschnitten, verzweifelt schmachtete. Zu bestimmter Stunde erstrahlt plötzlich das Kerkerloch in überirdischem Licht. Die Gegenwart des Auferstandenen wird nun auch ihm wie den anderen Jüngern zuteil, und er vernimmt des Gefäßes Rätsel durch den Auferstandenen selbst: »Du sollst *das Zeichen* meines Todes in deiner Macht haben und sollst es hüten, und diejenigen sollen es in ihre Macht bekommen, denen du es wirst geben wollen.« ... »Unser Herr hob empor das kostbare und edle Gefäß, worin das allerheiligste Blut war, als er Ihn am Kreuze abnahm und Ihm die Wunden wusch. Und als Joseph das Gefäß erblickte und erkannte, freute er sich in seinem Herzen ...«[3 (S. 26)] Wenn wir dieses Bild recht verstehen, sagt es uns, daß von nun an das ganze Golgathageschehen sich wie ein lichtes Herzenswissen mit diesem Gefäß als *einem Zeichen* verbindet, einem Gefäß, das im Laufe der Erzählung des Dichters von Boron einen Namen zugeordnet bekommt: »Wer das Gefäß recht nennen will, soll es mit Fug und Recht GRAL nennen! Denn niemand soll den Gral erblicken, glaube ich, dem er nicht genehm ist; er gefällt allen im Lande, allen ist er genehm, und allen ist er recht. Ihn zu sehen, erfüllt alle mit Wonne, die in seiner Nähe leben«[3 (S. 61)].

Dieses Gralerleben, Gralwissen und Gralwirken wird nun von Land zu Land immer weiter nach Westen getragen, »in das Land, das überaus wild ist, in die Täler von Avalon«. Damit gelangen wir nach Glastonbury, das in der englischen Grafschaft Somerset liegt und noch heute mit seiner keltischen Tradition und seinen christlichen Klosterruinen einen tiefen Eindruck hinterläßt. Einen weiten räumlichen Bogen von Palästina bis in das südwestliche England hin spannt der Dichter Boron in seiner Geschichte des Heiligen Gral. Wir haben uns nun mit diesem Ort zu beschäftigen, um erstaunt festzustellen, daß der Dichter auch auf Tatsachen zu sprechen kommt, die auf ein dem Grale zugehöriges Christentum hinweisen.

Glastonbury

Lassen wir zunächst einen englischen Forscher – Holmes – über dieses Eiland von Avalon berichten, um mit zwei geschichtlichen Strömungen vertraut zu werden, die an diesem Orte zusammentrafen: die des keltischen und vorkeltischen Britannien in der Gestalt des King Arthur sowie die des frühesten Christentums in der Gestalt des Joseph von Arimathia: »Die Sage von Joseph von Arimathia und dem Heiligen Gral sowie die Sage von King Arthur, diesem halb geschichtlichen, halb mythischen Helden, der in Ritterzeiten allgemein bekannt war, kamen nach Glastonbury und machten hier Halt, herbeigerufen durch mehr als eine Absicht mittelalterlicher Mönche.«[4] (S. 182 f.) Und nun folgt eine kurze Schilderung der mit diesem Fleckchen Erde verbundenen Vergangenheit: Hier schauten die Priester nach Westen, wo die Sonne versank und Dunkelheit wie eine geheime Welt uralter Götter aufstieg. Dorthin gingen auch die Seelen der Verstorbenen, um gereinigt und geläutert zu werden, auf daß sie, der Sonne gleichend, aus der rätselhaften Tiefe der Nacht wiedergeboren würden. Die Erde ist die wunderwirkende Schale (cauldron) des Todes und der Wiedergeburt, der Finsternis und des Lichtes, des Leidens und der Wonne. In vorgeschichtlicher Zeit war die Gegend von Glastonbury vom Meer umgeben, wie der Name »Isle of Avalon« noch bezeugt. Nur über das Wasser, das Element des Lebendigen, war das Eiland, wo die Götterwesen wirkten, zu erreichen. Diese Anschauung, die durch die Erdenschale ihren Ausdruck fand, war der Anziehungspunkt für die Sage von Joseph von Arimathia und dem Heilsgefäß, dem Gral. Darum sagt Holmes mit Recht: »Nun, wenn St. Joseph den Gral hatte, dann muß er ihn nach Glastonbury gebracht haben, denn alle wußten, daß in Glastonbury das geheimnisvolle Gefäß der Wiedergeburt war. St. Joseph und der heilige Gral war die christliche Form der heidnischen Sage.«[4] (S. 182 ff.) Ganz deutlich wird hier gezeigt, daß zwei Strömungen an diesem Orte zusammentrafen: die westlich-druidische und die östlich-christliche.

Wenn man heute oberhalb dieses Städtchens auf dem markanten, ausgeformten Berg »Glastonbury Tor« mit dem ruinenhaften Turm einer ehemaligen Michaelskapelle steht – dieser ist bei der Anfahrt schon meilenweit vorher zu sehen –, gewinnt man einen Überblick über Berge und Hügel ringsum, über die von Hecken eingefaßten Felder, über Wege und Stege, die aus der Landschaft flächenhafte Figuren herausschneiden. Jeder Beschauer ist überwältigt von der bewegten Vielgestaltigkeit der Gegend, die ein rätselhaftes Antlitz zu haben scheint. Man gewinnt, in die Vergangenheit sich zurückversetzend, die Gewißheit, daß hier einst ein bedeutendes, von Weisheit durchatmetes Kulturleben sich abgespielt hat. Es ordnen sich auf dieser Götterinsel die um den Betrachter herumliegenden Hügel zu einem figuren-

haften Tierkreiskosmos, von dem noch heute mancher Bewohner zu berichten weiß. Das aus ferner vorkeltischer Vergangenheit hereinragende Eiland mit dem Namen *Ynys-Witrin*, die Insel aus Glas, trägt in sich den ganzen Kosmos wie in einer geologischen Konzentration. Selbst ein Forscher wie Geoffrey Ashe gibt in seinem Buch ›King Arthur's Avalon, the story of Glastonbury‹ zu, daß die Stätte ein kultisches, auf den Kosmos bezogenes Zentrum mit dem *Tor* in der Mitte gewesen ist. Er sagt darüber: »Einige von diesen (sc. kosmischen) Gestaltungen – besonders der Löwe, welcher beim Somerton Weg ist – sind tatsächlich eindrucksvoll, aber andere erfordern ein Auge des Glaubens.«[5 (S. 29)]
Steigt man nun, erfüllt von diesem Anblick, hinab und folgt den Resten des spiralförmigen Pfadweges um die Höhe, dann meint man, dem Rätsel des Niedersteigens zur Erde, der Geburt auf die Spur zu kommen. Dabei offenbart sich einem im nachhinein, daß das schrittweise Erklimmen des Gipfels, das Heraustreten aus dem irdischen Tal einem Todesprozeß glich, der das Erahnen der kosmischen Sphären jenseits der Todesschwelle ermöglicht, wenn man die kosmische Prägung der Landschaft um den Glastonbury Tor sich bewußt macht. Durch solche Erfahrungen erkenntnisbereit gemacht, kann man die Aussage von Geoffrey Ashe ohne weiteres bejahen: »Die Druiden (Priester) führten bei den Zeremonien von Geburt und Tod den Vorsitz. Es ist behauptet worden, daß die Terrassen auf der Schräge des Glastonbury Tor Überbleibsel seien eines spiralförmigen Weges, mit Hilfe dessen sie in einer Prozession hinaufschritten, indem sie dabei die Schattenseelen segneten oder verfluchten, die unten vorbeigestrichen waren«[5 (S. 32 f.)].

Mit dem Motiv einer geistig-kosmischen Anschauung von Welt und Mensch ist ein Thema angeschlagen worden, das sich Schritt um Schritt als das eines kosmischen Christentums herausgestalten wird, das in keltische und vorkeltische Zeiten zurückweist.

Wer nun in westlicher Richtung dem Bereich des ehemaligen Klosters zustrebt, kommt am Fuße des Tor an der üppig sprudelnden Quelle vorüber, die heilendes Wasser führt. Sie hat um sich herum ein Paradiesgärtlein geschaffen, um das ein schützender Zaun gesetzt worden ist und das sich an die sogenannte Chalix Hill (Kelch-Höhe) anschmiegt. Das Quellhaus, das wie ein Wächter an der heutigen Straße steht, ist um 1200 aus massivem grauen Stein errichtet worden. An dieser Stelle, die etwa in der Mitte zwischen Tor und Kloster liegt, wo der »Kelch Quell« seit Jahrhunderten seine lebendigen Wasser ausströmt, dürfen wir den Beginn der Christianisierung des Naturtempelbezirkes vermuten. Hier fand durch das Wissen um den Leidens- und Auferstehungskelch das im ritualen Geschehen Vorausgeahnte seine Erfüllung, das durch etwa zwei Jahrtausende droben auf dem Sattel des Tor gepflegt worden war. »Und die Nähe des Tor bei der großen Quelle, der Chalice-Well, weist darauf hin, daß hier der Kern einer heidnischen religiösen Tätigkeit in Glastonbury gewesen sein mag, und das seinerseits mag für die frühchristlichen Missionare wie ein Ansporn gewirkt haben.«[6] (S. 141)

Seit Beginn des Jahres 1959 ist die Stätte im Besitz eines Freundeskreises, der sie unter der zielbewußten Führung von Wellesley Tudor Pole (†) für alle Besucher zugänglich gemacht hat. Im St. Michael-Haus hat jeder die Möglichkeit, die uralte Geschichte des Gebietes anhand der Bibliothek zu studieren. Hier erfährt er etwas über die Weisheit der Druiden in vorchristlicher Zeit, über das keltische Christentum und den Beginn des Christentums in Britannien wenige Jahre nach der Kreuzigung. Tudor Pole betont, daß diese Stätte, die dem Gedenken an das letzte Abendmahl Christi mit seinen Jüngern geweiht ist, in Stille dazu dienen solle, die Tiefen eines kosmischen Christentums unter dem Symbol des Gral-Kelches für alle Zukunft in freier Weise zu erfassen.[7] (S. 221 ff.)

Hier im Bereich des Klosters mag in frühchristlicher Zeit ein aus Olivenholz geschnitzter Becher aufbewahrt worden sein, der später in der ersten Klosteranlage der Mönche als heiliges Gralgefäß gehütet wurde. Von ihm berichtet der englische Historiker John Cottrell im Jahre 1970, er sei in der Zeit der Auflösung der Klöster durch König Heinrich VIII. (1491–1547) von Mönchen in das Haus Nanteos bei Aberystwyth (Wales) gerettet und dort von der Familie Powell durch Jahrhunderte sorgsam gehütet worden, weil man ihn mit der Gestalt des Joseph von Arimathia in Verbindung gebracht habe. Als solcher ist dieser Gralkelch noch heute vorhanden. John Cottrell hat ihn bewundern können, nachdem er sich auf langer Irrfahrt durch das südliche England bis zu ihm durchgefragt hatte.[8]

Setzt man von der historischen Stätte des Kelch-Quells den Weg in westlicher Richtung fort, dann gelangt man zu den Klosterruinen, die auf einem weitflächigen, von smaragdgrünem Rasen bedeckten Gebiet noch heute von einer religiösen, sonnenhaften Glanzzeit zeugen. Vom »Tor« ist nun nichts mehr zu sehen, eine völlig andere Welt nimmt den Besucher auf. Man meint, bis in die

Natur hinein zu spüren, daß hier intensives christliches Leben stattgehabt hat. Von den hier vorkommenden Weißdornbäumen ist seit dem Jahre 1520 dokumentarisch bekannt, daß sie zweimal im Jahre blühen: zur gewohnten Zeit und um den Dreikönigstag im Winter. Ihre Herkunft selbst ist unbekannt, taucht aber in der Sage als der zur Blüte gekommene Stab des Joseph von Arimathia auf.[9]

Das Portal der Lady Chapel ist noch am besten erhalten. Die Augen folgen den restlichen Figuren, die, in konzentrischen Halbbogen eingemeißelt, die Pforte überwölben. Der Stein ist zu feinsten christlichen Gestalten durchgearbeitet. Das Maßwerk darüber, auch über den Fenstern, welche die Nord- und Südwand harmonisch gliedern, zeugt von einer ganz neuen Welt, aus der geschöpft wurde; sie ist auferstanden aus dem Niedergang der vorchristlichen Epoche und trägt darum noch etwas von der kosmischen Naturkraft des keltischen Heiligtums. Welche von Enthusiasmus getragene Entschlußkraft hat sich hier mit einem harmonisierenden, liebevollen Formensinn verbunden, um dasjenige mit neuer Vielseitigkeit wieder aufzubauen, was die unheimliche Feuersbrunst im Jahre 1184 in Schutt und Asche gelegt hatte. Nach etwa fünf Jahren war die Kirche wieder aufgebaut. Sie trug den Namen von Joseph von Arimathia; unten befindet sich eine ihm geweihte Quelle. Von Jahrzehnt zu Jahrzehnt wurde unermüdlich weitergebaut. Es entstanden die Hauptkirche mit Querschiff 1184–1255, die Vorhalle dazu 1274–1291, schließlich der Chor bis 1374, worin sich auch das Grab des King Arthur befunden haben soll. Seine Stelle ist heute durch einen Hinweis bezeichnet.

Von 1495–1539 entstand noch die Edgar Chapel im Osten vor dem Chor. So erstreckte sich von Westen nach Osten ein vielgliedriges Baukunstwerk. Wenn man es ermessen und in seiner Großartigkeit erfassen will, muß man eine Länge von 170 m abschreiten.
An die Südseite der Hauptkirche gliederte sich das aus vielen Bauteilen bestehende Kloster an. Reste des Abthauses und eine gut erhaltene Abtsküche sind etwas weiter südwestlich anzutreffen. Sowohl aus der kurz angedeuteten Anlage als auch aus den Spuren der älteren Kirchen, deren Bau bis etwa 700 n. Chr. zurückliegt, läßt sich erkennen, daß hier ein geistiges Zentrum des Christentums kraftvoll gewirkt hat, so kraftvoll, daß es in einer alten Schrift ›De Antiquitate Glastionis Ecclesia‹ den Namen *Secunda Roma* trägt. In diesem zweiten Rom hatte es, wie wir deutlich gemacht haben, eine Tradition gegeben, die weit in vorchristliche, ja sogar vorkeltische Jahrhunderte zurückgereicht hatte, weil durch die Gestalt des Joseph von Arimathia die keltische Schale »cauldron« durch den christlichen Kelch abgelöst worden war, wofür ja die Chalice Well am Fuße des Tor lebendigster Ausdruck ist. Jeder Besucher spürt, wenn er kein Routinetourist ist, das Einmalige dieses historischen Bezirkes mehr oder weniger bewußt. Glastonbury mit seinen Stätten bietet dem Historiker und besonders dem aufgeschlossenen Theologen großartige, vertiefte Einsichten in eine der heutigen Zeit gemäße Christusanschauung. Geoffrey Ashe wirft die Frage auf: Aus welchem Grunde machten die Gralerzähler Joseph von Arimathia zu ihrem Vorgänger? Und er antwortet unter anderem: »Die epischen Dichter schrieben aus einem bestimmten Beweggrund im tiefsten ihres Her-

zens. Es war eine Zeit kirchlicher Auseinandersetzungen, und einflußreiche Anhänger der Dichter hätten gern der Britischen Kirche gegen die Römische durch den Nachweis unter die Arme gegriffen, daß sie ebenso alt und unabhängig von Rom sei.«[5] (S. 53)
Wir verfolgen die auf Joseph von Arimathia aufbauende christliche Strömung des Kelchgefäßes, dem der Name Gral zugelegt wurde, weiter, um die Hinweise englischer Archäologen und Historiker auf eine breitere Basis zu stellen. Denn nur so wird es möglich sein, erkennend in die Epochen vorzustoßen, die eine göttlich-menschheitliche Vorbereitung für die Geburt von Jesus Christus auf Erden sind.

Das Rätsel des Arthursitzes Camelot

Etwa 20 km südöstlich von Glastonbury entfernt trifft man das sogenannte South Cadbury Castle an, das einen markant ausgeformten Hügel von etwa 170 m Höhe krönt. Diese Stätte wurde seit 1966 systematisch erforscht, nachdem Einzelausgrabungen seit etwa 1913 auf einen historisch bedeutsamen Platz schließen ließen. Auch diese Höhe kann man ringförmig besteigen, wenn man die restlichen Wallabstufungen benutzt, die teilweise in vier Rundparallelen verlaufen. Die Besiedlung dieser Stätte reicht mit Unterbrechungen bis ins 3. Jahrtausend zurück. In ihr wurde der Sitz Camelot des King Arthur vermutet, der in den Sagen der Round-Table-Ritterschaft immer wieder als wichtiger Treffpunkt gedient hat. Und diese Vermutung hat sich durch die Ausgrabungen von 1966–1970 bestätigt.[10] Hier also waren die Ritter zusammengekommen, um von ihren Abenteuern und Kämpfen zu berichten. Hier hatten sie an einem Pfingsttage das *Münster* für ihre liturgische Vesper aufgesucht, hier hatten sie in der *Halle* des Runden Tisches ihr Gralerlebnis gehabt, das ihre Herzen tief bewegte, weil sie die sonnenhafte Lichtwirkung in der Halle geschaut hatten. Dieses Ereignis trug sich der

Sage nach im Jahre 454 nach dem Tode Christi zu.* Steht man heute auf der von der Natur reich beschenkten Anhöhe, dann streift der Blick ringsum nicht nur eine bergig bewegte Landschaft, sondern er ruht auch auf dem in der Ferne wie ein uraltes Wahrzeichen aus der ganzen Umgebung herausragenden keltischen Tor von Glastonbury. Der Beschauer selbst steht auf historischem Boden, der etwa 5000 Jahre alt ist. Das beweisen die Funde, die jüngst gemacht wurden.

Anlagereste einer Halle aus Holz wurden freigelegt; sie führen zurück in die Epoche des Königs Artus, der etwa um 500 n. Chr. gelebt haben soll. Verschiedene Scherbenfunde – darunter die sherds of Tintagel – zeigen, daß von diesem Platz aus Beziehungen nach Glastonbury, nach der Arthurburg von Tintagel, ja bis zum östlichen Mittelmeer bestanden haben. Dadurch rückt der reiche Kaufmann Joseph von Arimathia ganz natürlich in die Nähe dieses Ortes. Eine überraschende Entdekkung sind die grabenartigen Spuren einer *Kirche* mit kreuzförmigem Grundriß. »Daß ein solcher Kirchenplan direkt vom östlichen Mittelmeer hat beigebracht werden können, wird durch die Schrift ›De locis sanctis‹ des Adoman von (der Insel) Iona gezeigt, denn diese enthält eine Beschreibung der Kreuzkirche von Sichem in Israel durch den Pilger Arculf aus dem 7. Jahrhundert, zusammen mit einem Plan dieser Kirche.«[10 (S. 13)]

Mit der Insel Iona begegnen wir der altirischen Kirche, die in Irland ein Christentum entwickelte, das wir als ein kosmisches bezeichnen können, weil es unmittelbar an das irische Hochkönigtum anschließt und somit in

* Sir Thomas Malory: ›La morte d'Arthur‹. London 1930. Volume II, S. 165.

den Wirkungsbereich der »Secunda Roma« mit hineingehört.
Die Funde auf dem Hügel des South Cadbury Castle unterstreichen noch einmal das Ineinanderspiel von vorchristlichen Kulturstätten und dem aus Palästina herüberwirkenden frühen Christentum, ein Ineinanderspiel, das eine romfreie Strömung zur Wirkung kommen läßt, die erlebnismäßig anknüpft an das geistig-physische Golgathageschehen, wie wir es im Anfang skizzierten.
Wir wenden uns nun nach Cornwall, nach der Südwestküste Englands, um der Gestalt des King Arthur weiter auf die Spur zu kommen, denn dort sind heute noch in Tintagel die Reste eines burgartigen Herrschersitzes zu finden.

Tintagel

Bevor wir auf archäologische Fakten näher eingehen, soll die landschaftliche Umgebung dieses Stückes Erde skizzenhaft charakterisiert werden.

Das Küstengebiet von Nord-Cornwall ist einem starken Wetterwechsel unterworfen; durch Sturm, ständige Winde, Wolken und Gezeiten ist alles in Bewegung. Die häufig auftretenden Nebel verwandeln sich im Umsehen in feinen Nieselregen, der Land, Wege und Stege wie mit Schleiern überdeckt. Die Konturen des Physisch-Sichtbaren verschwinden, der Wanderer wird von Windböen gepackt, so daß er das Gefühl hat, alles Feste, alles Sichtbare hinter sich gelassen zu haben und voll und ganz von den Naturkräften aufgenommen zu sein. Die Elemente Wasser, Luft, Licht und Schatten offenbaren sich ihm. Zerreißt plötzlich die Wolkendecke und gibt den Blick frei in die Tiefe des Himmelsblaus, dann beginnt am Tage in der reinen, frischen Luft ein dramatischer Kampf zwischen Licht und Schatten, der sich besonders bei Sonnenaufgang und Sonnenuntergang zu einem flammenden Farbenmeer des Entstehens und Vergehens steigert. Es ist, als gewährte die Natur Einblick in den Kampf des Lichthaften mit den Finsternissen, einen Kampf, dem sich die Artusritter einst gewidmet haben. Während der Nacht dagegen führt meist der Sternenhimmel über die Weiten des unendlichen Wogenmeeres seine Sprache. Dann bildet die Erdenfeste mit den kargen welligen Höhen der ernstgestimmten Landschaft den ruhenden Pol des mit felsigen Küstenstreifen ins Meer hinausragenden historischen Bereiches.

In eine Urgesteinslandschaft war einst dieser Sitz des Artus eingebettet, unmittelbar an der Küste, nicht weit von dem heutigen Ort Tintagel entfernt. Die steinigen Pfade fordern dem Besucher der Burgruine, die in ihrer letzten Gestalt etwa aus dem 12. Jahrhundert stammt, einen entschlossenen, zielbewußten Schritt ab. Er wird von der Kraft des Seewindes gepackt; er wird hereingezogen in die dunklen zerklüfteten Felsmassen, die durch ihren Schichtenbau mit schneeweißen, schmalen oder breiten Quarzadern bekunden, daß sie sich in lange währenden Erdenatemzügen aufgetürmt haben. Abgründe gigantischer Urgesteinsmassive, von Grau bis Schwarz farbenwechselnd, hochgepreßte, gebrochene, umgebogene Tafelschichten bilden den Unterbau des Castle. Schildartig erhebt sich, landeinwärts aufgerichtet, eine Ruinenwand, an die sich der ganze raumbildende Rest von Mauern und Wällen angliedert bis hinüber zur Halbinsel. Felsnatur und Steinbau durch Menschenhand sind wie in eins verwachsen; der Anblick läßt vermuten, daß die Fundamente der Anlage weit in vorgeschichtliche Zeit zurückreichen. Die heutigen Trümmerreste lassen vor dem Betrachter einen vielgliedrigen Baukomplex entstehen, der in einen älteren hineingebaut ist, der bis in die Zeit des King Arthur zurückreicht, das heißt, bis ins fünfte und sechste Jahrhundert nach Christus.[6] (S. 88 f.) Die Besiedlung reicht sogar noch weiter zurück, wie römische Funde (Meilensteine) aus dem 3. Jahrhundert zeigen. Wir müssen von einer King Arthur-Strömung sprechen, die von der vorchristlichen Ära herkommt und ihre Tradition aus dem druidischen Königtum hergeholt hat, wie noch im Zusammenhang mit Irland gezeigt werden soll. Der Name »Arthur« selbst meint hier nicht einen bestimmten historischen König, sondern er will eine wesenhafte Funktion im Kreise der zwölf Mitkämpfer bezeichnen. Das schließt aber nicht aus, daß gerade in der Zeit der Sachsenkriege in England ein King Arthur ans Tageslicht der Geschichte trat, wie es die Ausgrabungen auf dem Camelot-Hügel für das 5. Jahrhundert nahelegen.

An die Steilfelsen des historischen Bereiches donnern Woge auf Woge mit weitem Schwung und tellurischer Wirkungskraft. Ein uraltes, rhythmisches Lied schöpferischer Erdgewalten dröhnt an unser Ohr, es durchdringt uns kräftigend und ermöglicht ein ahnendes Nacherleben höherer, göttlicher Mächte, die unsere Erde erschaffen haben. Dem innerlich lauschenden Beobachter kann klar werden, daß einst die Menschen an diesem Orte in das kosmische Naturgeschehen einverwoben waren und daß ihr schöpferischer Wille eins war mit dem Kosmos. Man darf von Empfindungsseelenkräften sprechen, die kulturbegründend gewesen sind. Hier mögen sich einst königliche Ritter getroffen haben. Aus uralter Tradition wurde die kosmische Steinrunde der Druidenpriester – wir werden später im Zusammenhang mit Stonehenge noch auf sie eingehen – in diesen Raum hineingenommen, sie fand so ihre Behausung und verwandelte sich in den »Round Table«, an dem King Arthur mit den

Seinigen in der Zwölfzahl für helfende, edle Guttaten bis in ferne Länder Rat hielt. Hier leuchtete das Wissen um den Einzug des Auferstehungslichtes und der Auferstehungskräfte in den Erdenbereich auf, so daß es sich zum Bilde des heiligen Gefäßes, zur Gralschale formte.
Die Ritter wußten, daß auf der Halbinsel, die von der Burg aus sichtbar ist, seit Jahrhunderten die druidischen Priester ihre Stätte gehabt hatten. Dort war diesen im Spiegel der Elemente von Urgestein und schäumendem Meeresgischt, von sturmdurchwehter Luft, von strahlender Sonne am Tage, von Mond und Sternen zur Nacht, im Wechsel von schweigender, tragender Ruhe und tosendem Chaos der Meeresweiten vernehmbar geworden, was von den göttlichen Wesen geplant war und sich durch die Bewegungen des Sternenkosmos kundtat. Der Besucher begegnet heute noch Spuren von Brunnen, Speichern und Gärten, von Wohnzellen und einem größeren Saal. Hoch oben, mit dem Blick nach Osten zum Königssitz, findet man Reste eines kultischen Raumes.
Die hochgetürmte Halbinsel, nur durch einen schmalen Grat mit dem Festland verbunden, war ein priesterlicher Bereich gewesen, wo die Kraft des Geistes das Wort geführt hatte. Hier entstand das keltische Kloster.
Die Kraft des Schwertes, die Wirksamkeit ritterlicher Taten ging aus von King Arthurs Felsenschloß, das von Natur und Menschenhand errichtet war. Seine Ritter wußten ebenfalls, daß unter den beiden Bereichen, dem der priesterlichen Mönche und dem ihrigen, die Höhle des weisen Merlin war. Um sie zu erreichen, muß der Besucher dorthin hinunterklettern, wo das schmale Bindeglied zwischen Burghöhe und Klosterinsel verläuft.

Hat er unten den Uferboden erreicht und wendet er sich zum Höhleneingang, dann dröhnt und braust bei Flut der Meeresdonner in seinem Rücken. Ist er im Vorwärtsdringen vom Höhlenmassiv vollständig umgeben und steigt er über das vom ewig bewegten Wasser abgerundete Steingeröll weiter ein, dann dröhnt und tost ihm plötzlich auch von vorn die Wogenflut entgegen. Überrascht hört er im Höhlenraum, wie das, was hinter ihm geschieht, vernehmbar zusammentrifft mit dem, was sich vor ihm abspielt. Vergangenheit und Zukunft lassen sich von mir, dem Gegenwärtigen, erhören, erlauschen. Merlin, der naturgewaltige Zauberer, der in der Vergangenheit las und die Zukunft erahnte und beides für sein Handeln in der Gegenwart fruchtbar machte durch seine Ratschläge an die Artusritterschaft, spricht heute noch in diesem Höhlenraum sein Wort, wenn man ihn in seiner Bildhaftigkeit in sich aufnimmt.

Merlin, durch seine Geburt diabolisch und engelhaft zugleich, hatte die Fähigkeit, in die Tiefen des Bösen im Erdengrund zu blicken, und es strömten ihm von oben die Kräfte und Weisungen des Göttlich-Guten zu. So wurde er der geheimnisvolle Erzieher des King Arthur im Knabenalter sowie der im Hintergrund wirkende Lenker und Künder des Grals für die Ritter von der Tafelrunde und für ihren König Uther Pendragon, den Vater von Arthur.[11]

Von allen Datierungen abgesehen, ist für uns maßgebend, daß auch hier keltische und frühchristliche Strömung zusammentrafen. Dies geht aus der Doppelanlage auf dem Festland einerseits und der Halbinsel andererseits hervor. Daher kommt Raleigh Radford in seiner Beschreibung von Tintagel, die sowohl das Sagenhafte als auch das real Historische berücksichtigt, zu folgendem Schluß: »Frühe Texte sprechen oft von ›dem klösterlichen Wall‹, ein Ausdruck, der jenen Bereich andeutet, welcher die von der Gemeinschaft bewohnte Siedlung einschloß. Das scheint eine natürliche Schranke, ein Erd- oder Torfwall oder eine Hecke gewesen zu sein. Aber dies hatte auch seine spirituelle Bedeutung, nämlich die Trennung der Gottesstätte von der Welt außerhalb.«[6] (S. 89 f.)

Das ist gegenwärtig noch deutlich wahrzunehmen: auf der Halbinsel die Welt der keltisch-christlichen Mönche, die der keltischen Ritter dagegen auf dem Festland. Die Beziehungen zum Mittelmeer, zu Glastonbury und South Cadbury sind durch Scherbenfunde belegt. Bemerkenswert sind die Schalen, bei denen »in einzelnen Fällen Kreuze von verschiedenen Typen in die Mitte des Grundes eingeprägt waren«. Sie sind höchstwahrscheinlich zu liturgischen Feiern gebraucht worden.[6] (S. 93)

Von Tintagel gibt Rudolf Steiner aus dem unmittelbaren Anblick ein Bild, das von einem seiner Begleiter, Guenther Wachsmuth, folgendermaßen dargestellt wird: »Es begab sich Rudolf Steiner eines unvergeßlichen Tages mit uns nach dem Orte an der rauhen, westlichen Felsenküste Cornwalls, Tintagel, wo einst die Burg des Königs Artus gestanden hatte, der mit den Rittern seiner Tafelrunde einen so schweren Kampf für den Sieg des Geistes über das Böse durchgekämpft und die Impulse des esoterischen Christentums und der Gralströmung in eine neue Epoche hinübergerettet hatte. Jene eigenartig verdichtete Atmosphäre werden wir nie vergessen, die an diesem Tage so intensiv spürbar war, als Rudolf Steiner mit uns den seltsamen Vorsprung an der

einsamen Küste von Cornwall bestieg, wo die letzten Mauern der Artusburg über das brandende Meer ragen. Das kraftvolle, immerwährende Ringen der Sonnenlichtkräfte mit den aus dem Ozean aufsteigenden Wolken und Nebeln, wie es in solcher Wucht und Leidenschaft der Elemente nur an der Meeresküste möglich ist, umhüllte Felsen und Burg mit einer Atmosphäre des ewigen elementaren Kampfes. Und Rudolf Steiner sprach nun dort, auf dem Felsen stehend, über die Erlebnisse der Artusritter, die in dem äußeren Ringen der Lichtgewalten mit den Elementen der Erde ein Spiegelbild ihrer inneren Kämpfe erlebten, wo im Geistig-Seelischen Licht und Finsternis um die Vorherrschaft ringen und die Ich-Kraft, das lichte Bewußtsein des Menschen, die Meisterschaft über die Wolken und Nebel der Leidenschaften im ewigen Kampf zu erringen strebt. Er sprach von der Lehre Merlins, die dort gepflegt wurde, vom geistigen Sonnendienst des Artuskreises und dem Wissen von der kosmischen Tat Christi.«[12] (S. 606)
Was sich uns beim Aufsuchen der bisher genannten Stätten gezeigt hat, das Wirken der Christuswesenheit selbst in die Gemeinschaft der Mönche und in die Ritterrunde hinein, wird hier im Zusammenhang mit Tintagel in die Sphäre geistigen Erlebens erhoben und vom geisteswissenschaftlichen Gesichtspunkt bestätigt.
Einige Tage nach dem Besuch in Tintagel ergänzt Rudolf Steiner in mehreren Vorträgen seine Erkenntnisse und sagt unter anderem: »Von diesem Ort ging sozusagen die Zivilisation Europas aus. Da nahmen der King Arthur und seine Zwölf die Kräfte auf, die sie sich von der Sonne holten, um ihre mächtigen Züge durch das übrige Europa zu machen und dafür zu kämpfen, daß

die alten, wilden, dämonischen Gewalten, die zum großen Teil damals noch in der europäischen Bevölkerung waren, aus den Menschen herauskamen. Für die äußere Zivilisation kämpften diese zwölf Genossen des King Arthur, der sie dirigierte.«[13 (S. 123)]

Heute noch wird in der großen Gedenkhalle in Tintagel in den Monaten Juli und August eine feierliche Zeremonie begangen, während welcher zwölf Ritter ihrer verschiedenen Ämter walten und Neuaufnahmen in den Kreis »of the Knights of King Arthur of the Round Table« vollziehen.[6a (S. 43)] Gewiß ist dieser Brauch ein veräußerlichter Vorgang, doch zeugt er von einer längst vergangenen geschichtlichen Strömung, die durch Jahrhunderte in England wirksam war. Einen Zeugen von dieser Wirksamkeit kann der Besucher der ehemaligen Königsstadt Winchester in Südengland bewundern. Es ist die riesenhafte Tischplatte aus Holz, King Arthurs Round Table, die 24 Namen von Artusrittern im Kreisrund trägt: Galahallt (Galahad), Launcelot Due Lake (Lancelot), Gaweyn (Gawan), Percyvale (Parzival), Trystram de Lyens (Tristan) und andere, die uns aus Sagen bekannt sind. Die Herkunft der Platte ist unbekannt, ihr Alter wird auf etwa 500 Jahre geschätzt.*

Damit stehen wir vor zwei Fragen: Wo liegen die Wurzeln des *druidisch-keltischen Königtums*, und wo ist das Vorbild für den Runden Tisch, *Round Table*, zu suchen? Die erste Frage führt uns nach *Tara* in Irland, die zweite nach *Stonehenge* in Südengland.

* Heinrich VII. von England (1452–1509) stiftete zu Ehren seines ältesten Sohnes, des Prinzen Arthur, den Arthur-Orden, der die Tradition der Tafelrunde King Arthurs pflegte. Aus dieser Zeit mag die Tischplatte stammen.

Irland – Hibernia

Die Geschichte des Eilandes reicht weit in das 3. Jahrtausend zurück, wie die Steinsetzungen und vor allem das bekannteste »Gang-Grab« (passage grave) von Newgrange[14] (S. 13) zeigen. Von noch älterer Zeit zeugen die Sagen und Erzählungen, in denen sich das Werden dieses Erdgebietes widerspiegelt. Durch seine weit nach Westen in den Atlantischen Ozean vorgeschobene Lage und durch seine geologische Aufbaustruktur erhält es einen einmaligen Charakter, der verbunden ist mit der atlantischen Naturkatastrophe[15] (S. 36 ff.), die von alters her als Sintflut bekannt und deren Realität heutzutage für manchen Forscher gewisser geworden ist. Von besonderen tellurischen Vorgängen zeugt noch der Südwesten Irlands mit seinen nach WSW streifenden Faltenzügen, die nur einmal auf der Insel vorkommen und die höchste Höhe von über 1000 m (Carrantuohill) erreichen. Dieses Gebiet gehört zum armorikanischen Gebirgssystem und weist damit nach Cornwall im südwestlichen England sowie nach Cornouaille in der südwestlichen Bretagne. Die Beschreibungen vom Südwesten Irlands sprechen von der paradiesischen Schönheit und dem feenhaften Zauber der smaragdgrünen Flora, einer überraschend südlich anmutenden Vegetation. Dazu kommen noch die Tatsachen zweier Eiszeiten und der glazialen Landverschiebungen, welche die Oberfläche der Insel mit ihren vielen Seen gestalteten. Das gilt besonders für den Südosten, wo Funde von Mammutzähnen, Rentiergeweihen und anderen Tieren dieser Erdepochen Kunde geben.[16] Zwischen Dublin im Osten und Galway im Westen erstreckt sich die zentrale Niederung, die mit dicken Moorschichten bis zu 15 m Tiefe bedeckt ist, so daß der Boden der Insel wie eine Schale wirkt, deren Rand die umliegenden Höhen und Gebirge ausmachen. Die westliche Felsenküste läßt durch den Wechsel von unzähligen tiefen Einbuchtungen des Meeres und zerrissenen, zerstückelten Halbinseln und Landzungen deutlich erkennen, daß hier ozeanische Gewalten durch Jahrtausende gewirkt haben. Dadurch gewinnt man den Eindruck, daß der westliche Teil der Schale abgebrochen ist. Im Gegensatz zum Südwesten von Irland, der nach Cornwall und nach Cornouaille weist, besteht im Nordosten an der Küste der Grafschaft Antrim eine geologische Verbindung mit dem dort nur etwa 20 irische Meilen entfernt liegenden Schottland durch »den Weg der Riesen« (the Giants' Causeway). Er besteht aus polygonalen schwarzen Basaltsäulen und formt eine Art Felsenweg bei Bushmills, erstreckt sich ins Meer hinaus und verschwindet unter dem Meeresspiegel, um weit im Norden Schottlands auf der Insel Staffa seine wunderbare Entsprechung zu finden. So nimmt es nicht wunder, daß alle Gegenden Irlands von alters her mit Namen verbunden sind, die in Sagen und Erzählungen auf Riesen, Feen, gute und böse Wesenheiten hindeuten. Ein geheimnisvoller grüner Mattenmantel gibt der ganzen Landschaft im Wechsel mit sumpfigem, kargem Boden ein märchenhaftes Gepräge. Uralt und ernst wirkt diese Natur, in die Bauernhäuser aus grauem Gestein, mit halbrunden Strohdächern eingebettet sind. Ist jedoch alles in Sonnenlicht getaucht, dann lebt etwas auf wie eine Erinnerung an göttlich gesegnete Zeiten, die sich heute noch durch häufige Regenbogen oder auch sogenannte Nebensonnen deutlich bekunden.

Auf dieser Insel herrschten einst die dort sogenannten Hochkönige, die ihren Sitz auf dem Hügel von Temair Breg, dem heutigen Tara, nördlich von Dublin, hatten, der seit etwa dem 2. vorchristlichen Jahrtausend besiedelt war.[17 (s. Plan)] Auf einem Stein, dem Lia Fail, Stone of Fál, wurde die göttliche Würde des jeweiligen Königs in alter Zeremonie erprobt. Einzelne ringförmige Restspuren auf dem sich von Nord nach Süd erstreckenden Hügel lassen auf verschiedene Bauten schließen. Der sogenannte »Triple Mound of Naisi« im Norden des Tempelbezirkes von Tara erinnert an »die drei Königshügel« bei dem vorchristlichen Tempel von Gamla Upsala unweit der Universitätsstadt Upsala in Schweden. An diesem Platze steht heute eine kleine christliche Kirche, bei der im Unterbau noch die Fundamente eines vorchristlichen Tempels gezeigt werden. Auch in Tara finden sich noch Spuren einer Kirche und daneben eine kreisförmige Anlage für »kirchliche Synoden«, wie vermutet wird. Wie sich noch zeigen wird, ist ein vorchristliches priesterliches Königtum, bei dem Druiden geistige Führer der Könige gewesen waren, in erste christliche Gemeinschaften übergegangen. Wir werden an die christlichen Tischgemeinschaften »Coenobien« erinnert, die vor allem Columba († 597) begründet haben soll. »Das Bedeutsame dieser Erscheinung ist, daß alle von demselben Abte gegründeten Abendmahlsrunden ein geistiges Band zusammenhielt. Der Abt, gewöhnlich Vorsteher von zwölf Brüdern, die sich unter der Bezeichnung ›Mönche‹ ganz der Mission oder dem Priestertum widmen wollten, hatte die Oberaufsicht über sämtliche von ihm gestifteten Gründungen als familiae.«[18] (S. 23)

Wir begegnen also wieder einer Tafelrunde, und zwar voll und ganz im christlichen Bereich. Sie spiegelt auch die Steinkreissetzungen wider, von denen es in Irland noch viele Reste gibt. Diese erinnern an den uralten Brauch, daß die Hochkönige von Tara ihre Clans im Kreise um sich versammelten und mit ihnen Rat pflegten.[19] (S. 129 f.) Das geschah auch dann, wenn der neu gewählte König durch den Schicksalsstein von Lia Fail bestätigt worden war. In feierlicher Weise wurden ihm neun Geise – das sind magische Verbote – auferlegt.[20] (S. 108 f.) Hielt er diese Schicksalsbande eines Herrschertums ein, dann erblühte das Land in Fruchtbarkeit, Äcker trugen Erntesegen, Flüsse spendeten reichlich Fische. Die Erde bekundete die Gottverbundenheit des waltenden Herrschers, der sich von seinen Priestern beraten ließ. Diese hatten auf dem Hügel ihr Heiligtum, wo sie vor allem Sonne und Mond in deren Verlauf über den Sternenkosmos und in der jeweiligen Stellung zur Erde beobachteten. Wir werden das noch an den Steinrunden von Stonehenge in Südengland nachweisen. Im NW des Höhenzuges von Tara sind Rundgräben gefunden worden, vermutlich Reste des ursprünglichen Heiligtums, das zweigliedrig angelegt ist, wie man zwei Steinrunden (Sonne – Mond) oberhalb von Penmaen-

Mawr in Nord Wales in England findet.[12] (S. 547) – So hatte das priesterliche Königtum von Tara Zeiten, in denen der Segen des Himmels wirkte. Dann strahlte das Reich der Feen (Faeries) über ganz Irland. »Eine starke Musik wellte von der Erde herauf. Und jeder Stein, jedes Blatt, jeder Tropfen Wasser leuchtete auf, bis ganz Irland einem großen Kristall glich, weiß und leuchtend.«[20] (S. 50) Dieser strahlte in allen Farben, einem Regenbogen gleich. Und der König konnte rufen: Ich habe gute Antwort bekommen. Die Erde von Irland hat den Stein Lia Fail bewahrt! – Diese uralte Erzählung wird zum Wahrbild. Ganz Irland wurde gleich einer »Glasinsel« erlebt. Dies läßt uns *Ynys-Witrin,* Glastonbury, noch besser verstehen. Vor allem dadurch, daß eine irische Sage berichtet, auf der Insel Tory im Nordwesten Irlands habe ein »Glasturm« gestanden, von dem aus die Urbevölkerung einst beherrscht worden sei: Hier mögen auch die mit schneeweißem Quarz bedeckten Steinbauten, die im Sonnenlichte weithin erstrahlten, und die eigenartigen hohen, schlanken Türme als eine letzte Erinnerung mit hineinspielen; denn heute noch pflegt man die etwas über einen Meter hohen Mauern, welche die ganze Landschaft in Siedlungen aufgliedern, mit weißem Quarz zu bedecken. Uns aber erschließt sich die Chiffrenschrift dieser Sagenbilder als das christliche Licht, das sich durch sie prophetisch ankündigt. So erzählt die Legende: Einer der mächtigsten Hochkönige der vereinigten Reiche auf Irland im Anfang der christlichen Ära, Concobar mac Fachta, dessen Name auch mit einem Rundhügel auf Tara verbunden ist, war im Kampfe schwer verwundet worden. Er hatte ein Gespräch mit einem Druiden. Dieser berichtete ihm aus einer inneren Schau von der Kreuzigung des Sonnensohnes. Hierüber war der König so erregt, daß er starb.

War aber irgendwann eine Mißernte durch das Land gegangen, versiegten die Flüsse, erstarb die Fruchtbarkeit der Erde, dann mußte der König auf dem Hügel von Tara sterben. So ist das Wort des Hochkönigs Ailill zu verstehen: »Wenn ich gestorben bin, wird es für den Loskauf vieler sein.[21] (a, b, c) Ein christliches Motiv leuchtet aus dem Bereich des althergebrachten Königtums auf, voraushandelnd, vorverkündend. Der Weg wird für das Kommen des Gottessohnes vorbereitet, wie wir das ja auch aus dem Alten Testament oder aus der Edda kennen. Der Auferstandene selbst sagt es den zutiefst betroffenen Jüngern: »Mußte nicht Christus dieses leiden, um zu seiner Offenbarung zu gelangen? Nun begann er bei Moses und allen Propheten; und legte ihnen alle Schriftstellen aus, die auf ihn sich beziehen« (Lukas 24,26–27).

In Irland sprach der Stone of Fál die Schicksalssprache. Sein Mythos »hat sich bis auf die Gegenwart als kultisches Geisteserbe der Megalithzeit im Volksmund erhalten, wie der irische Blarney-Stone und der Coronation-Stone, der in Westminster bei der Königskrönung eine Rolle spielt und dort heute noch zu sehen ist, zeigen.«[22] (S. 172)

Es ergibt sich uns also, daß die Wurzeln des Königtums, wie es in der Gestalt des King Arthur zum Ausdruck kommt, in Irland zu suchen sind. Wir können von einem kosmischen Königtum sprechen, weil es von einem Priestertum getragen wurde, das an den steinzeitlichen Tempelstätten eine uralte, lebenswirksame Weisheit pflegte,

die ihm das Vermögen verlieh, in den Sternenkonstellationen, im Gange von Sonne und Mond zu lesen. So wurden die einzelnen Priester durch strenge, devote Seelenhaltung und jahrelange, nie ermüdende Schulung fähig, die Inspirationen göttlich-geistiger Wesenheiten zu vernehmen und in Form von Ratschlägen an den jeweiligen König und seine Clans weiterzugeben. Die priesterlichen Träger dieser Weisheit, die ein Können auf astronomischem, architektonischem, theologischem und medizinischem Gebiet mit sich brachte, werden gewöhnlich Druiden genannt und dürfen als die Wegbereiter des Keltentums bezeichnet werden. Wie für die Hochkönige der Stone of Fál ein Wahrzeichen ihrer *Herrscherwürde* war, so war der Kessel der Fülle, der Unerschöpflichkeit, der Beseelung und der Wiedergeburt für die eingeweihten Druiden ein kultisches Wahrzeichen ihrer *Priesterwürde*. Durch den 1891 in Nord-Dänemark aufgefundenen Silberkessel von Gundestrup haben wir ein sichtbares Dokument eines keltischen Kultgefäßes (cauldron). In plastischen Bildern hat sich in ihn die durch viele Jahrhunderte wirksame keltische Anschauung hineingeprägt. Sie ist in dem Buch »Der Silberkessel von Gundestrup – ein Rätsel keltischer Kunst« in ausführlicher, geschichtlich umfangreicher und durch das Bildmaterial anschaulicher Weise durch Rudolf Grosse dargestellt.[23]
Wenn man einmal von Einzelheiten der fein herausgearbeiteten Gestalten absieht, dann fallen besonders zwei Hauptmotive auf: der Stier und der Hirsch. Der auf dem Boden des Silberkessels plastisch durchgeformte, ruhende Stier trägt auf seinem Vorderkopf die Zeichen eines Sternes, eines Sonnenrades mit besonderem, nach

unten geführtem Strahl und einer Mondsichel in folgender Form:

Diese Zeichen für Stern, Sonne, Mond weisen hinaus in den Kosmos und in eine Menschheitsepoche, in welcher der Mensch noch voll und ganz mit den kosmischen Kräften so verbunden war, wie wir es von den Priestern, den druidischen Eingeweihten, schilderten. Grosse faßt seine Darstellungen der Bilderfolge dieser Silberschale folgendermaßen zusammen:

»Der Gundestrup-Kessel gehört in diesem Sinne der *Stieroffenbarung* an. Wir finden sie fast über die ganze Menschheit ausgebreitet. Der Stier ist in seiner geistigen Bedeutung das Bild der hohen, gewaltigen Schöpferkräfte, die beim Menschen auch in das Organ der geistigen Schöpfung, den Kehlkopf, als Sprache eingestrahlt sind. Der keltische Priester trägt daher den *Torques*, jenen Halsring, oft aus Gold, dessen Anfangs- und Endverdickungen (die z. B. auf dem Ring von Trichtingen, Württembergisches Landesmuseum Stuttgart, Stierköpfe sind) auf dem Kehlkopf liegen und damit sagen, daß

das Wort und *der Ring der Sonne* und *der Stier zusammengehören.*«[23] (S. 88)
Auch in England ist dieses keltische Symbolum bekannt. Im Britischen Museum ist ein solches Prachtstück aus Gold mit wunderbar durchgeformten Enden zu sehen. Es gehört zum Schatz von Snettisham und stammt ebenso aus dem ersten vorchristlichen Jahrhundert wie die Silberschale, die den offenen Halsring allein achtmal auf ihren verschiedenen Bildplatten erkennen läßt. Da auch in anderen Gegenden Europas, z. B. unterhalb des Großglockner, ein Torques gefunden wurde, läßt sich auf die weite Verbreitung dieses Priestertums, seines kultischen Brauches und seiner tiefen Wirksamkeit durch das Wort schließen.
Dies wird noch durch das zweite Hauptmotiv des Kessels von einer anderen Seite her bestätigt: durch das Hirschmotiv. Auf einem der Innenbilder erblicken wir auf der linken Seite einen Hirsch mit seinem Geweih. Neben ihm schwebt eine Menschengestalt mit untergeschlagenen Beinen in einer Meditationshaltung, schwerelos durch innere Versenkung und dem Irdischen entrückt. In der Rechten hält sie einen Torques, eine Schlange bändigt sie mit ihrer Linken. Rings um diese wie aus inneren Konzentrationskräften getragene Gestalt ist die Tierwelt abgebildet, über die sie erhaben ist. Wer die durchgeformte, außerordentlich beweglich-plastische und vielgestaltige Bildkomposition im reinen Anschauen auf sich wirken läßt und dabei dem Erleben des Künstlers nahezukommen sucht, wird empfinden können, daß es sich hier um ein Menschheitsbewußtsein handelt, das weit in uralte Zeiten zurückreicht, wo das Spirituelle noch lichthaft, wesenhaft offenbar war und geschaut

wurde. Dadurch waren die Sinneseindrücke in ein dämmerhaftes Erleben eingetaucht, das dem Traume verwandt war.

Die Polarität von Hirsch und Stier läßt zwei Bewußtseins- und Lebenshaltungen des Menschen deutlich werden, wenn wir wiederum das Bildhafte sprechen lassen. Das Geweih des Hirsches ist durch sein Sprossen aus dem »Rosenstock«, sein Wachsen und Verzweigen, das im Laufe mehrerer Jahre sich zur »Krone« aufbaut und damit die Würde des Hirsches steigert, ganz den *Jahresrhythmen* eingegliedert; es endet darum jeweils sinngemäß mit dem Abwerfen beider Stangen. Das kosmische Gesetz eines Stirb und Werde offenbart sich hier für den Menschen als königliches Vorbild. Daher sitzt auf einem der Innenbilder des Gundestrupkessels der Eingeweihte in seiner Priesterwürde neben dem Hirsch.[23] (S. 74)

Seine Augen sind geschlossen. Eingetaucht in die ihn tragenden kosmischen Kräfte lebt er ruhevoll in innerem Schauen, auf seinem Haupte das Hirschgeweih tragend. Er ist blind für die sinnliche Welt, für die kosmische aber innerlich wach wahrnehmend. Von der Erdenschwere ist er entbunden und schwebt mit verschränkten Beinen, Torques und Schlange mit erhobenen Händen haltend. So umfaßt er mit hellsichtigem Bewußtsein das Wesenhafte der Tierwelt, das um ihn herum im Pflanzenflor dargestellt ist; ein Wesenhaftes, das sich durch den Kosmos des Tierkreises offenbart, so daß man von Sternenwelt oder von »Astralwelt« sprechen darf.*

Von der irdischen Seele aus gesehen ist der Stier der

* Im Zusammenhang mit Persien kommen wir noch auf dieses kosmische Bewußtsein des Menschen zu sprechen.

Erdenschwere besonders unterworfen. Darum liegt und ruht er gelassen auf der Bodenplatte des Gundestrup-Kessels. Markanter Nacken und Kopf heben sich wie im Erwachen heraus und zeugen von der Bildung eines erdverbundenen Bewußtseins, das von gestauter Willenskraft getragen ist und die Zeichen von Stern, Sonne und Mond wie Erinnerungsmale auf der Stirne trägt. Die Sinneswahrnehmung ist in den *Tagesrhythmus* eingetaucht. Dieses Bild spricht von einem Menschen, der auf dem Wege zum Erwachen für die Erdenwelt ist, während das Bewußtsein für die Sternenwelt Schritt um Schritt erlischt. Sein Wille aber ist nicht nur von jugendlichem Feuer beseelt, sondern auch in stierhafte Körperkraft eingebettet, die über unser heutiges Verständnisvermögen weit hinausgeht, so daß wir von magischer Macht sprechen, die den Menschen in früher Zeit zur Verfügung stand.

Daß das Erleben der Zweiheit von geistig-kosmischem und sinnlich-irdischem Bewußtsein von alters her weit verbreitet war, machen die in vielen Eiszeithöhlen entdeckten Malereien oder Ritzungen deutlich, die in künstlerisch vollendeter Form Hirsche und Stiere darstellen. Darum kann Ernst Uehli aufgrund seiner vielseitigen Forschungen über das Rätsel der Eiszeitkunst sowie der Hirsch- und Stierdarstellungen zusammenfassend sagen: »Vom Haupte her empfand der Mensch seine Verwandtschaft mit dem Kosmos durch den Hirsch, die Verwandtschaft mit der Erde durch den Stier oder die Kuh.«[15] (S. 173 f.)

Die beiden Hauptmotive führen uns einen Teil dessen vor Augen, was den druidischen Einweihungsstufen, die von Alt-Irland ausgingen, zugrunde lag. Sie deuten uns

den inneren Schulungsweg an, der zu einem lebendigen Erfahrungswissen über den Kosmos mit seinen Gesetzen von Mond, Sonne und Sternenwelt auf der einen sowie über das Wesen des Menschen bis in die Rätsel des Vorgeburtlichen und Nachtodlichen auf der anderen Seite führte. Eine solche Weltanschauung – wir werden im Zusammenhang mit Stonehenge noch näher auf sie eingehen –, die das Geistige und Seelische mitsamt dem Leiblichen als wirkende Realitäten durch aktives Miterleben einschloß, wurde in den altirischen Tempelstätten gepflegt. Das bezeugen zwei Sätze aus dem Werk ›Das heidnische Irland‹ von Hans Gsänger, der die Tempelkulte Alt-Irlands folgendermaßen kennzeichnet: »Die in der Jungsteinzeit eingewanderten Bauerngeschlechter besiedelten den Norden Irlands und drängten in der ersten Zeit die Jäger- und Fischervölker nach dem Süden ab. So nur kann man verstehen, daß der Hirschkult im Süden der Insel zu Hause war, während der Stierkult den Norden beherrschte. In Europa und Asien war es umgekehrt.«[24 (S. 84 f.)] Für uns ist wichtig, daß auf der Hochkönigsburg von Tara, von der aus die ganze Insel für längere Zeit beherrscht wurde, beide Kulte in eins verwoben waren. Denn dort befand sich einst der »Mound of sacred Cow« (der Hügel der *geheiligten Kuh*) und steht heute noch ein Menhir (Einzelstein), auf dem die stark verwitterte Gestalt eines *Hirschgottes* im Relief herausgearbeitet war.
Unsere Untersuchungen führen zu der Auffassung, daß das Hochkönigtum von Tara, das wir jetzt auch Priesterkönigtum nennen können, geschichtlich weit zurückgeht und sich in der jüngeren Steinzeit verliert. Damit wird eine kulturgeschichtliche Epoche erreicht, die weit

vor der Einwanderung der Kelten um 500 v. Chr. liegt. So ist es möglich, die schrittweise Vereinigung des südlichen Hirschkultes und des nördlichen Stierkultes mit dem Beginn der Steinsetzungen zusammenzusehen und bis in das Ende des 3. Jahrtausends zu datieren. Damit befinden wir uns in dem von Grosse geschilderten Stierzeitalter, das sich in der ägyptischen Kultur und anderen Stierkulten in verschiedener Form widerspiegelt. Weil in Irland der viel ältere, aus den »arktischen Regionen« herstammende Hirschkult[25 (S. 25 ff.)] in das Heiligtum mit hineingewirkt hat, gestalteten sich Schulungswege und Einweihungsriten heraus, die ein kosmisch-irdisches Wissen als wirksame Menschenbildungskraft in sich trugen. Bis in Einzelheiten wird diese Bedeutung durch die Geisteswissenschaft Rudolf Steiners dargestellt und in folgender Weise zusammengefaßt: »Die schönsten, bedeutendsten Denkmäler in späterer Zeit an die Urweisheit der Menschen ... sind diejenigen Bilder, die sich uns enthüllen können, indem wir den Blick hinrichten auf die Mysterien von Hybernia.«[26]

Hier wurde in hingebungsvoller Weise an dem vertieften Verständnis für das Walten höherer Wesen gearbeitet. Die Druiden als Eingeweihte wußten von dem »Sich-Senkenden«: Unter dem Namen *Hvita Kristr* wird er von Herman Wirth in seinem umfangreichen Werk »Der Aufgang der Menschheit« in unzähligen Varianten nachgewiesen. Da taucht er auf als der Sich-Senkende, der Gottessohn, der »aus dem Stein, dem Felsen, dem Berg, der gespalten wird, hervorgeht«.[22 (S. 295)] Diese innerste Gewißheit lebte unter den nördlichen Völkern, wo die Sonne im Winter ins Grab sinkt, wo sie neu aufersteht zum Sommer hin. Die Druiden trugen als ratende, helfende, heilende Priester die Fülle der Seligkeit in sich, wie es die Bilder der Schale von Gundestrup offenbarten. Welch überwältigende Einsicht muß es für sie gewesen sein, als sich ihnen durch erste Boten bestätigte, daß der Sonnensohn, der Träger göttlicher Kräfte, den sie aus ihrer Geistesschau kannten, drei Jahre auf Erden gewirkt hat; welche leidvolle Erschütterung dagegen, daß er in ferner Erdengegend am Kreuze starb; welche selbstverständliche Einsicht, daß er als Auferstandener zum Mitträger der Erde wurde. Das irische Kreuz von Monasterboice bezeugt durch seine bildlichen Darstellungen dieses hellsichtige Miterleben der Sonnenpriester.[109] Die Ostseite gibt den Hvita Kristr wieder, der, aufrecht stehend, mit der rechten Hand den Druidenstab schultert als Zeichen seiner kosmisch-göttlichen Herkunft. Mit der linken Hand schultert er das Kreuz als Zeichen seiner Todesüberwindungskraft. Zu Häupten weist ein Vogel auf den johanneischen Adler hin, zu Füßen wägt der Erzengel Michael die Seelen. Die Bildersprache der Ostseite dieses Kreuzes ist kosmisch-göttlich, die der Westseite ist irdisch-göttlich. Denn da schwebt der gekreuzigte Jesus Christus, der von den Engeln am Kopfe getragen wird, während zwei Gestalten den Lanzenstich vollziehen und das Blut in Gefäßen auffangen. In wunderbarer Weise hat das irische Kreuz mit dem Sonnenring die Botschaft des Joseph von Arimathia vom Osten her und die Botschaft der Druiden des Westens um das Jahr 1000 vereint.

Hier offenbart sich das Wesen eines Christusverständnisses, das die iro-schottischen Mönche von Irland und Schottland nach Britannien, nach der Bretagne, nach dem Elsaß und der Schweiz durch ihre Klostergründungen herübertrugen (6. Jhdt.). Es war eine christliche Strömung, die bis in die bildergeschmückten Bibeln in den reinsten Farben ihren Ausdruck fand, als wollte der Regenbogen Irlands zu neuer Form, zu neuer Bildsprache gelangen. In den Domschätzen sind die farbkräftig ausgeschmückten Bibeln der Iro-Schotten an der Ornamentik zu erkennen; der Echternacher Kodex in Nürnberg und manche charakteristischen Evangelienbücher in Irland sind dafür anschaulich-lebendige Zeugnisse.

Die unerschütterliche, den ganzen Lebenswillen durchdringende Glaubenskraft, die elementare Geistesgewißheit der Vertreter der kosmisch-christlichen Strömung kommen durch die Skellig-Michael-Insel zum Ausdruck, die einst das westlichste Kloster des europäischen Kulturbereiches auf ihrer Höhe trug. Sie liegt etwa 12 km vom Bolus Head im südwestlichen Irland entfernt. Der Besucher muß sich erst den Wogen des Ozeans anvertrauen, wenn er sie erreichen will; das aber ist noch heute wegen vieler Stürme nur selten möglich. Sodann muß er 700 Kletterstufen überwinden, zuletzt sogar einen schmalen Pfad, der am Rande eines 180 m tiefen Abgrundes entlang führt, bis er zur niederen Pforte kommt und den geheiligten Bezirk betritt. Hier stößt er auf Ruinen der Michaelskapelle und die etwas höherliegenden runden Bienenkorbzellen der Mönche. Sie sind aus rohen, flachen Steinen Schicht auf Schicht aufgebaut, die, sich gegenseitig tragend, einen runden Kuppelraum bilden. Was bewog die Mönche, dieses Stück Urgesteinfels, vom ewig bewegten Meer umbrandet, von gewaltigen Stürmen und Wettern durchbraust, zu bewohnen? Gab es doch dort nur ein winziges Stück Mutterboden und keine Quelle! Niemand kann das bei unseren heutigen Lebensgewohnheiten verstehen. Karl Hublow, dessen Darstellung ich meine Schilderung entnehme, hat sich viermal auf der Insel aufgehalten und gibt folgende Antwort: »Neben dem nach innen gerichteten Leben und ihrem streng geregelten geistigen Bemühen um die heiligen Inhalte der Christusoffenbarung im Evangelium und im Sakrament hatten die Skellig-Mönche auch Gelegenheit, sich in dieser Inseleinsamkeit dem Wahrnehmen der Naturkräfte im Wechselspiel von Sturm, Wolken, Meereswogen und Lichtesweben im Jahres- und im Tageslauf hinzugeben – so wie es wohl auch die Druidenpriester getan haben, die, wie man sagt, vor den Michaels-Mönchen die Skellig bewohnten«[27]. Sonnenhafte Kraft des Glaubens strömt der christliche Ort aus, der dem Erzengel Michael geweiht war. Davon zeugt ein großes Grabsteinkreuz, das wie ein Urbild für die irischen Grabkreuze wirkt, die ja den Ring um das Kreuz in immer neuen Varianten zeigen, als wollten sie das *Kosmische* hervorheben, das dem Christentum in Wahrheit zugrunde liegt. Gerade auf dieses soll nun die Aufmerksamkeit gerichtet werden, um Antwort auf die Frage zu geben, woher der Round Table des Königtums der Artusrunde stammt.

Wir sind in der bisherigen Darstellung vom Gethsemane-Geschehen in Palästina aus über Glastonbury, Camelot, Tintagel und Tara bis zum äußersten Westen vorgedrungen und wenden uns nach England zurück, weil der bedeutendste sogenannte Druidenzirkel in Stonehenge nahe bei Salisbury in Südengland zu finden ist.

Die Tempelstätte von Stonehenge in ihrer geistesgeschichtlichen Bedeutung

Mit der Epoche der Steinsetzungen, dem sogenannten Neolithikum (Jüngere Steinzeit), kann bis in die erste Hälfte des 3. Jahrtausends zurückgegangen werden.[28] Einzelsteine (Menhire) richtete man als Orientierungssteine für verschiedene Zwecke in der Landschaft auf. Es wurden Ganggräber (Passage graves) oder Kulträume (Dolmen) aus massiven Steinblöcken aufgebaut, die meistens nach dem Gang der Sonne ausgerichtet waren. Schließlich wurden parallele Steinreihen (Alignements) oder Steinrunden (Cromlechs) gebildet, die an zwei sehr bedeutsamen Beispielen – erstere und ältere in Carnac (Bretagne), die anderen in Stonehenge (Südengland) – genauer ins Auge gefaßt werden sollen. Dieser Zeitraum, der über 4000 Jahre zurückliegt, wird in den folgenden Ausführungen als ein kosmisch-christlicher verständlich werden.

Dazu ist es notwendig, in einer Art Einführung auf Arbeiten verschiedener Forscher einzugehen, die vom Kommen des Christus vor der Zeitenwende in irgendeiner Form sprechen. Denn von Jahrhundert zu Jahrhundert wird bei vielen Völkern zur Reife gebracht, was an erster Stelle das Alte Testament vorverkündet und dann das Neue Testament als Erfüllung bezeugt und darstellt.

Gerade dieses Grundelement des Bibelinhaltes von prophetischer Vorverkündung, ja sogar »Vorformung« auf der einen und Erfüllung auf der anderen Seite ist in dem umfassenden Forschungswerk von Diether Lauenstein, »Der Messias«[29], herausgearbeitet. Es öffnet sich dem Leser der Blick in die Vergangenheit, indem ihm das Wesen des herniedersteigenden Messias nahegebracht wird. In großartiger Weise erschließen sich ihm »drei Ströme der Vorbereitung«, durch die sich das Kommen Christi verfolgen läßt, so daß ein ganz neues Licht auf die Rätsel der verschiedenen Evangelienberichte fällt.

Es wird sich zeigen, daß sich auf dem Wege einer Gralsuche diese »drei Ströme der Vorbereitung« von einem anderen Gesichtspunkt aus ergeben.

Ein anderes Werk: »Vorspiel des Heils, die Uroffenbarung in Hellas« von Ulrich Mann[30] stellt das Griechentum als Wegbereiter des Christentums dar, und zwar eines kosmisch-menschheitlichen Christentums, indem versucht wird, die Menschwerdung des Gottessohnes in Jesus als Ziel, Mitte und Vollendung aller Geschichte am Beispiel des Griechentums herauszuarbeiten. Für den Verfasser ist das Wesen Apollos mit dem »Menschheitsadvent« verbunden, an diesem offenbart sich der Mittelweg, der durch die Abwege eines gnostischen Jenseitsgeistes und einer despotischen Diesseitsmacht hindurchführt.

Daß die Edda, die nordische Mythologie sowie die steinzeitliche Zeichensymbolik ebenfalls Vorverkündigungen auf das Kommen des Christus enthalten, geht aus dem bereits erwähnten Werk »Der Aufgang der Menschheit«

von Herman Wirth hervor.[22] Man mag über Einzelheiten seiner Forschungen denken, wie man will, es ist aus der Fülle des Materials, aus dem archäologisch-historischen Erdenbereich Eurasiens und darüber hinaus, das göttlich-geistige Vorspiel herauszulesen, wie es unsere Vorfahren erlebt und dargelebt haben. Für sie war der Sich-Senkende, der sterbende Gottessohn auch der Wiederauferstehende. Gewiß ist dieses Werk, das beinahe den ganzen Erdkreis erfaßt, in manchem überholt. Aber es bietet dem kritischen Forscher eine unübersehbare Menge von Studienmaterial, um der Tatsache einer durch viele Jahrhunderte wirkenden Vorbereitung für das Christusgeschehen in der Zeitenwende auf die Spur zu kommen.

Diese drei Werke, die zwar verschiedene Gesichtspunkte einnehmen, aber doch beispielhaft sind für eine sich anbahnende Christologie, bilden das Fundament eines Erkenntnisraumes, in dem die Menschheitsgeschichte endlich wieder einen sinnvollen Plan und eine geistige Führung hindurchschimmern läßt, die durch weisheitsvolle Menschen aufgegriffen und in Begründungen zahlreicher Kulturepochen umgesetzt wurden. In diesem Erkenntnisraum leuchtet sonnenhaft die Wahrheit und Tiefe eines Christentums auf, das den Gottessohn im Menschensohn als eine kosmisch-geistige Wesenheit anerkennen kann.

Selbst ein Dichter des Naturalismus wie Gerhart Hauptmann schreibt in seinem »Griechischen Frühling«, daß er im Hinaufsteigen zur Tempelstätte von Delphi zutiefst ergriffen war, weil er erlebte: Ich steige dorthin auf, wo dem Wirken des Christus durch Jahrhunderte eine Stätte bereitet worden ist. Von diesem Ausspruch innerlich

betroffen, schreibt Erhart Kästner in seinen Betrachtungen »Ölberge – Weinberge«: »In Delphoi rückt Christi Gestalt in die Mitte, weil hier das Geheimnis des Griechischen am dichtesten und brennendsten ist.« (S. 156 f.) Das sind Worte einer wahren Gotteslehre, einer Theologie der Zukunft, die bereits in unseren Tagen ihren unüberhörbaren Anfang genommen hat und sich mehr und mehr einer notwendig gewordenen Christologie nähert, die den kosmischen Gesichtspunkt einzunehmen hat. Dieser wurde von beiden Dichtern durch ein reales, geistiges Erlebnis gewonnen, das im Anschauen der Mysterienstätte von Delphi ausgelöst worden war.
Ganz ähnlich geht es Karl Hublow, der zwölf Bilderreihen ausgezeichneter Photographien von alten Kulturstätten herausgebracht hat.[27a] In der dritten Mappe beschreibt er den Charakter der Steinkreise, deren Aufgabe er folgendermaßen skizziert: »Der heilige Dienst im Steinkreis vermittelt dem dort Wirkenden die Geheimnisse und Offenbarungen des Kosmos bis hin zu seinem Mittelpunkt, zur Sonne. Für die Eingeweihten und deren Schüler war die Sonne auch der Wohn- und Wirkensort des Gotteswesens, von dem alle Lebens- und Werdeprozesse im Erdendasein abhängen und getragen werden ... Ob etwa auch sie wahrgenommen haben, daß das Sonnenwesen vom Mittelpunkt des Kosmos, von der Sonne, herabgestiegen ist, um Mensch zu werden und auf der Erde durch sein Opfer die Heilstat an Mensch und Erde zu vollbringen? Dann wären sie in ihrer Art ja auch Prophetengestalten gewesen, wie wir sie aus dem Alten Testament kennen: Prophetengestalten, die auf die Inkarnation des Weltenwortes erwartungsvoll hingewiesen haben.«

Ähnliche Forschungsergebnisse beschreibt Uwe Lemke in seinem Buch ›Gotland‹, das sich durch wertvolles Bildmaterial und die Darstellung des geistigen Antlitzes dieser Insel empfiehlt. Anhand einer Schilderung der dortigen verschiedenartigen Steinsetzungen (Trojeburg und Schiffe) kommt er zu folgender Frage: »Sollte sich hier etwas Ähnliches vollzogen haben wie auf Irland, wo die Druidenpriester durch Schauungen zu Zeugen der Christusereignisse in Palästina geworden waren, was dann später die umfangreiche Missionstätigkeit der iro-schottischen Mönche zur Folge hatte?«[32] (S. 16)
Diese Frage ist berechtigt, denn nicht nur die vielen Steinsetzungen auf Gotland, sondern auch die in den Kirchen vorhandenen Sonnenkreuze, die den irländischen sehr ähnlich sind, zeugen von dem lebendigen Empfinden und Verstehen des Christus als sonnenkosmischer Wesenheit. So ergibt sich eine weltweite Anschauung von der Strömung, die als ein Wirken der Christuswesenheit in vorchristlicher Zeit verstanden werden will und die in der christlichen Ära in die Gralströmung einmündet. Daß dies im Westen Europas geschehen ist, zeigte uns der Kulturbereich von Glastonbury und soll nun noch einmal überprüft werden anhand einer auf Einzelheiten eingehenden Darstellung der *Steinkreissetzungen von Stonehenge*, dem wohl markantesten Monument der Megalithepoche.
Will man sich diesem vier Jahrtausende alten Heiligtum zu Fuß nähern, um seine geographische Lage in dem Aufbau der Landschaft recht intensiv in sich aufzunehmen, dann hat man in dem Städtchen Amesbury zu beginnen, das nördlich von der Domstadt Salisbury liegt. Beim Verlassen dieses Städtchens in westlicher Richtung

berührt man den Klosterbereich, wo einst der Sage nach die Königin Guinever Zuflucht suchte, nachdem sie vom Tode ihres Gemahls, des King Arthur, gehört hatte. Der Weg führt über das Flüßchen Avon, das sich durch eine wunderbare parkartige Landschaft schlängelt, an letzten Häusern vorüber und steigt langsam bergan. Zur Rechten steht wildbuschiger Wald, während der Blick zur Linken in die wellig-hügelige Landschaft schweifen kann, die weit in die Ferne zu schwingen scheint. Ist man auf der leichten Höhe angelangt, dann wird der Blick nach der rechten Seite auch frei, so daß sich nun der weite, großzügige Atem dieses Stückchens Erde vollständig offenbaren kann. Gleichzeitig gewahrt das Auge, in einer sich sanft senkenden Mulde, die ungewohnt und rätselhaft aussehende Gruppe von aufrecht stehenden Steinen, von denen man meint, sie seien einst von weiser Hand durch Überwindung des Physischen in das Antlitz dieses Bezirkes hineingesetzt worden. Das Wunder, von dem man schon so viel gehört, liegt endlich als nahes Ziel vor dem Wanderer, dessen Schritte nun durch ein Gefühl ehrfürchtigen Staunens beschleunigt und beschwingt werden. Je näher er kommt, desto mehr beginnt ein sanftes, fast unmerkliches Ansteigen des Geländes, bis er zuletzt überrascht feststellt, daß der nach oben und ringsum offene Bau auf einer erhöhten Fläche errichtet worden ist, die im weiten Umkreis von einer ansteigenden, hügelig bewegten Landschaft – im wahrsten Sinne des Wortes – *umringt* ist. Diese Tempelstätte ist wie ein Zentrum, wie ein Omphalos auf der Erdoberfläche zu erleben, ein mehr oder minder spürbares Charakteristikum aller Steinkreissetzungen, die, wie sich zeigen wird, nach astronomischen Richtungswirkungen im Verhältnis zur Erde aufgebaut sind. Je mehr man solche Stätten sich zu Fuß erwandert, desto treffender und sicherer wird der Erfahrungsspürsinn für ihr Wesen.

So wie wir heute noch beim Anblick einer ausgesucht schön gestalteten Landschaft von Staunen und Bewunderung ergriffen werden, als erlebten wir etwas Höheres, etwas, das über unser Alltagsbewußtsein hinausgeht, so gab es vor Jahrhunderten, Jahrtausenden Menschen, die den Genius eines Ortes als etwas wesenhaft Reales empfanden. Es kann hier von Geomanten gesprochen werden, denen die Aufgabe zukam, Örtlichkeiten zu finden, die sich für den Bau von Heiligtümern, Tempeln oder Kirchen ganz besonders eigneten, Örtlichkeiten, wo eben ein Höheres, ein göttlich Wesenhaftes Wohnung nehmen konnte. Mit Recht spricht der Astronom A. Thom in seinem Werke »Megalithic Sites in Britain« im Zusammenhang mit solchen Steinsetzungen von Megalithmenschen, die über großes astronomisches, geometrisches, architektonisches sowie technisches Können verfügten. Er hat im Laufe von 30 Jahren etwa 500 solche Stätten aufgesucht und davon rund 300 durch sorgfältige Untersuchungen nach modernen Methoden vermessen. Davon sind für unseren Forschungsweg bestimmte Gesichtspunkte wichtig. Sie sollen hier wiedergegeben werden.

Für die Steinsetzungen spielt der Gang der Sonne durch den Kosmos, ihr Verhältnis zur Erde und ihr offensichtliches Wirken im Bereich des Pflanzlichen und des Lebens überhaupt eine besonders wichtige Rolle, aber auch der Rhythmus des Mondes, seine abnehmenden und zunehmenden Phasen sowie sein offensichtliches Wirken im Wäßrigen (Flut und Ebbe). So kommt Thom durch seine Erforschungen der Geometrie und Arithmetik, die von den Megalithmenschen gehandhabt wurden, zu folgendem Urteil: »Wir brauchen nicht überrascht zu sein, daß ihre Zeitberechnung hochentwickelt war und eine exakte Kenntnis der Jahreslänge mit sich brachte oder daß sie viele Stationen einrichteten, um den 18-Jahrerhythmus der Mondknotenumgänge zu beobachten.«[33 (S. 3)] An vielen Steinsetzungen stellt er durch Vermessungsskizzen dar, daß Kreise, abgeflachte Ringe, Ellipsen, Eiformen und zusammengesetzte Rundformen (vgl. Kapitel 6 und 7) vorkommen. Diese wurden so in die Landschaft eingegliedert, daß durch einen oder mehrere Richtsteine oder auch durch eine Bergschräge oder einen Küsteneinschnitt Sterne 1. Größe wie etwa Arktur, Wega, Antares, Spika, Pollux und andere in ihren sichtbaren Bahnen über dem Horizont beobachtet werden konnten (vgl. Kapitel 8).

Durch seine ausgiebigen Vermessungen, Beobachtungen und Berechnungen gelang es Thom, auf eine Maßeinheit (megalithic unit of length, ca. 0,83 m) zu kommen, die nun nicht wie unser Metermaß von der Erde her, aber auch nicht vom Menschen her wie Fuß und Elle abgeleitet ist. Er sagt dazu vom Megalithmenschen: »Der Grund für sein Streben nach Zahleneinheiten ist nicht klar, aber zweifellos wurde die Maßeinheit allgemein angewendet, vielleicht allgemein als heiliges Maß.«[33 (S. 2 f.)]

Ein ganzes Kapitel wird diesem sakralen Längenmaß gewidmet. Wir können in unserem Zusammenhang von einem heiligen Maß sprechen, das sich auf den Kosmos bezog. Diese sakrale Seite lenkt unsere Gedanken zu einem tieferen Verständnis des Megalithmenschen, dessen unzählige Bauten erst heute in ihrer ganzen Bedeutung schrittweise erkannt werden. Der Entstehungsgang des kosmischen Sakralbaues von Stonehenge führt eine einmalige Sprache, die uns in einem Urbild offenbaren kann, von welchen Kräften die Kultur des Megalithmenschen durchatmet und getragen war, zu welchen technisch-physischen Taten sie führte.

Die Archäologen haben nach langer, sorgfältiger Forschungsarbeit drei Entwicklungsepochen im Aufbau von Stonehenge festgestellt. Diese erstrecken sich etwa von 1800–1400 v. Chr.[34] Sie sind für uns in ihren Hauptzügen wichtig. Es wurde zunächst einmal ein Ringwall von ca. 1,50 m Höhe so von außen nach innen gebildet, daß außerhalb ein Graben rundum entstand. Der Ringwall hatte einen Durchmesser von 94 m und war in der Richtung des Sonnenaufgangs zur Sommersonnenwende unterbrochen, so daß dort eine Art Ein- und Ausgang entstand. Dort war auch der mächtige Sonnenstein (Heelstone) aufgerichtet, dessen Spitze sich mit dem Horizont deckte, wenn man ihn, etwas hinter dem Zentrum stehend, anvisierte. Er gab also den Sonnenaufgangspunkt am 22. Juni an. In der ersten Epoche mag auch der sogenannte Altarstein gelegt worden sein. Sodann wurden im Innern des Ringwalles rundum 56 Löcher ausgehoben, die sogenannten Aubry-Holes. Sie hatten einen erstaunlich gleichen Abstand vom Rücken des Walles und untereinander, jeweils etwa 5 m. Nun war vom Zentrum aus nach allen Himmelsrichtungen eine strahlenförmige Beobachtungsmöglichkeit geschaffen, die in verschiedenster Weise genutzt werden konnte. Es wurden zunächst vier Richtungen festgehalten, die eine Gliederung des kosmischen Jahresrhythmus bedeuteten, der sich hauptsächlich auf das Verhältnis von Sonne und Erde bezog und vielleicht auch schon den Mond in sich schloß. Diese vier Richtungen waren durch die sogenannten Stationssteine 91, 92, 93, 94 markiert. Blickte man von Stationstone 93 zu Station-stone 94, so war hier der Sonnenaufgangspunkt am Horizont zur Sommersonnenwende festgehalten. Der Blick vom gleichen Standpunkt über Station-stone 91 hinaus hielt die Sonnenaufgänge um den 8. November und 5. Februar fest. Nahm der Beobachter seinen Standpunkt bei Station-stone 91 ein, dann hielt er über Station-stone 92 hinaus den Sonnenuntergang zur Wintersonnenwende fest. Zweimal im Jahreslaufe konnte er über Station-stone 93 hinaus Sonnenuntergänge wahrnehmen, die etwa auf den 6. Mai und 8. August fielen.

Ganz schematisch zusammengefaßt gilt also für die erste Epoche von Stonehenge, daß durch diese Anlage mit Ringwall und vier Station-stones im Verlaufe langer Beobachtungen und Erfahrungen folgende zeitliche Sonnenrhythmen erlebt wurden:

1. Der Rhythmus zwischen Sommer- und Wintersonnenwenden;
2. Drei Sonnenaufgänge von Station-stone 93 aus, um den 6. Mai, 22. Juni, 8. August;
3. Drei Sonnenuntergänge von Station-stone 91 aus, um den 8. November, 22. Dezember und 5. Februar.[34 (S. 14)]

Werden die beiden Sonnenwendepunkte fortgelassen, die jeweils in der zeitlichen Mitte der zugehörigen Daten liegen (etwa 45 Tage), dann ergeben sich Anfangsdaten für vier Jahreszeiten, die damals ihre Gültigkeit hatten:

Frühling – Wachstum (um den 5. Februar beginnend), Sommer – Fruchten (um den 6. Mai beginnend), Herbst – Ernte (um den 8. August) und Winter – Aussaat (um

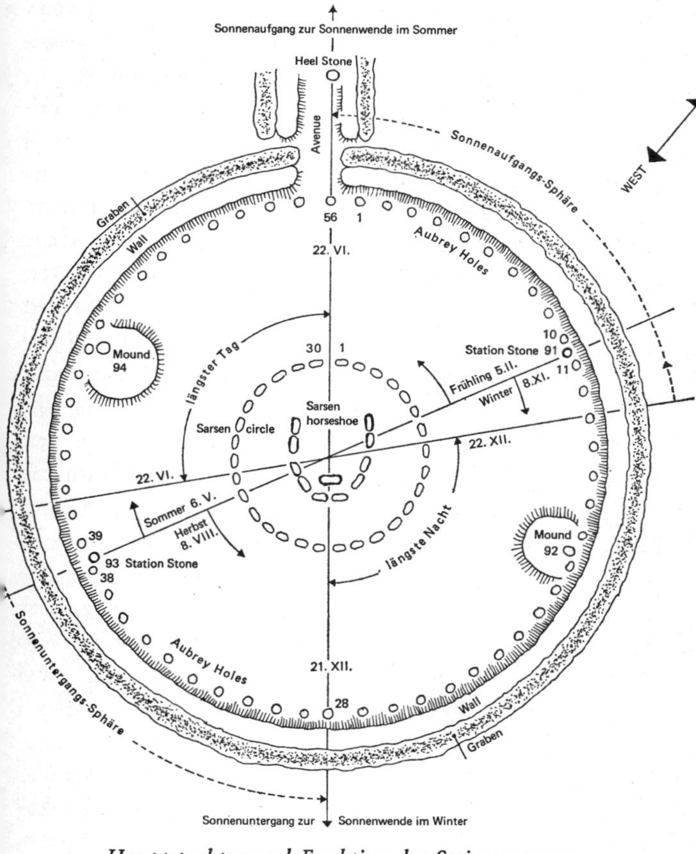

Hauptstruktur und Funktion der Steinsetzungen.

den 8. November beginnend). Bei allen Daten ist zu beachten, daß es sich um Bewegungsbeobachtungen han-

delt, die etwa dem Ablesen einer Sonnenuhr mit Schattenstab entsprechen. Es handelt sich um ein Ausnivellieren, so daß man von dynamischen Daten sprechen muß, die nichts Statisches an sich haben. Sie wurden noch qualitativ als etwas Wesenhaftes erlebt, etwas, das zu tun hat mit Werden und Vergehen, mit Geburt und Tod.
Im Beginn des 2. Jahrtausends also werden hier im Westen Europas, wo ganz bestimmte Konstellationen zwischen Sonne, Mond und Erde bestehen, durch Beobachtungsstationen die Zeitrhythmen festgelegt. Das damalige Bewußtsein des Menschen war noch ganz auf die Sonne und ihre Bahnen bezogen, wie sie sich von Tag zu Tag wandeln und sichtbar werden durch Auf- und Untergänge des Sonnengestirns. Zur Nacht bot sich der Mond mit seinen Bewegungen und seinen Licht- und Schattenphasen dar, und die rätselhafte Sprache der Sternbilder sowie die Bewegungen der Planeten wurden von denen erlebt, die eingeweiht waren in die kosmische Mathematik der Schöpferwesenheiten von Himmel und Erde.*
Aus welcher Gewißheit geistiger Wirklichkeit dies geschah, zeigt uns die zweite Entwicklungsepoche, zu der wir jetzt kommen und die etwa um die Zeit um 1650 v. Chr. angesetzt wird. Für die Errichtung von zwei Steinsetzrunden in dem beschriebenen ersten Ringwall wurden etwa 80 roh behauene Natursteine – die sogenannten blue-stones –, die bis zu vier Tonnen schwer und bis zu 2,40 m hoch waren, aus Südwales (Pembroke-

* Durch die Computerberechnungen von G. S. Hawkins: »Stonehenge decoded« werden unsere astronomischen Darstellungen in manchem bestätigt. Vgl. Rolf Müller, »Der Himmel über den Menschen der Steinzeit«, Berlin 1970, Seite 50 ff.

shire) herangeschafft; das ist eine Wegstrecke von etwa 280 km. Schon diese an ein technisches Wunder grenzende Leistung offenbart uns die zentrale Bedeutung dieses geweihten Ortes, der im Reigen von vielen Hunderten von Steinkreissetzungen im nordwestlichen Europa nicht seinesgleichen hat.

Das Herausschlagen und Lösen dieser Steinblöcke, ihr Transport zu Lande und womöglich zu Wasser sowie ihre Aufstellung erforderten gewaltige physische Leistungen. Dazu kam das Behauen der Steine und das geordnete Aufrichten nach kosmischen Gesetzen. Es wurden vermutlich zwei nach Westen hin offene, parallel laufende, halbkreisförmige Runden aufgestellt, die einen Durchmesser von etwa 24 m hatten. Auch hier wurde ein Eingang in nordöstlicher Sonnenaufgangsrichtung durch besondere Steinsetzungen geschaffen, so daß er mit der Öffnung des Wallringes nach Nordosten übereinstimmte und damit den Blick auf den Heelstone weiter ermöglichte, der die Sonnenaufgangswende anzeigte. Neu und bemerkenswert ist jedoch die halbe Doppelrunde. Sie läßt vermuten, daß hier zum ersten Male die Steine als Schattenstäbe benutzt wurden, um den Bewegungsgang und die Längenveränderung der Schatten zu verfolgen. Diese Schattenveränderungen waren wie eine Chiffreschrift, die aus dem Sonnenbewußtsein der Megalithmenschen gelesen und gedeutet wurde, um Angaben für die Aussaat und das Werden und Reifen von Ernten zu machen. Nun konnte das laufende Jahr hindurch von der Sonnenwende im Nordosten bis zur Wintersonnenwende im Südwesten durch heilige Riten, die den Megalithmenschen mit göttlichen, willensgetragenen Erkenntniskräften durchdrangen, das kosmischrhythmische Gespräch zwischen Sonne, Mond und Erde mitsamt den Sternen dem Weltall abgelauscht werden. Großartiges verkündete ihnen der jeweilige Aufstieg der Sonne zum längsten, lichterfüllten Tage über dem Heelstone; Tieferschütterndes erfaßte sie beim Niedersinken der Sonne zur längsten, finsterniserfüllten Nacht, das sich hinter ihrem Rücken im Südwesten vollzog, wenn sie an dem mächtigen Altarstein ihre Gebetshandlungen vollzogen. Der Altarstein wurde zum Grab- und Todesstein, zur Lebenspforte wurde die Öffnung der Gesamtrunde nach Nordosten, wo der Heelstone steht. Das Bauwerk hatte somit seine zweite Erfüllung gefunden.

Wie stark wirksam die Gemeinschaft dieser von kosmischer Weisheit gelenkten Menschen war, macht die dritte Epoche deutlich, die von den Archäologen in die Zeit um 1500 v. Chr. datiert wird, so daß nunmehr die Praktiken und Erfahrungen von drei Jahrhunderten in bewundernswerter Steigerung in einen vollendeten Bau umgesetzt werden konnten. Es wurden die Doppelrunden der blue-stones abgebaut und später in den Neubau eingefügt. Wir lassen sie aber unberücksichtigt auch in unserer schematischen Skizze des endgültigen Baues, um das Wesentliche an ihm ausdrücklich hervorzuheben und seine Gesamtgestalt als ein großartiges Wahrnehmungsorgan für die aus dem Weltall hereinwirkenden Kräfte darstellen zu können.

Für die Neugestaltung wurden in der ungefähr 32 km entfernten Gegend zwischen Marlborough und Newbury etwa 80 Steinriesen, die sogenannten Sarsen-stones* frei-

* Sarsen = Saracen = Sarazene = fremder (Stein).

geschlagen und südwärts nach Stonehenge gebracht. Dort muß bereits ein Plan vorgelegen haben, nach dem jeder Stein in vollendeter Weise – besonders, wenn man die massive Größe bedenkt – behauen und geformt wurde. Es begann das Aufrichten der fertigen Steine in folgender Weise: 30 Steinkolosse (Sarsen-stones) von je 25 t Gewicht wurden innerhalb des Ringwalles in einem Kreis von 30 m Durchmesser konzentrisch eingegliedert. Sie wurden von 30 das Bogenrund einhaltenden, etwa 7 t schweren Schluß- und Decksteinen untereinander verbunden. Dadurch entstand ein zusammenhängender Rundbau, der eine Gesamthöhe von etwa 4,75 m erreichte und zwischen den kolossalen, pfeilerartigen Steinen eine jeweilige Lücke von etwa 1,20 m hatte; durch sie konnte das Sonnenlicht schattenbildend in die nach oben offene Tempelrunde hineinspielen. In sie hinein wurden in Becherform (Hufeisenform – horseshoe), die in der Richtung der Sommersonnenaufgangswende offen war, fünf torartige Drei-Steine (trilithons) in eine exakte Zentralstellung eingebaut. Die offene Spannweite machte etwa 15 m aus. Wer also den Altarstein vor sich hatte, wurde im Rücken durch die beiden mächtigsten, hochgeformten, etwa 2,10 m breiten Riesenblöcke von jeweils ca. 45 t Gewicht und 6,70 m Höhe überragt. Sie waren 2 m tief in die Erde eingelassen und durch einen Deckstein verbunden, so daß die Gesamthöhe dieser Pforte über der Erde rund 7,70 m ausmachte. Der Zwischenraum beider Aufrechtsteine dieser gewaltigen Steinpforte lief parallel mit dem Rückgrat des an dem Altar Stehenden. Wie zwei ausgestreckte Arme, die ein Halbrund bildeten, erhoben sich nach rechts und links je zwei Paare von Aufrechtsteinen mit ihren Decksteinen; sie wirkten wie freistehende Tore und markierten das nach Nordosten offene Becherrund oder Hufeisen. Ihre Gesamthöhe fiel zu beiden Seiten beim ersten Paar auf 6,40 m und zu äußerst auf 6,00 m ab. Diese mathematisch exakt aufgebaute Halbrundanlage von fünf sogenannten Trilithons kommt einer konzentrierten, zur Verinnerlichung führenden Beobachtungsstation gleich, die das Pentagramm als Struktur enthält und somit ganz deutlich die aus 30 Sarsen-stones bestehende kosmische Steinrunde auf die menschliche Gestalt bezieht.* Gliedert man sich heute in diesen Gesamtbau so ein, daß

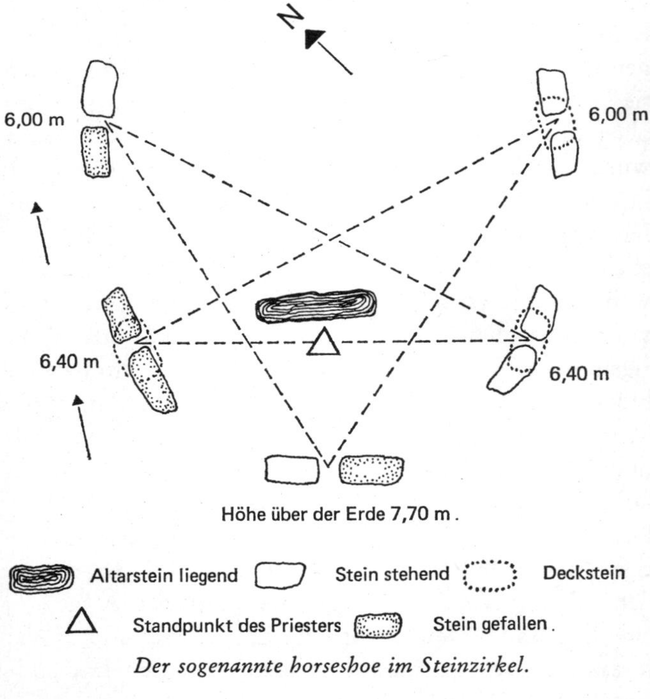

Der sogenannte horseshoe im Steinzirkel.

man den mächtigsten Trilithon im Rücken hat, wo die Sonne im Südwesten zur längsten Winternacht niedersinkt, dann geht der Blick nach Nordosten, wo die Sonne sich zum längsten Sommertage erhebt.
Was nun offenbart dieser kosmische Sonnentempel demjenigen, der sich so eingliedert? Versuchen wir, seiner Funktion, seinem Wesen gerecht zu werden.

* Selbst die russischen Archäologen weisen auf das Pentagramm des horseshoe hin.
In den neuesten Stonehenge-Forschungen wird der Steinrundebau weit ins dritte Jahrtausend zurück datiert (vgl. S. 65).

Über die Funktion des Rundbaus von Stonehenge

Mitten in der Natur, durchweht von Winden und Wettern, fanden dem Jahreslauf von Sonne, Mond und Sternen folgend die heiligen Riten der priesterlichen Megalithmenschen statt. Wie erlebten sie den Jahreslauf?
Die Erde ist in lange Winternächte versunken. Das Innere der vielschichtigen Steinkreisrunden, Erhebungen und Hügel ringsum hüllt zuzeiten eine Schneedecke ein. Eisige Luft durchdringt den Raum, über dem Sternennächte walten, die von kosmischer Atemstille getragen sind; in der von Kraft erfüllten Ruhe wird die Bildersprache des Himmelsgewölbes dem inneren, ehrfürchtigen Lauschen vernehmbar. Und die Weihestätte, die nach außerirdischen Maßen (sacred unit) aufgerichtet worden war, so daß sie ein von Menschenhänden gebildetes Götterwerk wurde, gibt den Eingeweihten geistige Vertrauenskraft. Sie liegt außerhalb unseres heutigen Fassungsvermögens, weil der damalige Mensch noch geistige Wahrnehmungsfähigkeiten hatte. Mit dem Heraufdämmern des Sonnenaufganges nach der Wintersonnenwende beginnt ein kosmisches Gespräch zwischen Sonne und Erde, das durch das zunehmende Licht sowie

die sich bewegenden und verkürzenden Schatten der Aufrechtsteine im Kreisrund vernehmbar wird; es ist eine Art kosmisches Schattenspiel*, für das die Empfindungsseelen der damaligen Menschen so empfänglich sind, daß ihnen die kosmisch-geistigen Wirkenskräfte bewußt werden. Dazu kommt das Erleben in der Natur, wie die Todesstarre schrittweise dem Tau- und Auflösungsprozeß weicht. Das Wunder des Keimens, Wurzelns, Sprießens und Sprossens, das während der Winternacht im ätherischen Lebensbereich der Erde sich vorbereitet hat, beginnt nun in unzähligen Varianten für das menschliche Auge sichtbar zu werden in Grund und Flor. Tiefste Mysterien der Geburt klingen an. Tag für Tag strebt der Sonnenaufgang, vom winterlichen Wendepunkt ausgehend, zur Rechten des handelnden Priesters dem nordöstlichen Punkt der Sommerwende entgegen. Wie lebensunmittelbar mögen die Eingeweihten von dem Geschehen gebildet worden sein, nachdem sie die Todesstarre miterlebt haben.

Und weiter beschreibt die Sonne (von der Erde aus beobachtet) in Harmonie ausstrahlenden Rhythmen ihre aufsteigende Spirale um die Erde, dem höchsten Sommerbogen entgegen. Im Anschauen der fortschreitenden Sonnenaufgänge und der Schattenbewegungen innerhalb der Tempelrunde erweitert sich das Bewußtsein der Seelen, es wird in die Ferne gezogen, zum Urquell des Lichtes, wo es die Weisheit des kosmischen Tierkreises in sich aufnimmt und Weisungen empfängt, die zu Handlungen im irdischen Tagesdienst führen. Alles damalige Wissen von einer göttlichen Lenkung strebt zu dem sich Tag für

* Über die qualitative Bedeutung der Schatten wird im Zusammenhang mit den Steinreihen in der Bretagne gesprochen.

Tag, von Jahreszeit zu Jahreszeit nahenden Weltentag der Sommersonnenwende. Nun hat das Bewußtsein sich erweiternd vertieft und ist bis zu den Ursprüngen der Menschenseele vorgedrungen, die im Lichtbereich ihre wahre Heimat hat. Die Erfahrung des Vorgeburtlichen hat sich in der Rückwärtsschau stufenweise erschlossen, nachdem das rhythmische Spiel der Sonnenaufgänge durchschritten ist, wie es sich zur Rechten im offenen Tempelinnern offenbart hat und mütterliche Wärme den Erdenraum ringsum erfüllt.

Beim Eintritt der Wende schreiten die Priester der Megalithzeit gemeinsam – alle ihre verschiedenen Würdenträger sind vereint – aus den Toren der Runde über den Heelstone hinaus auf die »Avenue«, die Allee, deren Spuren noch heute deutlich zu sehen sind. Die feierliche Prozession könnte, wie Spuren es zeigen, bis zum Flusse Avon hinuntergeführt haben. Sonnenfestliche Tage und Nächte mögen gefolgt sein, von denen die heutigen Sonnenwendfeuer ein letzter, schwacher Nachklang sind.

Und nun erfolgt die Wende: Eine Prozession schreitet in nördlicher Richtung von der Steinrunde an einer Reihe von Rundgräbern vorüber bis zu einem Langgrab, das am östlichen Ende des sogenannten »Cursus« liegt, einem 2,8 km langen und durchschnittlich 92 cm breiten Erdwall. Ringsum liegen ungezählte Rundgräber. Auf diesem Erdwall werden Totenriten vollzogen worden sein. Die niedersinkende Sonne, die nachklingende Dämmerung der kosmischen Sommersonnenwendezeit lassen das erste Erleben der Mysterien des Todes anklingen. Die vom Sommerglast und vom Lichtes-Wärmewirken durchwobenen kurzen Nächte offenbaren das Gespräch von Sternenall und Erdenwelt. Auch dieses ist abzulesen am Licht- und Schattenspiel im Innern der Tempelrunde, denn Abend für Abend strebt nun das Geschehen des Sonnenunterganges zur Linken des handelnden Priesters der längsten Nacht entgegen. Überall in der Natur macht sich in ihren Lebensprozessen die Wende geltend. Das Blattgrün wird satt, die Früchte reifen. In ungezählten Variationen spielt sich dieser Prozeß ab. Lichtend, wärmend ergießt sich das Sonnenwesen in den Erdorganismus hinein, indem es weiter und weiter seine Spirale in umgekehrter Richtung nach Süden um die Erde führt. So wird im Strahlen des Sonnenwesens der »Sich-Senkende«, der »Herniedersteigende«, der Hvita Kristr erlebt, wie er sich den Empfindungen der nordischen Volksseelen durch Mythen, Runenzeichen und Sagen offenbart. Das bedeutet ein vorchristliches Erleben des kosmischen Christus als Sonnenwesen, das die Eingeweihten durchdringt und erfüllt. Je früher nun die Sonne untergeht, die Abenddämmerung einsetzt und die Menschen von der Dunkelheit beeindruckt werden, je mehr die Nächte mit Mond und Sternen den Jahreslauf beherrschen, desto stärker werden die Gedanken auf das Leben nach dem Tode gerichtet. Nacht für Nacht wird es mit wachsender Einfühlungskraft erlebt. Dort, wo Mond und Planeten ihre Umgänge vollziehen, indem sie die kosmische Straße der zwölf Tierkreisregionen in eigenen Rhythmen schwebend durchlaufen, wird dieses Geschehen für die Megalithmenschen zur Zeichensprache göttlicher Wesenheiten, in deren geistigen Bereichen die Menschenseelen von diesen durchdrungen und getragen werden. Davon erzählen in der Sternenbildersprache die länger und länger werdenden Nächte, die vom Mond ihr fahles Licht empfangen; denn er ist

Herrscher auf dem Wege zur Wintersonnenwende. Greifbar wird diese Sprache tagsüber im Spiegelbild des sichtbaren Geschehens von Verwelken und Samenbildung, von verglühenden, fallenden Blättern. Dieser Naturvorgang ist die bis ins Sichtbare hervortretende Wirkung der Mondenkräfte, die dem Staub, der Asche, dem toten Ausgeformten ihr jeweiliges Dasein geben. Die Pflanzenwelt wird des Blätterwerkes entkleidet, wie das Menschenwesen seines Körpers und seiner Leibeshüllen entkleidet wird mit und nach dem Tode. Nur das Knospenhafte ist noch da, an den Bäumen besonders deutlich sichtbar. Nur der Kern des Menschenwesens ist noch da; es ist sein Unsterbliches, das in die geistigen Bereiche der Mitternachtssonne strebt, wo es den Wesen der höchsten Hierarchien zugeordnet und den Tierkreisregionen zugewendet ist, indem es im »glänzenden Wogenmeer des Geistes« von »lichterstrahlenden Gebilden« (R. Steiner) durchströmt wird. Davon kündet die Erdenwelt, wenn die sternenhaften Schneeflocken herniederschweben, wenn der Rauhreif kristallen glitzernd das Sonnenlicht widerspiegelt. Dann sind die Sonnenuntergänge und Abenddämmerungen* zur Linken des Tempelbaues im Rücken des am Altare Stehenden angelangt, und die Sonne sinkt im Südwesten, durch die Pforte des Riesen-Trilithons sichtbar, zur längsten Nacht hinab. Die Winterwende ist gekommen, die in zwölf heiligen Nächten festlich-ernst gefeiert wird. Sie ist für den Megalithmenschen von tiefsten Schauungen begleitet, die ihm die unerschütterliche Gewißheitseinsicht schenken, daß der Mensch wiedergebo-

* Über die Dämmerungen wird im Zusammenhang mit dem nordischen Gral gesprochen.

ren wird, wie wir bereits im Zusammenhang mit Glastonbury andeuteten. So gewiß, wie die Sonne nach den längsten Winternächten wieder aufgeht, wie sie jeden Tag zu immer größeren Bogen aufsteigt und die Natur sich wieder neu bekleidet mit Blätterwerk, so gewiß kehren die Menschenseelen wieder zurück zu einem neuen Erdenleben und legen ein neues Lebenskleid an; die Periode des Entkleidens, des Todes wird abgelöst durch die des Bekleidens, der Geburt. Ein hohes Fest der Geburtsgeheimnisse ist so die Winterwende, die einen neuen Jahreslauf beginnen läßt. Bei diesem Fest mögen die rätselhaften 56 Erdlöcher, die sogenannten Aubry-Holes, die im Innern des Erdwalles seiner Runde im Abstand von etwa 5 m folgten, ihre rituelle Verwendung gefunden haben. Man fand in ihnen Aschenreste, so daß eine Art Fackelfeuerkreis nicht ausgeschlossen ist, zumal die Archäologen immer wieder auf »eine religiöse Zeremonie« hinweisen, wenn sie von dieser Erdlöcher-Runde sprechen.

Je mehr wir uns in die Funktion der Steinrunden von Stonehenge mit ihrer Umgebung vertiefen, desto deutlicher zeichnet sich das prophetische Erleben und Wissen der priesterlichen Eingeweihten vom Herniedersteigen des Sonnensohnes, des Gottessohnes, des Hvita Kristr ab. Menschheitliche Motive wie das der Geburt, der Johannestaufe, wo der Gottessohn Leib annahm, des Todes und der Wiedergeburt klangen durch, so daß wir mit gutem Recht von einem kosmischen Sakralbau sprechen dürfen. An die Tempelrunde aber, von der Stonehenge das am besten erhaltene Beispiel ist, knüpft die Tafelrunde des King Arthur an, somit auch an das Wissen der Megalithmenschen um den Christus als Sonnenwesen. Es wird von den Rittern der Tafelrunde im Bild des Grales, des lichterstrahlenden Heilsgefäßes, erlebend geschaut.

So mündet unsere gedankliche Wanderung von Gethsemane nach Glastonbury–Camelot, nach Tintagel und Tara ein in den einmaligen Monumentalbau von Stonehenge. Er ist mit unauslöschlichen Zügen in das Antlitz Europas eingeschrieben und legt gerade heute Zeugnis ab von der wahren Geistesgröße des Christus als göttlichem Sonnenwesen, wie es durch die Menschheitsgeschichte schreitet.

Wir sind bis an die Urquellen der Gralsage, die ihre erschütternde Manifestation im Garten von Gethsemane fanden, vorgestoßen und haben zu fragen: Wo und wann verbindet sich das königliche Artuselement der Tafelrunde, das seine Wurzeln im Megalithzeitalter hat, mit dem christlichen Gralelement, das seine Wurzeln im Gethsemanegeschehen hat? Wann wird von einem Gralsucher gesprochen, der um das höchste Kleinod europäischen Geistes ringt? Eine Antwort darauf gibt die Bretagne, wo sich ein historischer Bogen von der Megalithzeit über Merlin und King Arthur bis zur Gestalt des Parzival spannt.

Mit der Antwort auf diese Frage schaffen die archäologischen und legendarischen Tatsachen eine Brücke zum Verständnis für ein kosmisch-menschheitliches Christentum, und es wird dadurch dasjenige wieder gutgemacht und geheilt, was Heinrich Zimmer in seinem Aufsatz über Merlin als Tragik, als eine Grablegung Europas hervorhebt: »Das Wachstum der heidnischen Religionen Nordeuropas ist mit dem Eintreten ihrer Völker in den christlichen Raum in der Blüte geköpft worden; mehr als die römische Kultur hat die Kirche bei Kelten und Germanen und der breiten urkeltischen Urbevölkerung Frankreichs und der britischen Inseln ihrem Mythos seine Lebenssphäre, die alte Religion, entzogen.«[11] (S. 5)

Merlin ist die Gestalt, die aus den Tiefen europäischen Bewußtseins im Artuskreise den Plan göttlicher Wesenheiten aufleuchten läßt, der von der Urvergangenheit der Menschheit vorliegt: den Herniederstieg des Gottessohnes aus den Sonnenbereichen in das Erdenleben, in Tod und Auferstehung. Das naturmagische, prophetische Element des Merlin wird abgelöst durch das welthistorische Geschehen von Gethsemane und Golgatha, das im Bilde des Grales das europäische Geistesleben seit dem 9. Jahrhundert sonnenhaft durchstrahlt.

Die Bretagne als eine Heimat der Gralsage

Wie mannigfaltig ist die Bretagne als Halbinsel aufgebaut: das liebliche Binnenmeer von Morbihan mit seiner spielerisch vielgestaltigen Inselwelt, oder die wilde Gesteinswelt der Meeresküsten wie etwa der Bucht des Trépassés, oder die aus dem Walddickicht herausragende Höhe Roc de Toullaeron, oder der geheimnisvolle Wald von Brocéliande, von dem heute leider nur noch ein kleines Gebiet um Paimpont übrig ist. Dennoch sind die charakteristischen Hauptzüge von Küste und Landinnerem bestimmend.

An der Küste führt das Zusammenspiel der Meeresweite mit den wilden, felsigen Riffen, den ausgewaschenen Höhlen, mit den gigantischen Gesteinswelten das Wort. Auf der schmalen Landzunge von Quiberon im Süden wie auch dem westlichen Eckpfeiler der Bretagne, Pointe du Raz, kann man die kosmische Sprache, die aus dem Rhythmus von Ebbe und Flut ertönt und vom gewaltigen Donner in den felsigen Küstenstreifen bis zum seichten Wellenrauschen am sandigen Strand reicht, immer wieder vernehmen. Diese Sprache ist uns bekannt von Tintagel und der Insel Skellig Michael, die ebenso wie der Südwesten der Bretagne zum armorikanischen Gebirgssystem gehören (vgl. S. 41 ff.).

In dieses Antlitz der Erde setzten die Vorfahren der Kelten die Ganggräber, deren aufrecht stehende Steinplatten die Wände des inneren Ganges oder der inneren Kammern rechts und links bildeten. Sie waren z. B. mit künstlerischen, parallel laufenden Ritzformen versehen; das prächtigste Beispiel kann man noch heute auf der Insel Gavr'inis – sie liegt im Binnenmeer von Morbihan – aufsuchen und bei Kerzenlicht die einzelnen bearbeiteten Steinplattenreihen dieser Kultstätte durchschreiten. Sie gehen bis weit in das dritte Jahrtausend vor Christus zurück.* Um 2000 v. Chr. mögen die über Kilometer sich hinstreckenden Steinreihen von Carnac, St. Just und andere entstanden sein. Es war ein Zeitraum, in welchem der Mensch aus seinem traumhaften Bewußtsein und dem naturhaften Verbundensein mit Sonne, Mond und Sternen Merkzeichen in die Erde setzte, um mit ihren Zeitgesetzen vertraut zu werden und schrittweise ein irdisches Bewußtsein zu entwickeln. Darum treffen wir auch hier wie auf Irland die Urbilder zweier Menschheitsepochen an: *den Hirsch und den Stier*. So entdeckten wir im Museum von Carnac Hirschgeweihe, die man in prähistorischen, einfachen Gräbern als Beigaben gefunden hatte. Sie deuten auf eine Jägerkultur hin, in welcher die Gottheit »Cernunnos« ihren Ursprung haben muß. Sie offenbarte das Naturgesetz von Werden und Vergehen im irdischen Jahreslauf, sie lenkte aber auch Tode und Geburten und wurde von Hirschgewei-

* Albrecht Meyer: ›Gavr'inis, bretonische Felsbilder aus alteuropäischer Mysterienwelt‹, Stuttgart 1974. In diesem Werk wird vielseitig der Blick für das kosmische Welterleben der Megalithmenschen erschlossen, das sich durch ihre Ritzkunst offenbart.

hen überkrönt dargestellt.[35] (S. 170)* In dieser frühen Menschheitsepoche ist ein Bewußtsein wirksam, das nicht nur mit den Rhythmen der Erdennatur eins ist, wie es dem Wesen des Hirschgeweihes entspricht, sondern auch mit den kosmisch-geistigen Rhythmen von Tod und Geburt der Lebewesen, vor allem aber des Menschenwesens selbst. Mit dem Setzen der Steinmale wird der Mensch seßhaft, der Jäger wird abgelöst vom Bauern oder, im Bilde gesprochen, das Hirschzeitalter wird abgelöst vom Stierzeitalter.

Am nördlichen Eingang der Kirche von Carnac ist der Heilige Cornély mit Rindern dargestellt: Diesem Heiligen zu Ehren findet am zweiten Septembersonntag eine Prozession statt. Seine Gestalt wird auf der einen Seite von einem Rind zwischen zwei Menhiren, auf der anderen von einem Horntier neben einem Dolmen eingeschlossen. Ganz deutlich wird in dieser Darstellung die Kuh oder der Stier mit den Steinsetzungen in Zusammenhang gebracht. So nimmt es nicht wunder, wenn manche Archäologen darauf hinweisen, daß man von einer uralten Hirschkultur (wandernde Jäger) von Norden her und von einer Stierkultur (seßhaft werdende Bauern) von Süden her sprechen kann. die sich beide in der Bretagne vereinigt haben. Die Lebens- und Weltanschauung der Erbauer der Steinreihen ist das Ergebnis dieses Zusammenspiels.[35] (S. 170 f., 284 f.)

Im ganzen betrachtet machen die Steinreihen einen älteren Eindruck als die Steinzirkel von Stonehenge, weil die Einzelsteine (Menhire) so gut wie gar nicht behauen und in irgendeine, wenn auch noch so rohe Form ge-

* Vgl. auch S. 50 im Kapitel »Irland – Hibernia«.

bracht worden sind. Sie werden nur in westlicher Richtung allgemein höher. Ferner variieren die Linien in ihrer Richtung recht stark. Wenn man jedoch bedenkt, daß es sich bei ihrer Aufstellung um Beobachtungen des Weiterwanderns der Sonnenaufgänge am Horizont handelte, so ist dabei zu berücksichtigen, daß ihre tägliche Veränderung sich ja erst nach zwei bis drei Tagen beim Anpeilen kundtat. Es handelt sich also um ein *dynamisches Beobachten* der Sonnenaufgangsbewegung durch den Jahreslauf, nicht aber um ein statisches Feststellen bestimmter Daten auf einen bestimmten Tag im heutigen Sinne. Selbst aus unseren heutigen Kalendern ist ersichtlich, daß z. B. die Sonnenwenden erst während mehrerer Tage wirksam und bis in die Minutenzahlen feststellbar werden; dazu kommt noch, daß es damals keine Kalender gab, daß sie nicht nötig waren, weil der Mensch in die lebendige Umgebung der Natur hineingestellt und ganz und gar auf das Miterleben des Sonnenganges angewiesen war. Die Steinreihen ermöglichten dem Megalithmenschen gerade durch verschiedene radiale Richtungen oder geringe Abweichungen vom parallelen Verlauf ein schrittweises Einnivellieren auf eine bestimmte Aufgangsstelle der Sonne am Horizont. Es ergab sich in unmittelbarer Weise ein Vorher und Nachher, zwischen beiden lag dann sehr genau die erwartete und auszuwertende Aufgangslokalisierung und Datierung für den Anfang einer bestimmten Jahreszeit. Diese Praktik läßt sich heute noch durch einen Schattenstab nachvollziehen. In England gibt es unter anderen eine alte Sonnenuhr aus Stein. Diese hat die Form eines Pentagondodekaeders, das auf seinen Pentagrammflächen jeweils in der Mitte einen Schattenstab hat mit Ausnahme der Standfläche, so daß sich elf Schattenstäbe vorfinden. Hier ist ein vielfältiges Verfolgen der Schattenbewegungen möglich. Nicht nur der Tages-, sondern auch der Jahreslauf der Sonne läßt sich aus den Bewegungen sowie den Verkürzungen und Verlängerungen der Schatten auf den im Raume unterschiedlich ausgerichteten Flächen ablesen. Dabei spielt das Warten und Einnivellieren auf bestimmte Schattenrichtungen und Schattenkonstellationen die Hauptrolle.

Es ist also zu beachten, daß es sich vor rund viertausend Jahren um ein dynamisches Erleben der Sonnenaufgangsbewegungen am Horizont von Jahreszeit zu Jahreszeit, von Wendezeit zu Wendezeit handelte. Dieses Miterleben wurde dann von den Druiden umgesetzt in Anweisungen für die Tätigkeit des Pflügens, der Aussaat, der ritualen Pflege des heranwachsenden und reifenden Kornes bis zur Ernte.

Zu der dynamischen Erlebnisweise der lokalen Bewegungen der Sonnenaufgänge kam noch *ein qualitatives Wahrnehmen der Schatten* hinzu. Diese Tatsache wurde bereits im Zusammenhang mit Stonehenge erwähnt und soll hier genauer charakterisiert werden, um den Megalithmenschen und seine Praktiken auch von dieser Seite her eingehender zu verstehen.

Versuchen wir also, uns ein deutliches Bild von der geistig-seelischen Haltung sowie von den spirituellen Wahrnehmungsfähigkeiten der druidischen Eingeweihten zu machen. Zunächst soll uns der Genius unserer Muttersprache den Weg eines Verständnisses ebnen. Unser Wort *Schatten* hat etymologisch zwei Wurzeln. Es weist im gewöhnlichen Gebrauch auf den Schatten eines Gegenstandes hin, der ja mit Dunkelheit oder mit Finsternis im Zusammenhang steht. Die Wörter »Schattenriß« oder »Schattenkern« und »Schattenkegel« machen diese Bedeutungsseite des Wortes deutlich, es handelt sich um das, was wir wie schemenhaft sehen. Sobald wir aber von dieser mehr quantitativen Alltagsbedeutung zu einer qualitativen Anschauung übergehen, taucht eine innere, wesenhafte Bedeutung auf, die sich in Ausdrücken wie »Schattenseite« oder »nicht der geringste Schatten eines Verdachtes fiel auf seine Lebenshaltung« oder das »Schattenreich« = Totenreich bekundet. Dadurch kommt man etymologisch auf das Wort »schauen«, das auf die Wurzel »skau« und »sku« zurückgeht. Im Altnordischen hat das Wort »skugge« die Bedeutung Schatten, im Gotischen steht dafür das Wort »skuggwa«, kann aber auch als »Spiegel« übersetzt werden. Noch heute sagt der Schwede für Schatten »skugga«. Hier spricht sich die uralte Weisheit unserer Vorfahren aus, daß wir als Menschen eigentlich im Reich der Schatten, der Schemen leben, die Ausdruck oder Spiegel sind einer geistigen Wesenhaftigkeit, dem Träger und Durchdringer all des sinnenhaft Sichtbaren. Nur derjenige, der die Schatten nicht nur sieht, sondern auch durch*schaut*, geht den Weg vom Sehen zum Schauen, von der sinnlichen zur geistigen Wahrnehmung. Wir sind heutzutage durch eine Spiegel- oder Schattenwand getrennt von der übersinnlichen Welt, in der geistig-göttliche Wesen ein leibfreies Dasein führen. Diese Anschauung oder, besser gesagt, dieses Weltenerleben kommt in dem javanischen Schattenspiel, dem Wayang-Spiel, in einmalig künstlerischer Weise zum Ausdruck. Die Zuschauer sitzen im Reich der Schatten vor dem weißen Schirm der Zeit »Keliv«, auf dem im Licht der Lampe »Blentjong« aus dem Jenseits die Wesen als Schatten im Diesseits erscheinen. Beide Reiche sind durch den Schirm, die Schattenspiegelwand, getrennt. So war einst der Schatten der Spiegel, durch den man die geistig-wesenhafte Substanz des jeweiligen Schattens erlebend erkennen konnte; dieses Erkennen war ein geistiges »Schauen«.[36] (S. 97 f.)

Vom geisteswissenschaftlichen Gesichtspunkt schildert Rudolf Steiner die feine Geistdurchlässigkeit der Empfindungsseele der Druidenpriester von zwei Gesichtspunkten her. Einmal von der Seite eines Sonnenmenschen, der fähig ist, durch sein inneres Wachsein in der Finsternis der Nacht oder im Schatten zur Tageszeit das wesenhaft Geistige zu schauen, weil Hellsichtigkeit vorliegt. Ein anderes Mal geht er direkt auf den Menschen der Frühkultur mit folgenden Worten ein: »Und zu der Aufgabe eines Druidenpriesters gehörte es, ein Schauvermögen zu haben für die Qualität des Schattens, für jene eigentümliche Beimischung, man möchte sagen, eines rötlichen Tones beim Augustschatten, eines bläulichen Tones beim November- oder Dezemberschatten. Und so konnte man mit der Schulung, die man als Druidenpriester hatte, den Tageslauf der Sonne im Schatten lesen. Man konnte den Jahreslauf der Sonne im Schatten lesen. Man sieht diesen Dingen (sc. Steinrunden usw.) heute noch an, daß eine der Verrichtungen, die bei ihnen vorgenommen wurden, in so etwas bestand.«[37] (S. 100)

Ohne Verständnisbemühen um die *dynamische* und auch um die *qualitativ-geistige* Seite der Praktiken der Megalithmenschen oder Druidenpriester dringen wir nicht ein in den Sinn und die Funktion der Steinreihen von Carnac. – Wenn wir sie durchschreiten, haben wir das Bewußtsein, vor einer Lebens- und Glaubenswelt zu stehen, die noch ganz in die Göttlichkeit von Natur und Kosmos hineinverwoben war und in deren Mittelpunkt das Sonnenwesen stand. Ihm war dieses aus einzelnen Steinen komponierte Werk von Carnac geweiht; das läßt sich aus den Hauptrichtungen der Steinreihen ablesen, die sich über 4 km erstrecken. Die über 2500 noch stehenden Reststeine lassen das ehemals gewaltige Werk der Megalithzeit erahnen. Es legt Zeugnis ab von dem astronomischen Wissen und magischen Können, das voll und ganz mit der Sonnenweisheit der Erbauer einhergeht. Der dreigliedrige Bau von Carnac ist in unserem Zusammenhang so wichtig, weil er ganz anders aufgegliedert, anders kosmisch ausgerichtet ist als der von Stonehenge, trotzdem aber von den gleichen Rhythmen des Jahreslaufes Kunde gibt.[35 (S. 174 ff.) 38 (S. 71 ff.)]

1. Da ist zunächst die am weitesten nach Nordosten sich erstreckende Anlage von Kerlescan. Sie besteht aus dreizehn parallelen Steinreihen, die auf 880 m Länge in einer Breite von 139 m aufgerichtet worden sind. Sie verlaufen im wesentlichen in ostwestlicher Richtung, wie aus den 550 noch stehenden Steinen (Menhiren) abzulesen ist, wenn man den ganzen Reihenkomplex mit seinen offensichtlichen Abweichungen als Einheit betrachtet. Von Ost nach West nehmen die Steine von 0,80 m auf 4 m Höhe zu und streben alle auf einen Halbkreis hin, von dem noch 39 Reststeine zeugen und der seine Rückenrundung nach Westen hat, so daß er wie eine nach Osten offene Schale wirkt, die aber durch eine dichte nordsüdliche Steinreihe abgeschlossen war. Die ganze Einrichtung ermöglicht eine Festlegung der Zeiten um die Tag- und Nachtgleichen des 21. März und des 23. September, die damals natürlich nicht zahlen-

mäßig datiert, sondern qualitativ empfunden wurden. Wenn man einen vorhandenen Sitz etwa in der Mitte der nördlichsten Steinreihe mit dem Blick nach Norden einnimmt, kann man noch heute etwas von dem kosmischen Gleichgewichtsvorgang der Sonnentagesbahn um den 21. März (aufsteigend) und um den 23. September (absteigend) im Rechts und Links der Steinreihen nacherleben. Tages- und Nachtdauer schwingen im Gleichgewicht, und die Sonne bewegt ihre Schatten durch das aufgerichtete Gitterwerk der divergierend angelegten Steinreihen.

2. In einer Entfernung von 393 m gliedert sich bei Kermario eine zehnreihige Anlage von 100 m Breite in südwestlicher Richtung an. Hier stehen noch 1029 Einzelsteine auf einer Länge von 1120 m. Auch sie werden in südwestlicher Richtung höher und massiver. Sie variieren auf dieser Länge in ihrer parallelen Gesamtorientierung auf die Sommersonnenwende nur um 4°, so daß hier die Zeiten um den 22. Juni in nordöstlicher Richtung und in umgekehrter Richtung (Südwest) zur Wintersonnenwende um den 22. Dezember festgelegt werden konnten.

3. Schließlich gelangen wir, in gleicher Richtung weitergehend, nach einer abermaligen Unterbrechung von 340 m zu den Steinalleen von Menec, die in elf Reihen auf einer Länge von 1180 m und einer Breite von 100 m aufgebaut sind. Ein Rest von 1099 Steinen läßt auf eine ursprünglich meisterhafte Anlage schließen. Auch hier nimmt die Höhe der Steine in südwestlicher Richtung zu, wo wiederum ein Rest von 70 Steinen deutlich einen Halbkreis erkennen läßt. Hier liegt die Gesamtorientierung so, daß die Sonnenaufgänge um den 6. Mai und

8. August festgehalten werden konnten, wobei wiederum die Daten selbst unwesentlich sind, weil es auf eine Art Datenmitte ankam, die für Pflanze, Tier und Mensch wichtig ist. Es entstand dadurch eine Gliederung, welche die Aussaat (8. November), das Wachstum (4. Februar), das Reifen (6. Mai) und die Ernte (8. August) ankündigte.

Zusammenfassend können wir feststellen, daß sowohl die deutlich sich unterscheidenden Hauptrichtungen als auch die zunehmenden Höhen der Einzelsteine auf ein kosmisches Instrumentarium schließen lassen, das dazu diente, den rhythmischen Gang der Sonne durch den Jahreslauf in irgendeiner Form festzuhalten durch die dynamische Beobachtungsweise. Nun aber kommen noch die beiden Halbkreisrunden von Kerlescan und Menec dazu. Sie wurden jeweils durch eine gerade, eng aneinander gesetzte Steinreihe in östlicher beziehungsweise nordöstlicher Richtung abgeschlossen, so daß sich ein Eigenraum bildete. Hier wurde das Licht der aufgehenden Sonne abgehalten, und es entstand gewissermaßen ein Schattenraum. Durch dieses Rauminstrumentarium konnten die Eingeweihten die jeweilige Qualität des Schattens in der Weise erleben, wie wir es dargestellt haben. Es kam zu der dynamischen Feststellung eines Sonnenaufgangsortes zu einer bestimmten Jahreszeit die Erkenntnis der qualitativen Wirkungskraft der aus dem Kosmos hereinstrahlenden Sonne dazu. Sie wurde durch das Schattenerleben des geschulten Druiden ermöglicht.

Wenn wir nun noch die kleineren Steinreihen von Sainte Barbe dazunehmen, die auf die Sonnenaufgangsdaten vom 4. Februar und 8. November ausgerichtet sind, dann ergibt sich folgendes Schema für das kosmische Sonnenjahr der Megalithmenschen, das auch für Stonehenge gültig ist.

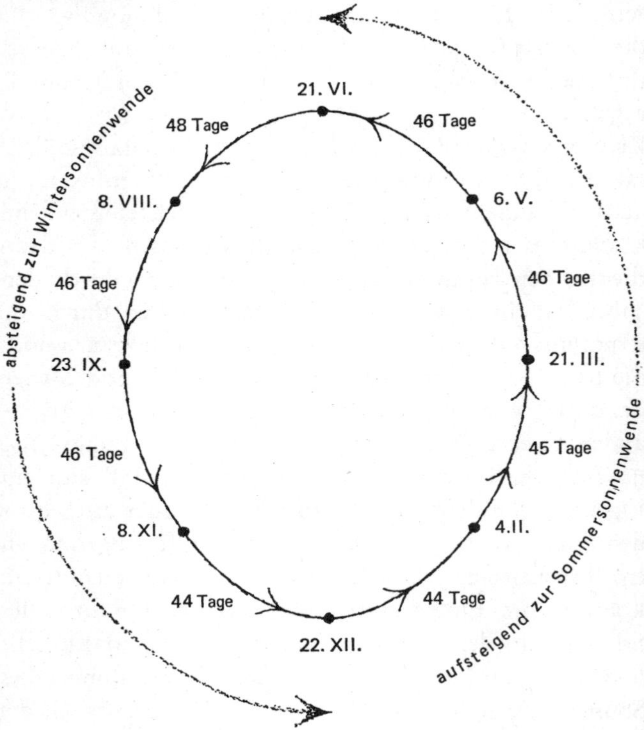

Skizze einer kosmischen Jahreszeitenuhr.

Dieses Schema macht deutlich, daß die Erde als ein Wesen erlebt wurde, das ganz von Sonnenrhythmen durchpulst ist, wie der rhythmische Herzschlag den ganzen Menschen durchpulst. Es liegen die angegebenen Zeitdaten, die durch die Steinsetzungen auf die

geschilderte dynamische Weise ermittelt werden konnten, in einem Rhythmus von 44 bis 48 Tagen nach unseren heutigen Zeitbegriffen. Für die Megalithmenschen spielte diese Differenz von vier Tagen im Hinblick auf ihre landwirtschaftlichen Praktiken keine Rolle, weil es sich ausschließlich um dynamische Beobachtungen handelte, die aber trotzdem für damalige Verhältnisse astronomisch sehr genau waren.
Heilung und Gesundung strömten segnend durch dieses Erleben (heute droht der Erde durch die Taten des Menschen das Gegenteil). Die kosmischen Funktionen, die einst in Carnac durch die drei astronomischen Felder von Kerlescan, Kermario und Menec zur Wirkung kamen, waren in Stonehenge in ein rundes Steinsetzungswerk eingebaut. Beide priesterliche Tempelstätten geben uns ein Bild von dem willensgetragenen Sonnenbewußtsein der führenden Menschen zur Megalithzeit. Wir können sie Sonnenmenschen im Sinne Rudolf Steiners nennen[37 (S. 77 ff.)], die durch das Erleben des Jahreslaufes von Werden und Vergehen wußten, von Geburt und Tod als den Toren, wo das Leben seinen Eingang und Ausgang findet. Durch ihre Handlungen wurden sie Vorverkünder von Tod und Auferstehung. Darum war der Boden der Bretagne in uralter Zeit vorbereitet für den Eingang eines kosmischen Christentums, wie es bereits für andere Orte gezeigt wurde. Wie es in der Bretagne geschah, soll nun dargestellt werden.
Wir wenden uns von der Küste zum Landesinneren, wo wir eine ganz andere Welt betreten. Über die weitschweifigen Höhen, die immer wieder neue Blicke in die Ferne erschließen, ziehen sich hie und da kleinere oder größere Wälder und geben plötzlich den Blick auf ein

Gehöft frei. Ruhe spendende Weiher laden zur Besinnlichkeit ein, als wollten sie uns etwas aus der Vergangenheit anvertrauen. Selbst kleinere Gewässer, die sich durch manche Felspartien hindurchgefressen haben, zeugen von langen Zeitepochen der Erde. Menhire oder Dolmen, die wir unerwartet antreffen, lassen noch einmal die Bilder der Steinalleen auftauchen. »Der *Argoet*, das Land der Wälder, das ist die ganze innere Bretagne.«[39] (S. 98) Noch heute läßt das Waldgebiet von Brocéliande um den Ort Paimpont den Besucher etwas von der traumhaften Verbundenheit von Mensch und Natur nachempfinden. Wir verstehen unmittelbar, wie unsere Vorfahren die sie umgebende Natur wesenhaft erlebten und davon ihre Seelenhaltung bestimmen ließen. Hier ist das Reich der urbretonischen Korregans, der Zwerge, und anderer Elementarwesen.

Indem wir von dem Ort Néant-s-Yve ausgehen und uns nach einer mittelalterlichen Karte richten (Carte chasseresse et mythologique de Brocéliande), befinden wir uns plötzlich in der Zaubersphäre des Bois de Brocéliande, wo wir Wegweisern begegnen, welche die Namen »Jardin de Joie«, »Village de Folle Pensée«, »Fontaine de Barenton«, »Val des Fées« führen. Es ist ein nebliger Junitag, die Luft ist vom weit entfernten Meere her mit Feuchtigkeit geschwängert, so daß ein feiner Nieselregen uns begleitet, der alles in ein geheimnisvolles Dämmerlicht taucht. Wir beschließen, zu dem berühmten Quell von Barenton mit der Steinplatte des Merlin uns durch den wilden Wald durchzuschlagen, und starten von einigen Häusern bei Saudrais im Norden des Waldes. Da diese meist verlassen und verfallen sind, künden sie von Vergangenheit. Wir gehen zunächst über bloßliegendes, rotes Porphyrgestein, das durch die Regennässe feurig glänzt. Dann säumen Farne unseren Weg und eine reiche niedrige Grasfauna, mit Moosteppichen in Grün und Braun abwechselnd. Eichenbestände, oft in quadratischer Form gespensterhaft in die Höhe geschossen, geben dem buschartigen, verwachsenen Wildwald ein eigentümliches Gepräge. Wir müssen wegen Versumpfungen oder Verwachsungen mehrere Male umkehren, um auf anderen Pfaden weiterzukommen. Wegweiser erwarten wir nun vergeblich. Nichts mehr gibt dem pflanzlichen Dickicht den Ausdruck pflegender Menschenhand, so daß hier das Wesenhafte der Natur ganz offen liegt und sich im tiefen Schweigen dem suchenden Wanderer kundtut. Er spürt die mit diesem waldigen Erdenbereich verwobene Geschichte. Unbekümmert folgen wir der Wegspur durch dick und dünn, bis wir vor einer mächtigen Buche stehen, in deren Stamm Buchstaben und das Wort MERLIN eingeritzt sind. Nach einigen hundert Schritten lichtet sich das Waldesdickicht, und wir befinden uns an der Fontaine de Barenton. Kleine Blasen steigen vom ruhenden Grund der Quelle aus dem heilsamen Wasser auf; sein Leben ist auf der Oberfläche nur durch ein feines, quellendes Bewegungsspiel wahrzunehmen. Eine Birke, Eiche und Tanne überschatten die dort liegende Steinplatte des Zauberers und Propheten Merlin. Nahebei befinden sich die Ruinen einer Kapelle und eines Klosters. »Für uns Bretonen ist dieser Ort ein Symbol, nämlich das der schöpferischen Macht, welche die unsere ist und die zu wiederholten Malen ihren Atem der *europäischen* Literatur eingeflößt hat.«[40] (S. 20)

Ja, hier erschließt sich mit dem Namen des machtvollen

Zauberers, Magiers und Sehers Merlin die ganze Welt des Königs Artus und damit auch die der Megalithmenschen; hier lebt das alte keltische Märchen auf, das uns in bretonischem Gewande von dem gotteseinfältigen Peronnik erzählt, der sich mit List und kecker Kühnheit durch den Zauberwald von Brocéliande auf einem wegkundigen Fohlen hindurchschlägt, um in den Besitz der goldenen Lebensschale und der diamantenen Todeslanze zu kommen; hier ist bis in einzelne Motive etwas wirksam von der altfranzösischen Erzählung des Einsiedlermönches »in der verlassensten und wildesten Gegend der hellen Bretagne«, dem in einer Geistesschau das »Buch vom Gral« im Jahre 717 nach dem Tode Christi ausgehändigt wurde[41]; hier in diesen Wald läßt Wolfram von Eschenbach seinen gotteseinfältigen Parzival im Narrengewande reiten, indem er sagt:

»So zog der Knabe wohlgetan
Hin nach dem Wald von *Briziljan*
Und kam an einen Bach geritten,
Den leicht ein Hahn hätt' überschritten.«[129 (5-8)]

Von diesem Wald heißt es im Peronnikmärchen: »Zudem erstreckte sich der Wald wohl dazumal über zwanzig Gemeinden hin und weiter. Ja, es gibt Leute, die behaupten, daß er über den Fluß hinausreichte bis nach Elven.« Dieser Ort liegt etwa 30 km südlich vom heutigen Rest des Bois de Brocéliande.[40 (S. 145)]

Noch tiefer in den Sagenbereich um Merlin und König Artus führt uns am westlichen Rande dieses Waldes die Kirche von Tréhorenteuc, die L'église du Saint Graal genannt wird. Betritt man die 1618 wiedererrichtete Kirche, so erkennt man, daß sie in der reinsten Tradition eines bretonisch christlichen Geistes ausgeschmückt worden ist. Wir treten durch die mittlere Tür des Narthex in das Hauptschiff ein und erblicken, uns zurückwendend, über den drei Türen zum Narthex ein großes Mosaik aus unserer Zeit, dessen Bildersprache uns nach unserem bisherigen Forschungswege verständlich sein wird. [35] (S. 663 ff.)

Es ist die Merlinquelle dargestellt, die für die Bretonen noch heute ein Heiligtum ist, so daß sie dem Dichter Brizeux folgende Worte entlockt:

> »O Wald des Zaubers, liebliches Tal, unerschöpflicher Born,
> Wo sich tränkten und labten alle Barden der Welt!«*

Hinten steht aufrecht der Weiße Hirsch von Brocéliande, sein Haupt umstrahlt von einer sonnenhaften Aura; er trägt ein Kreuz an einem goldenen Halsband. Wir können jetzt sagen: Der Hirsch, das Wahrzeichen der Frühzeit bretonischer Kultur, hat seine Erfüllung gefunden. Dieses Bildwerk steht für viele Menhire, die man mit christlichen Zeichen versehen hat. Auf dem Mosaik umgeben ihn vier rote Löwen, ein Ausdruck geballter Willenskraft, die mächtig ist, Steine zu bewegen. Diese Vierheit wirkt wie eine prophetische Vorverkündigung der vier Evangelisten. Im Hintergrund zehn rote Bäume, die von Licht umhüllt sind. Das sind jene Lichtbäume, die immer wieder in den Gralsagen auftauchen, wo unter anderem der Percheval Li Galois von einem Kind im strahlenden Lichtbaum eines Waldes überrascht wird. Dies bezieht sich auf den Lichtbaum

* Damit sind die Sänger und Dichter vom Mittelalter bis in unsere Zeit gemeint, die sich vom Gral haben inspirieren lassen.

des zukünftigen Paradieses, in dem der Baum des Lebens und der Erkenntnis vereint sein werden.

Wir wenden uns nun zum Chor um; dort sind die Fenster dem Heiligen Gral gewidmet.* Das mittlere zeigt uns Joseph von Arimathia vor Christus kniend. Der Gral erscheint als Kelch zu Häupten von Christus. Darüber entrollen Engel die Worte: *Der Kelch meines Blutes.* Zu seiten befinden sich die bekannten Symbole der vier Evangelisten. Im rechten Fenster tragen Engel einen grünen Kelch zum Tisch der Ritter der Tafelrunde, an der König Artus den Vorsitz führt; im Hintergrund der Gekreuzigte. Im linken Fenster erscheint der Kelch auf dem Tisch.

Ein Gemälde über der Sakristei stellt die Zusammenkunft der Ritter von der Tafelrunde dar. Einundzwanzig Ritter sitzen um den Tisch, darunter fünf Könige im Vordergrund, und im mittleren Hintergrund ist Galahad dargestellt, der von einem Throne aus den Vorsitz der Zeremonie führt, in deren Mittelpunkt der von Engeln in Schwebe gehaltene Gral den ganzen reich gedeckten Tisch überstrahlt; jeder der festlich gekleideten Ritter begleitet das heilige Geschehen mit lebensvollen Handgesten. Diese Darstellung geht zurück auf eine mittelalterliche Handschrift des 14. Jahrhunderts in der Nationalbibliothek in Paris. Dort sind am jeweiligen Sitz die Namen der Ritter zu lesen: Rechts von dem jugendlichen Galahad auf dem Thron entdecken wir zuerst Perceval, dann König Artus. Damit sind wir mitten im Gralgeschehen im Kreise der Tafelrunde, von dem es im Bilde entsprechend

* Sie sind um das Jahr 1943 entstanden und eingesetzt worden.

heißt: »Und dann begaben sich der König und alle Vornehmen nach *Camelot* heim und gingen so zur Vesper in das große Münster und danach zum Abendessen, und jeder Ritter saß auf seinem Platze, wie er zuvor gesessen hatte. Da hörten sie mit einem Mal ein donnergleiches Krachen und Wettern, daß ihnen war, als müßte die ganze Halle zerschellen. Inmitten dieses Getöses kam ein Sonnenstrahl herein, der war siebenmal leuchtender, als sie je das Tageslicht gesehen hatten, und alle wurden erleuchtet von der Gnade des heiligen Geistes. Da fing jeder Ritter an, den anderen anzusehen, und jeder sah den anderen in ihrer aller Glanze schöner, als sie je zuvor ausgesehen hatten. Dabei aber konnte lange Zeit kein Ritter ein Wort reden, und so blickte jeder den anderen an, als wären sie stumm. Dann trat in die Halle der heilige Gral, mit reichem, golddurchwirktem Damast bedeckt, aber da war keiner, der ihn oder wer ihn trug, sehen konnte. Und es war die ganze Halle von süßen Düften erfüllt, und jeder Ritter hatte die Speisen und Getränke, die er in dieser Welt am meisten liebte. Und als der heilige Gral durch die Halle getragen war, da verschwand das heilige Gefäß plötzlich, daß sie nicht wußten, wohin es gekommen war.« So lautet der Text zu diesem Bild.[51] (13. Buch VII. Kap.) In der L'église du Saint Graal ist der Sagenkreis um König Artus zum Bild geworden. Tief eingewurzelt in die keltische druidisch-priesterliche Welt mit ihren Steinsetzungen sind die Gestalten des *Zauberers Merlin* und von *King Arthur*.

Wir können abschließend sagen: Im Wald von Brocéliande begegnet noch heute der Wanderer einem Urquell der Gralsagen des 12. Jahrhunderts. Denn schon im 4. Jahrhundert kamen keltische Kymrier aus England zur alten Halbinsel Armorica (Meerland) herüber, wo das Druidentum seit Jahrhunderten gewirkt hatte. Bald trug sie den Namen Britannia Minor (später Bretagne). Im nächsten Jahrhundert bildete sie die Zufluchtsstätte für keltische Briten, die zur Zeit der Sachsenkriege vertrieben worden waren. Dadurch entwickelte sich eine rege kulturelle Beziehung zwischen Südengland und der Bretagne. Um diesen Einfluß noch deutlicher zu machen, gehen wir auf »Peronnik« und den »Einsiedlermönch« näher ein, während »Parzival« erst später zur Sprache kommt.

Peronnik der Einfältige

Der gewitzigte, schlaue *Peronnik*, dem das Brot so gut schmeckt, als wenn es »in Vannes* vom Erzbischof selbst geknetet sei«, der sich durch List Schale und Lanze vom Riesen Rogéar erobert, trägt gewiß noch bretonisch-keltische Züge, ist noch ganz in eine Welt des Magisch-Zauberischen eingetaucht, aber er begibt sich als *einzelner, auf sich selbst gestellt*, durch sein Handeln ins christliche Licht, denn sein Prüfungsweg führt bis Palästina.

Auch der *christliche Einsiedler* »der hellen Bretagne« ist *auf sich selbst gestellt*, steht jedoch voll und ganz als Mönch in der christlich-mittelalterlichen Strömung. Als solcher empfängt er die Gnade einer Graloffenbarung und erlebt das Wesen der Trinität als anschauliche, felsenfeste Gewißheit.

Und *Parzival* schließlich ringt sich als *Persönlichkeit* bis zur Stufe des Gralhüters durch, indem er den inneren Weg von jugendlicher Schwärmerei (tumpheit) über den Zweifel an Gott (zwîvel) zur Gottgewißheit (saelde) stufenweise aufsteigt.

Mit der Erzählung von Peronnik begeben wir uns – wie

* Vannes liegt in der südlichen Bretagne unweit vom Golf Morbihan.

angedeutet – mitten hinein in eine Bilderwelt, die sich um ein Gefäß sammelt, das in zweifacher Version eine Hauptrolle spielt. Es ist zunächst einmal die Speiseschüssel, aus welcher der Dummkopf ißt und es sich schmecken läßt, obwohl so gut wie gar nichts mehr darinnen ist. Da tritt sogar neben dem Wort la bassine das Wort le chaudron auf, dem wir schon einmal bei der Schilderung von Glastonbury begegneten, wo es sich um eine keltische Kultschale handelte.[5] (S. 227) Hier aber gibt die Bäuerin dem um Brot Bettelnden die Schüssel. Dabei wird von »lebendiger Butter« gesprochen, die in der Weißen Woche nach Ostern geschlagen wird, wenn die Frühlingskräuter ihre gesundende, heilende Wirkung ausströmen. Es wird gesprochen von der Hirse, dem Mengebrot, ja sogar vom Speck als heiliger Nahrung. In humorvollen Varianten schimmert das Bild des keltischen Verjüngungskessels oder der Kultschale hindurch, die uns ja durch den Kessel von Gundestrup bekannt geworden ist.

Durch die zweite Version des Gefäßes, nämlich als der Goldenen Schale, um deren Besitz Peronnik ringt, wird dies vollends deutlich; denn sie spendet nicht nur Speisen und Reichtümer, sondern sie heilt auch, sie vermag sogar die Toten wieder zum Leben zu erwecken. Ihre besondere Funktion wird noch dadurch unterstrichen, daß sie mit der diamantenen Lanze in Zusammenhang gebracht wird, die im Gegensatz dazu jeden tötet, den sie berührt. Wir vernehmen auch hier wieder die Sprache des Keltentums, die vom offenbaren Geheimnis des Todes und der Wiedergeburt (Reinkarnation) kündet. Im Peronnikmärchen erscheint das Gefäß in zweierlei Gestalt: in der des Alltags und der geistiger Macht.

Noch ein zweites Hauptmotiv dieser keltischen Sage ist für uns von Bedeutung: Es ist das zielbewußte Ringen Peronniks um die beiden Talismane, die ihm Macht über Leben und Tod verleihen, die ihn vom Einfältigen zum Ritter machen. Er begibt sich, wohl vorbereitet und von humorvoller List geleitet, auf den Weg, auf dem er sieben Prüfungen besteht und bis zum Schlosse des Riesen Rogéar vordringt, der die beiden Schätze behütet. Ein wegkundiges, 13monatiges Füllen trägt ihn dorthin, wo er Schale und Lanze ergreift. »Mit ihnen schlug er nun den Weg zum Hofe des Königs der Bretagne ein und läßt es seine Sorge sein, als er in Vannes eintraf, sich das reichste Gewand und das allerschönste Roß zu kaufen, das im ganzen bischöflichen Sprengel des Weißen Korns zu finden war.« So hat sich der Dummkopf gewandelt, er ist ein adliger Ritter geworden, der die belagerte Stadt Nantes von den Feinden befreit und dem bretonischen Könige zum Siege verhilft. Danach schifft er sich mit dem Adel seines Landes ein, um Palästina von den Sarazenen zu befreien und den Christen zum Siege zu verhelfen.

Je mehr wir uns in die Bilderwelt einleben, die sich in dieser heiteren und tiefsinnigen Erzählung aus dem Wesen bretonischen Keltentums herauskristallisiert hat, desto gewisser wird uns, daß es sich hier um die *Vorstufe* dessen handelt, was uns am Ende des 12. Jahrhunderts als die Sagen um den Gral entgegentritt. Denn da haben sich die beiden Hauptmotive – das Gefäß und der Held, der darum ringt – zu klaren Konturen ausgeformt und sind ganz von sonnenchristlichem Glanze umspielt und durchwirkt. Halten wir jedoch Rückschau auf das, was wir bisher von Gethsemane ausgehend bis hin zur Bretagne als eine Grundlinie spiritueller Geschichtswirkung herausgearbeitet haben, dann werden wir die *kosmisch-christliche Strömung* gewahr, deren mannigfaltiges Leben wir in die bretonisch-keltische Bilderwelt der Peronniksage einmünden sehen.[42]

Der Eremit der hellen Bretagne

Mit der Erlebnisschilderung des Eremiten, der seinen Namen nicht genannt haben will, bekommen wir die Möglichkeit, noch tiefer in das rätselhafte Wesen um das Gefäß einzudringen; denn Peronnik war seinem ganzen Habitus nach mit dem Bäuerlichen verbunden, er wurde zum *Rinderhirten* bestellt; er war ein richtiger Naturbursche, der nicht wußte, was er heut und morgen anfangen sollte; zudem war er recht liederlich gekleidet. Zugleich aber war er ein Besonderer, weil er in seiner köstlichen Einfältigkeit »ein Sucher nach Geist« war, wie es in der Sage heißt.

Mit dem mittelalterlichen Mönch dagegen haben wir eine Kehrtwendung ganz nach innen zu machen und betreten die Zelle eines frommen Christen, der demütig seine Gebetsstunden einhält, seine Messen liest und als solcher von seinen inneren Erlebnissen erzählt, die er als große göttliche Gnade empfindet. Diese sind so einmalig und überwältigend, daß es ihn stufenweise in die Sphären des Seelisch-Geistigen erhebt, wo sein irdisches Hören, Sehen und Fühlen erlöschen und einem höheren Bewußtsein weichen, durch das ein lichthaftes, sprachehaftes, geistiges Wahrnehmen möglich wird, wie es den höheren Gesetzmäßigkeiten einer Geistesschau entspricht. Dieses Wahrnehmen vollzieht sich – wie ganz erfahrungsgemäß und eindeutig gesagt wird – im leibfreien Zustand, wodurch ein rein spirituelles Erleben der gottergebenen, demütigen Seele des Eremiten gewährleistet ist. Er kommt nach erschütternden Zweifelskämpfen zu einem ihn durch und durch erfassenden Begegnen mit der Wirksamkeit der göttlichen Dreifaltigkeit, wo alles Fragen, das er bisher immer mit sich herumgetragen hat, zum Schweigen kommt. »Da erscholl eine Stimme wie von einer Trompete. Und als sie erschollen war, da erfolgte von oben her ein so gewaltiger Donnerschlag, daß ich vermeinte, das ganze Firmament würde erschüttert und die Erde wäre in einen Abgrund gestürzt – und wenn die Helligkeit vorher schon groß war, so wurde sie jetzt hundertfach größer, denn ich war so geblendet, daß ich schon meinte, das Augenlicht verloren zu haben.«[41 (S. 19)]

In diesem leibfreien, erweiterten Bewußtsein, in welchem sich ihm die Gewißheit der Trinität in seiner Seele einprägt und er von der »Stimme des Meisters aller Meister« erfüllt ist, empfängt er das Gralbüchlein, »das in keiner Weise länger und breiter war als die innere Fläche einer Menschenhand«. Darin liest er nicht sein eigenes Lebensschicksal, wie es gewöhnlich geschieht, sondern das der Menschheit.

Der Inhalt des Büchleins erschließt sich ihm wie durch ein inneres Erschauen. Unter dem Anfangstitel »Hier ist der Beginn deiner Abstammung« tut sich die geistige Chronik der Menschheitsführung vor ihm auf. Durch den folgenden Titel »Hier beginnt das Buch vom Heiligen Gral« wird ihm das Herniedersteigen des Sonnensohnes zu dessen Erdensendung offenbar. Darauf folgen die Schrecken des Bösen, die Furcht und Entsetzen in ihm auslösen. Unter dem vierten Titel beginnen die Wunder, so daß er in die Harmonien ausstrahlenden Sphären der höchsten hierarchischen Wesen eintaucht. »Da vernahm ich um mich her einen so süßen Gesang und eine so gewaltige Lobpreisung, daß alle Instrumente und alle Melodien, die man je auf Erden hören könnte, in nichts zu vergleichen wären mit diesem Gesang, den ich vernahm. Denn er hatte so viel Stimmen, daß kein sterbliches Wesen, nach meinem Dafürhalten, deren Zahl hätte angeben können. Und all dies Erleben war so nahe bei mir, daß, wenn es sichtbare Dinge gewesen wären, ich sie mit meiner Hand hätte berühren können ... In dieser Weise sangen sie bis zu sieben Malen ...«[41] (S. 23 f.)

Diese Vierheit von Menschheitschronik, von Lichtüberfülle des Grales, von Schrecknissen und von Sphärenharmonien schwingt sich im ersten Teil des Erlebnisberichtes hochdramatisch ineinander und webt sich zu einem bildhaft Ganzen.

Wer mit innerem, erlauschendem Feingefühl vor diesen Bildern steht und sie zu sich sprechen läßt, wird verstehen, wenn wir folgendes sagen: Hier tritt uns das Wesensbild des Grales in seiner Urform als eine geistige Schau, gewonnen im leibfreien Bewußtsein, entgegen. Alles, was wir bisher als mannigfaltige sowohl zeitliche als auch örtliche Umwelt gekennzeichnet haben, kristallisiert sich zur Uridee des Grales und spiegelt sich darin so wider, wie im Tautropfen sich die physisch sichtbare Umwelt in lichtdurchwirkter Klarheit widerspiegelt.

Wenn wir uns in dieser Weise in die Erlebnisschilderung

des Eremiten einfühlen und erkennend vertiefen, dann erheben wir uns von der legendär-historischen Schicht der kosmisch-christlichen Gralströmung in ihre rein geistige Schicht, wo die eben erwähnte Uridee dessen zu suchen ist, was der europäische Genius in das Wort Gral (graal) gekleidet hat. Ehe wir hierauf näher eingehen, haben wir noch auf ein zweites Grundmotiv des einsamen Mönches der hellen Bretagne hinzuweisen. Er gibt an, »im Jahre 717 nach dem Leiden unseres Herrn Jesus Christus« seine Erleuchtung gehabt zu haben. In der Nacht »zwischen dem Ur-Donnerstag und dem gebenedeiten Freitag« nahm sie ihren Anfang, bis es ganz deutlich heißt: »Alsdann legte der Engel meinen Geist wieder in meinen Leib, und ich kam wieder zu mir wie jemand, der da geschlafen hat und nun erwacht.«

Jetzt setzt auf Geheiß des Meisters die Wanderung ein, die Suche nach dem Büchlein, das, einem Auferstehungswunder gleich, verschwunden war aus dem kleinen Schrein, in dem das heilige Brot, der Leib des Herrn, aufbewahrt wurde. Das bisherige *Vertikalerlebnis* im geistigen Bewußtsein wird nun abgelöst durch ein *Horizontalerlebnis*. »Und wenn du das Haus verlassen hast, so wirst du hinausgelangen auf die große Straße und sollst dann einen Weg betreten zur Rechten, der da führt zum Kreuzweg der sieben Straßen in der Ebene des Val Estoc, und wenn du dann wirst zu der Quelle der Tränen gelangen, dort wo einst das große Gemetzel war, dort wirst du ein Tier, wie du ein solches noch nie sahst, finden, und achte darauf, daß du ihm folgst, wohin es dich führen wird ...« Dieser Weg, der mit dem Tal der Toten beginnt und auf dem ein Tier (ganz ähnlich wie bei Peronnik) führt, erinnert in seinen bildhaften Bezeichnungen »Tanne der Aventüren«, »Ritter mit dem Goldreif«, »See der Königin«, »Kapelle des vom Teufel besessenen Mönches« an den sagenumwobenen Wald von Brocéliande. Nachdem der Eremit alle Fährnisse auf dem siebengliedrigen Pfad überwunden hat, gelangt er wieder in den Besitz des Gralbüchleins und kehrt in seine Klause zurück. Dort nun bekommt er die Weisung, bis zum Himmelfahrtstage das Büchlein in ein anderes Buch auf Pergament abzuschreiben. »Denn«, so sagt der Meister zu ihm, »es wird nur so lange auf Erden zu lesen sein, bis die Stunde kommen wird, zu der ich zum Himmel aufstieg, und dann wird das Buch zur selben Stunde zum Himmel auffahren.«

Der fromme Mönch gehorcht und sagt: »Und als Sonntag vorüber war und ich am Montag die Messe gesungen hatte, da nahm ich das Buch und das Pergament und begann auf der Stelle zu schreiben, genau am Montag nach der zweiten Woche nach Ostern. Und der Anfang der Schrift begann mit der Kreuzigung Jesu Christi, wie ihr vernehmen werdet, und in dieser Weise will ich beginnen: Es geschah so, wie die Propheten vorhersagten und die Ankunft des Herrn Jesus Christus verkündigten.«[41] (S. 45)

Damit erfahren wir von dem Buch, welches uns nicht nur *Wesen und Wirken des Grales erschließt,* sondern auch das *zweite* Hauptmotiv anklingen läßt, indem es von demjenigen spricht, der sich auf den Pfad der Suche macht, um zu verstehen, was sich immer wieder von neuem zuträgt zwischen Gründonnerstag (Gethsemane) und Himmelfahrt. Dieses Geschehen wird angeschlossen an die Propheten und damit an das vorchristliche Christentum des Südens, wie wir auch sprachen von dem des Nordens, eine Polarität, auf die wir noch eingehen werden. Jetzt wenden wir uns zum ersten Hauptmotiv mit der Frage: Wie spiegelt sich diese Ur-Idee des Grales im europäischen Raum wieder?

Der Gral als Kelch

In der Peronniksage nahm die Uridee des Grals, von der Vergangenheit bestimmt und dem keltischen, ja megalithischen Wesen entsprechend, die Gestalt der Goldenen Schale an; sie strahlte heilende, todesüberwindende Kräfte aus. Sie war begleitet von der diamantenen Todeslanze und schließt damit das Geheimnis von Geburt und Tod in sich ein. Im Westen also gerinnt das Gralgeheimnis zum Bilde der Schale (cauldron). Hierfür ist der sogenannte »Silberkessel von Gundestrup« ein sichtbares Zeichen, in den sich die etwa drei Jahrtausende währende Wirksamkeit megalithischen, hybernischen Mysterienwesens als ein kunstvolles Siegel eingeprägt hat. Es zeigt sich, daß diese Wirksamkeit aus Seelenkräften erfolgte, die von weisheitserfüllten, willensdurchglühten Empfindungen getragen waren und sich in den Werken der Megalithmenschen manifestierten. Der Blick nach dem europäischen Westen läßt das Erkenntnisergebnis der Geisteswissenschaft in seiner ganzen Bedeutung verstehen, das Rudolf Steiner mit folgenden Worten kennzeichnet: »Alle Legenden, die an König Artus' Tafelrunde anknüpfen, stellen dar die Wiederholung der Erlebnisse der früheren Zeiten der Empfindungsseele . . .;«[2] (IV) Mit der Erzählung des Einsiedlers haben sich die Tore dieser früheren Zeiten geschlossen. Seelenerlebnisse des mittelalterlichen Menschen führen das Wort; es leuchten die Menschheitsoffenbarungen vom Gründonnerstag bis zur Himmelfahrt in dramatischen Imaginationen und Inspirationen auf; sie sind von sich steigerndem Innenlicht und Seelenfeuer durchpulst und finden ihren Niederschlag in dem Büchlein, das den Gral zum Mittelpunkt hat. Dieser nimmt in der mittelalterlichen Folgezeit die Gestalt des Kelches an, davon zeugte die Eglise du Saint Graal in Tréhorenteuc, deren Tafelrundebild sich in zwei deutlich zu erkennenden Vorbildern in der Bibliothèque Nationale de Paris wiederfindet, und zwar in zwei Handschriften des 14. Jahrhunderts zum ›Lancelot‹ des Chrestien de Troyes (1170). Auch die Bonner Handschrift aus Amiens (›Plusieurs Romans de la Table Ronde‹ aus dem 13. Jahrhundert, Sign. S. 526) enthält mehrere Male den Gral als Kelch in farbigen Miniaturen. Durch den Hinweis von W. J. Stein auf einen Kelch, welcher in der Kathedrale von Valencia in Spanien aufbewahrt und mit dem Heiligen Grale verbunden wird, erhält diese Anschauung besonderes Gewicht.[43 (S. 416)]

Robert de Boron läßt in seiner Schrift vom Gral (um 1200) die Kelchgestalt in folgender Weise auftauchen: Der Auferstandene spricht zu Joseph von Arimathia, der in einem dunklen Verlies in Jerusalem gefangen ist: »Als du mich vom Kreuze nahmst und mich in das Grab legtest, da ward dies der Altar, auf dem mich fortan alle legen werden, die mein Opfer darbringen werden. Dies Gefäß, worin du mein Blut fließen ließest, als du es aus meinem Leibe auffingst, wird *Kelch* genannt werden.

Die Platte, die darauf liegen wird, soll den Stein bedeuten, der über mir versiegelt wurde, als du mich in das Grab gelegt hattest. Das sollst du alle Tage wissen, diese Dinge sind das Zeichen, worin man meiner gedenken wird. Nun reichte Jesus ihm das Gefäß, und Joseph nahm es mit der Freude des Willens hin.«[3] (S. 27) Und ferner heißt es an dieser Stelle: »Robert de Boron spricht: Ich wage nichts zu erzählen noch zu berichten, noch könnte ich es tun, selbst wenn ich es wollte, hätte ich nicht *das Große Buch**, worin die Geschichten von den großen Gelehrten verzeichnet, erzählt und aufgeschrieben sind, darin sind die großen Geheimnisse geschrieben, die man den Gral nennt.« Der Kelch als Gefäß sowie der Gral als Uridee des kosmisch Christlichen, die ihn wie seine Aura umlichtet, klingen hier in besonderer Weise zusammen. Zugleich taucht das Bild der Eucharistie, des christlichen Kultus auf, wie es dem Wesen des Griechentums entspringt und sich ausgestaltet zu deutlich erkennbaren Vorstufen einer östlichen Gralströmung, die nun näher ins Auge gefaßt werden soll.
Im vierten christlichen Jahrhundert lebte und wirkte in Kleinasien der geistig bedeutende Redner Libanios (314–393); seine Vaterstadt war die syrische Hauptstadt Antiochia am Orontesfluß. Er war ein enthusiastischer Vertreter des ausklingenden Griechentums, das noch den Atem geistiger Freiheit in sich wirksam hatte. Er vermochte noch so unmittelbar aus dem Wesen griechischen Geistes zu leben, daß er aus eigenen Alltagserfah-

* Die Version »das Große Buch« findet sich oft im Zusammenhang mit dem Gral und schließt logisch an den Eremiten »der hellen Bretagne« an, der aus dem »kleinen Gralbuch« die Gralgeschichte in das »Pergament« überträgt.

rungen seinen Schülern das Segenswirken der Göttin Artemis durch eine feurige Lobrede nahebrachte.[44] (S. 169 ff.) Als er jedoch sein langjähriges rhetorisches Wirken überschaute, mußte er erschüttert erkennen, daß ihn Zeitenwelten von seinem fähigsten Schüler Chrysostomos (~ 345–407) trennten, weil dieser Christ geworden war. In solchen Erlebnissen schwingt die Stimme des Menschheitsschicksals mit; sie spricht von ausklingendem Hellenismus, von heranwachsendem Christentum kündet sie. Es ist die Zeit, in der eine tausendjährige, Europa durchlichtende Erkenntnis und Kunstkultur, die den Menschen fruchtbare Gaben in Fülle gebracht hatte, in den Kampf mit einer jugendfrischen Gegnerin trat, die todüberwindende Keime in sich trug, einen Kampf, wie er gewaltiger nie ausgefochten wurde (vgl. Eduard Norden »Antike Kunstprosa«, S. 425). Diese beiden Strömungen fanden würdige Vertreter in dem geistesbewegten Libanios und in dessen Schüler Chrysostomos, durch den griechisches Denken von christlicher Auferstehungskraft gewandelt wurde. In diesen beiden Repräsentanten der zwei größten die Zeit bewegenden Geistesmächte kommt die einmalige Kraft und Lichtgewalt des vierten Jahrhunderts in ihrem Kampf und Sieg, in ihrer Einwirkung und Überwindung zum Ausdruck. Durch das Eingreifen der römischen Machthaber in diese Auseinandersetzungen wird deutlich, daß es um mehr ging als irdisches Besitzenwollen; es offenbarte sich das Wirken des kosmischen Christus für die Rettung der Menschheit in die Zukunft. In keinem Drama kommt die Erschütterung jenes Jahrhunderts so unmittelbar und bildgewaltig zum Ausdruck wie in »Die Kinder des Lucifer« von Edouard Schuré. »Könnten wir Kunstwerke dieser Art auf dem Theater sehen, dann wären diese Tempel des Wahren« (R. Steiner).

Von diesem Blickpunkt her wächst die Größe der Gestalt des Chrysostomos. Die griechischen Götterwesen erloschen für sein Bewußtsein, so lebensnahe und zu Herzen gehend sein verehrter Lehrer sie ihm auch vor Augen geführt hatte. Das griechische Theater hatte sich in einen christlichen Kultraum verwandelt, in dem die heilige Liturgie vollzogen wurde, deren Inaugurator und Ausgestalter er war. Hier strömten die göttlichen Inspirationen in neuer Weise auf das Altargeschehen nieder, für die er, durch die Rednerschule in Antiochia herangebildet und vorbereitet, offen und empfangsbereit geworden war. Seine bilderreiche Sprache gleicht derjenigen, die im lebendigen Strom einer Hierarchienlehre des Dionysios Areopagita* durch viele Jahrhunderte wirksam war. Dies mögen die folgenden Texte bezeugen. Einmal wendet er sich direkt an die Gläubigen, um ihnen die Augen zu öffnen für das, was sie erleben können: »Wenn der Priester dasteht vor dem auf dem Altar liegenden, geopferten Herrn, wenn er dann die Gebete spricht, glaubst du dann noch unter Menschen zu sein und auf der Erde zu stehen, oder meinst du nicht vielmehr, unmittelbar in den Himmel erhoben zu sein und alle fleischlichen Gedanken und Empfindungen abgestreift zu haben, mit der bloßen Seele, mit dem reinen inneren Sinn die Himmelsdinge zu erfassen?«[45] (S. 352)

Gemüts- und Verstandeskräfte der Menschenseele sind aufgerufen; dadurch wird ein inneres Sinnesorgan im Gläubigen erweckt und herausgebildet, das aufnahme-

* Auf sie wird an gegebener Stelle noch eingegangen werden.

fähig wird für das geistige Mitgeschehen während des Altarvollzuges durch den Priester; ein inneres Auge hat sich geöffnet. Die Sprache des Kirchenvaters Chrysostomos offenbart eine vollkommen andere Welt als die der eingeweihten Priester, die draußen in den Sternenweiten des Kosmos und in dessen Verhältnis zum Erdensonnengeschehen durch den Jahreslauf hindurch das Wirken göttlich-geistiger Wesenheiten begleiteten und erlebten. Für sie spielte sich eine »göttliche Liturgie« in der Natur ab, sie dienten einem makrokosmischen, Christus vorverkündenden Kultus.

Im Osten war es ein mikrokosmischer, christlicher Auferstehungskultus. Das wird deutlich durch die Worte des Chrysostomos, die er, erfüllt vom geistigen Geschehen seiner »Göttlichen Liturgie«, an seine Gläubigen richtete: »O Wunder! Der Tisch des Mysteriums ist zugerüstet. Das Lamm Gottes wird für dich zur Opferung geschlachtet, der Priester ist für dich bemüht: Da sprüht das geistige Feuer aus dem unbefleckten Tisch hervor, die Cherubim eilen hinzu, die Seraphim fliegen vorbei, sie, die sechsflügeligen, die ihr Antlitz verhüllen; alle körperlosen Wesen wirken als Abgesandte und Vermittler mit dem Priester für dich. Und nun steigt das geistige Feuer herab vom Himmel, das Blut fließt im Kelch zu deiner Reinigung, das aus der unbefleckten Seite entleert ist.«[48] (S. 87)

Der makrokosmische Tisch der Artusritter, die Tafelrunde, die zurückgeht auf die Steinrunden der Megalithzeit, ist bei Chrysostomos der viereckige Altartisch, auf dem der erdgeborene Hvita Kristr als Jesus Christus erscheint, dessen Tod und Auferstehung der zelebrierende Priester nachvollzieht. Mikrokosmisch spiegelt sich der makrokosmische Vorgang in dem Geschehen von Wort und Ton der kultischen Handlung der Eucharistie, die sich im Inneren der byzantinischen Rundkirche vollzieht. Sie hatte wie einst der Tempel von Delphi einen »Omphalos« in ihrer Mitte, gleichsam als Signum griechischen Geistes, in dessen Sprache die orthodoxe Messe gesungen wird. Dieses sogenannte »Omphalion« ist eine Reliefplatte auf dem Fußboden der Rundkirche. Auf ihr sind Adler und Schlange dargestellt. Sie künden vom Evangelium, von der Engelsbotschaft des Johannes.* So ist die Stätte dem johanneischen Geiste zugeordnet. Die Aussagen von Gerhart Hauptmann und Erhart Kästner, die beide den Tempelbezirk von Delphi als christliche Prophetie erlebten, gewinnen hierdurch ihre volle Bestätigung (vgl. S. 59 f.). Es läßt sich Schritt um Schritt bis in Einzelheiten erkennen, daß die Heilige Liturgie des Chrysostomos – auf die Abweichungen der Liturgie des Basilios wird hier nicht eingegangen – ein Vorspiel zum Wesenhaften des Grals ist, der, wie die Legenden berichten, von einer Engelschar auf die Erde niedergebracht worden ist. Das zeigt in vielseitiger, gründlich fundierter Weise Konrad Burdach in seinem Lebenswerk »Der Gral« (Stuttgart 1938, vgl. besonders Kap. VI, IX). Eine kraftvoll wirkende, bildende Schule war die sich herausgestaltende orthodoxe Messe des Johannes Chrysostomos. Sein Ansehen nahm im Osten ständig zu und überstrahlte alle anderen Sterne am Himmel der griechischen Kirche. Seine Weisung, durch innergeistige Aktivität *»von den sinnfällig natürlichen Dingen zu den geistig übernatürlichen Dingen aufzusteigen«*,

* G. A. Satiriou »A Guide to the Byzantine Museum of Athens«, 1960, S. 101.

wurde mit Hingebung, Ergriffenheit und Enthusiasmus befolgt. Bis in die Tiefen ihres Gemüts wurden Priester und Gläubige von der Gewißheit, von der wirkenden Kraft des Geistes durchströmt. Gerhard Fittgau kann daher in seinem Buch über Chrysostomos sagen: »Die Mitteilung des christlichen Mysteriums ist auch nach dieser Darstellung des Chrysostomos nicht eine rein intellektuelle Belehrung, sondern ein Ansprechen des ganzen Menschen, dies aber durch sein vornehmstes Organ, die ὀφθαλμοὶ τῆς διάνοιας, die inneren Augen der Seele als des Sitzes der gläubigen Erkenntnis.«[46] Durch die feingeistige Darstellung werden die Hinweise der Geisteswissenschaft Rudolf Steiners auf die Ausbildung sowie Betätigung der Verstandesseelenkräfte – bei Fittgau als Erkenntniskräfte gekennzeichnet – und der Gemütsseelenkräfte – bei Fittgau als Glaubenskräfte gekennzeichnet – eindrucksvoll bestätigt. In einem solchen kulturellen Bereich treten die Ursprünge aller Grallegenden zutage, die vom Osten her in das europäische mittelalterliche Geistesleben hereinstrahlen, wie vom Westen her die Artussagen, die Ausdruck sind des Wirkens von Empfindungsseelenkräften, von denen einst die Megalithmenschen getragen und zu ihren weisheitserfüllten Handlungen bestimmt wurden. Es gestaltet sich so das Bild eines mitteleuropäischen Raumes heraus, der durch das Zusammenwirken beider Strömungen entsteht, wie sich noch zeigen wird. Das Herausstellen einiger Hauptmotive der orthodoxen Messe soll nun deutlich machen, daß es sich hier nur um ein Gralvorspiel handelt. Der Priester wird zum religiösen Ritter, wenn er das Epigonation (ein viereckig geformtes Tuch an der Hüfte) mit folgenden Begleitworten anlegt:

»Gürte dein Schwert um deine Hüften, du Starker, in deiner Pracht und deiner Schönheit nimm zu, gedeihe und herrsche ob der Wahrheit und Sanftmut und Gerechtigkeit; und deine Rechte wird dich führen wunderbar alle Zeit, jetzt und immerdar und in Ewigkeiten der Ewigkeiten. Amen.«

Der Priester nimmt den Gürtel, und indem er sich umgürtet, spricht er:

»Gelobet sei Gott, der mich umgürtet mit Kraft und untadelhaft mache meinen Weg, der meine Füße gemacht hat wie die eines Hirsches und mich auf die Höhe gestellt hat!«[47]

Dieser ritterliche Priester handhabt den Kelch, das heilige Gefäß, das Geheimnis von Tod und Auferstehung offenbarend. Die Ritter der Tafelrunde werden nach ihrem ersten Gralerlebnis auf der Burg Camelot zu Suchern nach diesem heiligen Gefäß.

Im Westen hatte *der Eingeweihte* der Megalithzeit *draußen* auf auserwählter Höhe, umgeben von Steinrunden, die nach heiligen Maßen aufgerichtet sind, gestanden; er hatte den Gang von Sonne, Mond und Sternen verfolgt, war erlebend in die astralen Einwirkungen eingetaucht, die für ihn aus den Tages- und Nachtrhythmen sowie dem Gang und der inneren Qualität der Schatten abzulesen gewesen waren. So hatten sich ihm die Zielsetzungen göttlicher Wesenheiten erschlossen, und er hatte das Erdenleben und Erdentum der Menschen zu leiten vermocht. Die makrokosmischen Weiten, die aufsteigenden und absteigenden Sonnenbahnen im Verhältnis zu den Erdrichtungen waren ihm vertraut gewesen. Dieses kultische Leben, eingebettet in die bildhafte Zwölfheit des Tierkreises, in die bewegte Siebenstufig-

keit der Planeten, war das Vorspiel für die Handlungen der Artusrunde gewesen, in die sich die Zahlengeheimnisse der Ruhe- und Bewegungssterne verwoben.
Im Osten steht der *orthodoxe Priester drinnen* in der byzantinischen Rundkirche, umgeben von den Bildern der Heiligen. Sie gliedert sich nach Osten in den Altar- und Zurüstungsraum als Himmel für den Priester, in den Raum der Gläubigen als Erdenplan nach Westen. Beide werden durch eine Bilderwand mit Türen getrennt, an die Stelle von Schatten sind also Bilder des gesamten Christusgeschehens getreten. Der Priester folgt im Laufe des Rituals dem Passionsgang auf Golgatha wie in einer

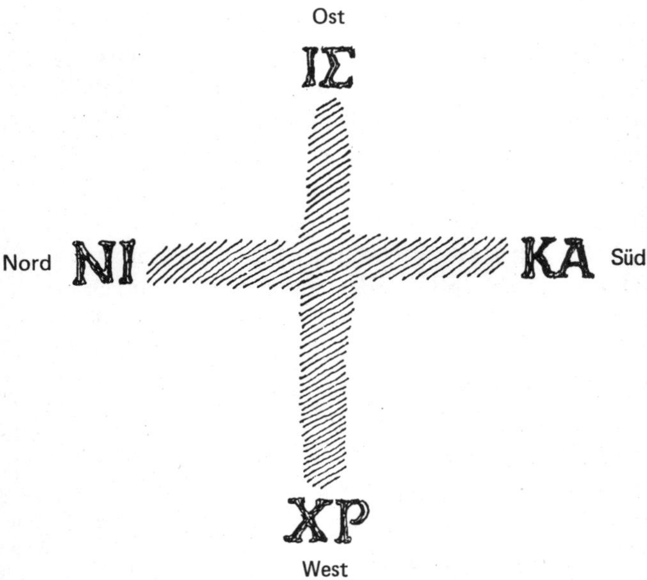

Schematische Wiedergabe des Brotsiegels.

Rückerinnerung; vor sich hat er das kreisrunde Brot mit den eingeprägten Initialen von Jesus IΣ, Christus XP und dem Wort »siegt« (NI-KA). Dieses Brot wird mikrokosmisch eingegliedert in das Oben (Sonne) und Unten (Erde) durch zwei aufeinanderliegende Teile. Obenauf befindet sich das Quadratsiegel, das von einem Kreuz in vier kleine Quadrate geteilt wird; darin sind die Zeichen IΣ, XP, NI, KA (Jesus Christus siegt) eingelassen. Diese vier Doppelinitialen kommen auf dem Altartisch in die vier Himmelsrichtungen zu liegen:

Damit ist, geisteswissenschaftlich gesehen, etwas Bedeutsames geschehen: Die Sonnenwendenlinie Nordost (Sommer) – Südwest (Winter), die das Bewußtsein der Eingeweihten der Megalithzeit stufenweise erweiternd in die Welten der schöpferischen Mächte des Kosmos hinauftrug, ist abgelöst worden von der Ost-West-Linie der Tag- und Nachtgleiche, harmonisches Gleichgewicht verkündend für die Zukunft der Menschheit. Sie lenkt das Bewußtsein des christlichen Priesters hin zum Todes-Auferstehungsgeschehen auf Golgatha, der Schädelstätte; noch heute richtet sich Ostern nach der kosmischen Konstellation nach dem ersten Frühlingsvollmond. In diese Linie wurde fast jeder Kirchenbau eingeordnet, so daß im Brot das Geheimnis des Menschensohnes durch die Initialen IΣ im Osten, im Westen jedoch durch die Initialen XP das Geheimnis des Gottessohnes zum Aufleuchten kommt. Beides wird durch das Wort NIKA (siegt) von Nord nach Süd verbunden. Die Menschheit ist durch die Kraft des Jesus Christus in das Erdenkreuz eingezogen. Eine Weltwende hat stattgefunden, denn seitdem ist ER mit der Erde verbunden.

Von diesem Brote heißt es in der orthodoxen Liturgie:

»Nun stößt der Priester den Speer in die rechte Seite des Lammes und spricht:
Einer von den Kriegern öffnete seine Seite, mit einem Speer, und alsbald kam Blut und Wasser heraus, und der, welcher es sah, hat es bezeugt, und sein Zeugnis ist wahr (Joh. 19, 34–35).
Der Diakon bringt Wein mit Wasser vermengt und sagt: Segne, Gebieter, die heilige Vereinigung.
Der Priester segnet und spricht: Gesegnet sei die Vereinigung deiner Heiligen allezeit, jetzt und immerdar in alle Ewigkeit.
Der Diakon sagt AMEN und gießt hierauf die Mischung in den heiligen Kelch.«
Hier sind wir bis zu den östlichen Ursprüngen der Gralsage vorgedrungen, wo der *Leidenskelch* im Mittelpunkt steht, um den sich das symbolische *Schwert* des Priesters, der *Speer* und das Brot als *Speisung* gliedern. Die »Göttliche Liturgie« des Johannes Chrysostomos hat sich aus dem griechischen Mysterienwesen herausentwickelt, das in das griechische Theater einmündete. Die zeltartige Bühnenwand desselben ist zur Bilderwand (Ikonostase) umgestaltet worden; Chor und das Zuschauerrund wurden zum Raum der Gläubigen. Die mittlere Königspforte der griechischen Bühne (σκηνή) wurde zum Tor der Liebe, des Jesus Christus, die rechte Pforte des zweiten Schauspielers zum Tor der Erkenntnis, des Erzengels Michael, die linke Pforte des dritten Schauspielers schließlich zum Tore des Glaubens, des Erzengels Gabriel.*

* In der russischen Kirche sind es auch Raphael (Heilung) und Uriel (Erleuchtung); s. Hubert Feensen und Wladimir Iwanow: »Altrussische Baukunst«. Berlin 1974 (S. 65).

Mit umgestaltender, schöpferischer Geisteskraft wirkt das Wesen des Auferstandenen in die Geschichte der ersten christlichen Jahrhunderte. So wird *im Osten* das *griechische Theater* zur byzantinischen Rundkirche mit der Ikonostase, wo im kultischen Drama der Leidenskelch sich wandelt zum Heilsgefäß, ein Drama, das die Seelen der Gläubigen in ihrem innersten Wesen zu todüberwindender Gewißheit erweckt. – Und so erstrahlt der Tafelrunde des Königs Artus *im Westen die keltische Schale* in überirdischem Glanze als der Gral, so daß dort Pflanzstätten der mächtigen iro-schottischen Kirche entstehen, deren kosmische Christuskraft ganz Europa zu spüren bekommt. Die Klöster in Glastonbury, auf der Halbinsel von Tintagel sowie auf der Insel Skellig Michael waren solche Stätten. So urständig war diese von Rom unabhängige Kirche, daß ihr die Bezeichnung »Secunda Roma« zukam (vgl. S. 28). [48 (S. 496 ff.)]. Als Kenner der Gesamtgeschichte Irlands gibt Hans Gsänger ein anschauliches Bild dieser Kirche: »Diese Iren besaßen eine Autorität, die keiner Waffenhilfe bedurfte. Sie traten in einer Epoche auf, da das alte Römerreich unter den Schlägen der Völkerwanderung zerbrochen war und Europa unterzugehen drohte. Mitten in dieser zügellosen Zeit, in der nur Gewalt zu herrschen schien, fuhren sie nach Europa, in Gruppen zu zwölf, geführt von einem Dreizehnten. Sie vermieden jedes überflüssige Wort, wenn sie aber sprachen, dann schien es, als ob ein Engel durch sie redete. Sie lernten schnell die Sprache ihres Gastlandes und verzichteten dann auf ihre eigene. Ihre Erscheinung muß ohnedies so gewirkt haben, als seien sie Sendboten einer anderen Welt. Die unerschütterliche Kraft im Durchhalten der Gelübde umgab ihre Persönlichkeit mit einem Glanz, der auf die verdorbenen und gefährdeten Seelen im Abendlande befreiende Freude ausstrahlte. Vor ihnen öffneten sich die Pforten der Königspaläste. Man begehrte sie zu halten, weil man ihren Rat brauchte.«[49] (S. 27)

So klingen der griechische Osten und der keltische Westen zusammen, sie offenbaren in zweierlei Lebensform das geistige Wirken des Auferstandenen, der Osten durch das Seelenfeuer, durch die Geistesmacht der Westen. Im Westen waren durch die kultischen Handlungen der Druidenpriester in den Steinrunden vor allem Empfindungsseelenkräfte am Werk; im Osten wirkten in den Rundkirchen Verstandes- und Gemütsseelenkräfte durch die orthodoxe Messe der christlichen Priester. – Keine Persönlichkeit aber besaß die Fähigkeit, diese europäisch-christliche Dualität durch ihr Lebenswerk so einmalig darzustellen wie Johannes Scotus Erigena, dessen Name schon die Zweiheit siegelhaft ausdrückt: der in Irland geborene Ire (West) Johannes (Ost) aus dem 9. Jahrhundert. Im tiefsten bringt er durch sein Lebenswerk das wahre geistige Wesen Europas zum Ausdruck, wie es sich durch das Bild des Grales als eine Mitte zwischen Ost und West offenbaren kann.

Johannes Scotus Erigena

Für den bisher geführten Gedankengang kommen zwei Hauptwerke des irischen Gelehrten (~ 815–877) in Frage, so daß wir uns ganz bewußt nur auf sie beschränken:

1. Seine Übersetzung der in griechischer Sprache abgefaßten Hierarchienlehre des sogenannten Dionysios Areopagita ins Lateinische. Da er zu seiner Zeit der beste Kenner der griechischen Sprache war, vermochte er auch, ganz in den griechischen Osten einzutauchen und alle damals bedeutenden Werke in sich aufzunehmen. So gingen seine Beziehungen nicht nur bis Griechenland, sondern auch bis nach Kleinasien und Ägypten.[122]

2. Seine Schrift »De divisione naturae«, die vom uralten Irentum der Eingeweihten der Megalithepoche getragen und inspiriert ist, wie sich noch zeigen wird.

Mit dem ersten Werke öffnete Johannes Scotus Erigena, der um das Jahr 848 an den Hof Karls II., des Kahlen, gekommen sein mag, wo er an der Palastschule von Laon lehrte, das Tor zur Welt des Alten und Neuen Testamentes sowie zu der orthodoxen Kirche. Davon zeugen die beiden Bücher »Über die himmlische Hierarchie« und

»Über die kirchliche Hierarchie«, auf die nun kurz eingegangen werden soll. Sie lenken die Gedanken und den inneren Blick in eine übersinnliche Welt. Diese ist durchlebt und durchwebt von geistig-göttlichen Wesenheiten und deren schöpferischen Handlungen, die sich durch dienende, opfernde oder auch empfangende Verhaltensweisen kundtun. Es klingt manches, was dargestellt wird, so, wie es Chrysostomos für die orthodoxe Messe ausgesprochen hat. Doch sind gottnahe Wesen aller Stufen, beginnend mit den höchsten, den Seraphim und Cherubim, bis zu den Engeln innerhalb der untersten Stufe harmonisch einander zugeordnet, so wie sie als Erlebnisse, als Schauungen der Propheten oder anderer auserwählter Menschen in der Bibel erscheinen.[122]
Man ist an die Schau der Himmelsleiter durch Jakob erinnert, die auf der Erde steht und mit der Spitze an den Himmel rührt, »und die Engel Gottes stiegen daran auf und nieder«. Hier freilich handelt es sich um eine Schau, die bis in alle Einzelheiten die verschiedenen Rangstufen durch das beschreibende Wort zu anschaulichen Imaginationen gerinnen läßt. In ungezählten Kunstwerken haben diese Beschreibungen ihren sichtbaren Ausdruck gefunden. Jeder kennt Gemälde mit den Erzengeln Gabriel und Michael. Oft steht der Besucher von Kirchen und Museen vor Darstellungen der Triaden von Hierarchien, auf denen die Erde wie aus himmlischer Höhe zu erblicken ist, während drei Rangstufen von Engeln den blauen Äther erfüllen, um das Unsterbliche etwa der Maria zu empfangen. Im Campo Santo von Pisa befindet sich eine großartige Darstellung der Hierarchien in neun farbig abgetönten Kreisringen, in welchen die Engel angedeutet sind; im Mittel-

punkt befinden sich die Erde und ihre sphärischen Hüllen.

Alle diese Kunstwerke sprechen von der weit verbreiteten Wirkung der Hierarchienlehre des Dionysios Areopagita. Heute ist das Wort Engel zu reiner Abstraktion verblaßt, die gesamte Theologie hält diese Vorstellungen im besten Falle nur für einen Glauben. Sie ist weit davon entfernt, sich um die Erkenntnis geistiger Wesenheiten zu bemühen.

Dionysios verstand seine Hierarchienlehre als eine Wissenschaft von der Natur geistiger Wesenheiten, die Gesetzen einer höheren, göttlichen Welt unterworfen sind, wie der Mensch Gesetzen der irdischen Welt in bezug auf sein sterbliches Wesen unterworfen ist. Die Lehre von Dionysios bedeutete mehr als ein frommer Glaube. Er wollte den Christen einen Erkenntnisweg führen, der diesen stufenweise empfänglich macht für die Welt der Engel, für das Dasein und Wirken höherer Wesenheiten. Hören wir ihn selbst, warum er immer wieder in neuen Wendungen und Imaginationen die göttliche Welt der neunstufigen Hierarchien kennzeichnet:

»Darum sollen wir, unserer eigenen Fassungskraft gemäß, von den heiligen Gebilden angeleitet, durch inneres Entsprechen zu den einfachen, urbildlichen und zuletzt bildlosen Wesenheiten allmählich erhoben werden.

Wollte unser durchaus endlicher Geist sich nicht der ihm entsprechenden Führung anvertrauen, könnte er nie von materieller Ähnlichkeit bis zu jener immateriellen Nachahmung sich erheben zur Schau ins Unendliche der Himmlischen Heilsordnung.«[50] (S. 100)

Es handelt sich hier um die gleiche Forderung an den um Erkenntnis ringenden Menschen, wie sie von Chrysostomos an den Gläubigen gestellt wurde, wenn er von dienenden Engelwesen während eines Gottesdienstes sprach, wenn er darauf hinwies, daß die »Göttliche Liturgie« in ihren äußeren Handlungen erfüllt ist von geistigem Mitgeschehen. Eine solche Forderung zielt auf ein schrittweise gesteigertes Wirklichkeitserleben, das mit sinnlicher Wahrnehmung einsetzt und durch innere Schulung der Gefühlskräfte wie Andacht, Ehrfurcht und Hinhorchen zu einem verfeinerten Wahrnehmen derjenigen Vorgänge führt, die dem Sinnlich-Sichtbaren zugrunde liegen.

»Das ist der Grund, weshalb uns mit heiligem Griffel die Umrisse des himmlischen Geistes in sinnlich faßbaren Bildern gezeichnet werden, und darum führt die Heilige Schrift mittels sinnlicher Wahrnehmung zu geistiger Schau und von heilig umrissenen Sinnbildern immer näher zum einfachsten, höchsten Gipfel der himmlischen Hierarchie empor.«[50] (S. 101)

Vor dieser Aufgabe, die eine Bewußtseinserweiterung bis in die übersinnliche Welt in sich schließt, steht im Grunde genommen heute jeder Mensch. Freilich kann diese nicht mehr aus mittelalterlichen Gemütskräften heraus errungen werden; bezeichnenderweise spricht man heutzutage meist nur noch vom Tode Gottes, denn es ist im Menschen jedes geistdurchdrungene, für das Göttliche offene Seelensein erstorben. Nur der Entschluß, in uns den »Tod Gottes« dadurch zu überwinden, daß wir in uns neue Erkenntnisfähigkeiten für die wesenhaft wirkende geistige Welt, die alles Physische trägt und durchdringt, entwickeln und durch Herzenskräfte steigern, nur ein solcher Entschluß führt aus dem somatischen Kerker hinaus. Auf diese Weise kann der Mensch

feinfühlig für die Wirksamkeit von Wesen werden, die unsichtbar im Sichtbaren tätig sind. Nur von diesem Gesichtspunkt aus ist es möglich, folgende Worte des Dionysios zu verstehen: »Noch deutlicher gesagt, um ein naheliegendes Beispiel aus der Natur zu wählen ... der ausgesandte Sonnenstrahl geht durch die erste Materie, welche noch durchleuchtbarer ist als alle anderen, ohne Widerstand hindurch und läßt in ihr seine eigenen Glanzlichter in voller Stärke aufblitzen; wenn er aber auch auf dichtere Stoffe trifft, dann wird das mitgeteilte Licht dunkler und dunkler, weil die beleuchteten Gegenstände eine immer geringere Fähigkeit zur Weitergabe des Lichtes besitzen. Infolgedessen wird der Lichtstrahl allmählich bis zur fast vollständigen Unmöglichkeit des Weiterdringens aufgehalten.«[50 (S. 145)]
Je »dichter«, je »stofflicher« der Mensch in seinem Seelenleben ist und sich entsprechend verhält, desto weniger kann das Licht höhere Erkenntnis in ihn einströmen und können höhere Wesen sich ihm kundtun. Je »durchleuchtbarer« er jedoch ist und je wacher er für das innerlich Lichthafte wird, desto gewisser kann sich ihm eine zweite Welt erschließen. So wurde dem Propheten Jesaja ein höchstes Engelwesen wahrnehmbar, ein Seraph. Vgl. 50, Kap. XIII So waren Propheten und andere Persönlichkeiten des Alten Testaments, so waren – dem Neuen Testament zufolge – die Hirten auf dem Felde, die drei Weisen aus dem Morgenland, Maria und Joseph in verschiedener Weise hellhörig und hellsichtig für Wort und Weisung engelischer Wesenheiten, deren stufenweise sich steigernde Erhabenheit von Dionysios geschildert wird. Da ist die »erste, höchste Triade«: die Seraphim, Cherubim und Throne; es folgt die mittlere

Hierarchie: die Herrschaften, Mächte, Gewalten; sodann »die unterste Hierarchie des Himmels«, wo die Archai, Erzengel, Engel »die sämtlichen Ordnungen der himmlischen Geister ergänzend nach unten hin abschließen«.[50 (S. 133 ff.)]

Wie diese höhere Welt sich widerspiegelt im hierarchischen Aufbau der Kirche und deren kultischem Leben, führt das zweite Buch des Übersetzungswerkes aus. Im Mittelpunkt steht die Eucharistie, die den Gläubigen für die höhere Welt empfänglich macht. Das Herzstück der Eucharistie ist der Kelch. Um ihn herum und durch ihn vollzieht sich, einer lichten Aura gleichend, im Realbilde das Golgathageschehen, das in den hierarchischen Stufengang der drei Triaden himmlischer Wesenheiten eingetaucht ist. Dadurch offenbart sich eine neue Wesensseite des Grales, die dem mittellateinischen Wort gradalis = stufenweise zugrunde liegt.[48 (S. 472)] Der mittelalterliche Sprachgenius hat es zum Worte *Gral* umgeschmolzen. Denn durch ihn erstrahlt die ewig schöpferische Stufenordnung geistiger Wesenheiten, wie sie vom Eremiten der hellen Bretagne bis »in den dritten Himmel« erlebt wurde, wie sie in der göttlichen Schöpfung von Himmel und Erde durch die hin- und wiederschwingenden Rhythmen des Jahreslaufes von den Eingeweihten der Megalithzeit erschaut worden war.

Dem Gral wohnt das Gesetz des stufenweise erfolgenden Suchens und Erkenntnisringens des religiösen Menschen während seines Erdenlebens inne, so daß er im Mittelalter das Tätigkeitswort »gralen« prägen und sinnvoll anwenden konnte, wie es von dem Dichter Heinrich Frauenlob einmal verwendet wird.

Ganz bescheiden jedoch läßt der sogenannte Dionysios

Areopagita durchblicken, in welcher Weise seine Hierarchienlehre ihm ermöglicht wurde: »Den Gang der Abhandlung möge Christus leiten – wenn mir dies zu sagen ziemt –, mein Christus, dem die Erkenntnis aller offenbarten Hierarchie zu danken ist.«[50] (S. 109)

Mit dieser Übersetzung überstrahlt das Bild einer lichten, sonnenhaft durchatmeten Geisteswelt den europäischen Kulturbereich für viele Jahrhunderte. Die Welt ist erfüllt, belebt von engelischen, gottergebenen Wesenheiten. Johannes Scotus Erigena war ihr Vermittler für das europäische Gebiet, in dem die lateinische Sprache der Kulturträger war. Ein geistiger Raum wurde für das Bewußtsein des mittelalterlichen Menschen ausgebreitet, in welchem sich ein lebendiger Stufengang von einem Höchsten bis hernieder zu einem Unteren in unendlichen Geistesweiten offenbart.

Zu dieser inneren Schau bildet das eigene Werk »De divisione naturae« (Über die Ordnungen der Schöpfung) die groß angelegte Ergänzung vor allem deswegen, weil es von einer Naturwirklichkeit ausgeht, die sich sowohl auf das Irdisch-Physische als auch auf das Seelisch-Geistige erstreckt. Es stellt den Leser in den zeitlichen Strom eines Abwärts vom Paradies bis zum Golgathageschehen und eines Aufwärts, das mit der Auferstehung seinen Anfang nimmt und mit »der Rückkehr der menschlichen Natur« abschließt. Es wird das Tor zur Anschauungswelt der irisch-hybernischen Mysterientradition geöffnet, so daß man der kosmischen Perspektive des menschheitlichen Christusgeschehens vom Uranfang der Weltschöpfung, dem »Sechstagewerk«, bis zu »Christi Stand nach der Auferstehung« gewahr werden kann.

Erigena ist geschult am griechischen Denken und bringt seine Betrachtung in fünf Büchern. Sie ist in der Form des platonischen Dialogs zwischen Lehrer und Schüler durchgeführt. Dabei wird alles begrifflich erfaßt, was reines, schöpferisches Schöpferwesen oder was schöpferisches Geschöpf oder was nur Geschaffenes ist. In seinem Erkenntnisringen, das sich im Gespräch darstellt, strahlt die unergründliche Tiefe der Heiligen Trinität in ihrem zeitlichen Verlauf hindurch: das *väterliche Prinzip* »der Ordnung der uranfänglichen Ursachen«, das sich über alles ausbreitet wie ein hütender Mantel, über alles, was Geschöpf ist; dann das *Sohnes-Prinzip* als Herniedersteigen des Gottes in die Bereiche des Erdentodes, um ihm den Auferstehungsleib zu entringen; und abschließend *das Prinzip des Heiligen Geistes* als Keimkraft für »die Rückkehr des Geistesmenschen«. Ein unerschöpfliches Panorama zieht an dem Leser vorüber, das tiefste Lebensfragen des Erdenmenschen berührt, seien es die Möglichkeiten der Erscheinung göttlicher Wesen, seien es Fragen von Raum und Zeit, von Stoff und Form, oder sei es »die Dreiheit der menschlichen Natur« oder »die Natur des Auferstehungsleibes« (vgl. z. B. V. Buch, Kap. 38); auch die Welt des Bösen sowie der Fall des Menschen werden erkenntnismäßig durchdrungen; Wolken, Luft und Winde, der Bach, die Tiere sogar bis zum Mistkäfer und zur Heuschrecke finden neben den Pflanzen ihren sinnvollen Platz in der Ordnung der Schöpfung, des Geschaffenen (vgl. z. B. V. Buch, Kap. 23). Es ist auf Schritt und Tritt deutlich spürbar und begrifflich zu erfassen, daß wir uns im Zeitalter der Gemüts- und Verstandesseelenkräfte befinden. Die irdische Welt wird in ihrem stufenweisen Aufbau des

Leblosen, der Pflanzen, der Tiere bis zum Menschen als Träger des Geistes voll erfaßt, aber stets so, daß alles noch zum Bilde eines höheren Ursächlichen werden kann oder wird, zu dem in immer höheren Stufen in der Weltentwicklung aufgestiegen werden kann. Alles, was der Verstand erfaßt und begreift, wird noch von religiösen Gemütskräften umspielt. Es würde zu weit führen, auf die gesamte Anschauungswelt von Erigena genauer einzugehen. Aus dem bisherigen Gedankengang ist es notwendig, nur noch auf einen Passus hinzuweisen, der zeigt, daß der Ire Scotus »das Sechstagewerk der Weltschöpfung«, wie es das Alte Testament darstellt, aus der Weisheit eines hybernischen Eingeweihten anzuschauen vermag und seinem Schüler dadurch einen Erkenntnisschlüssel in die Hand gibt.
Im ganzen Werk »De divisione naturae« wird das Gespräch nur einmal bewußt unterbrochen, und zwar im dritten Buch vom 33. bis zum 35. Kapitel, wo der Lehrer am Schluß ausdrücklich sagt: »Kehren wir also zur Schrift (gemeint ist die Bibel; d. V.) zurück!« Eine »astronomische Episode« ist eingeschaltet worden. Veranlaßt ist sie durch die Frage des Schülers nach den »Bahnen und Zwischenräumen der beleuchteten Himmelskörper«. Darauf folgt ein welthistorisches Gespräch: Es wird in die betrachtende Erklärung der biblischen Schöpfungsgeschichte das Weltanschauungsbild der hybernischen Mysterien hineingestellt, wie es aus tiefstem Erinnerungswissen des Johannes Scotus Erigena aufsteigt. Die Erde steht im kosmischen Raum und wirft mit der Nachtseite ihren sonnenbewegten Schatten in ihn hinein. Dieser wiederum streicht an der Mondbahn entlang, was jeweils bei einer Mondfinsternis sicht-

bar wird. »Es ist deshalb unzweideutig ausgemacht, daß der Mond ebensoweit entfernt ist, als erfahrungsgemäß der nächtliche Schatten sich ausdehnt.« Die Erde wird somit zum kosmischen »Gnom«, das heißt zur Schattensäule*. Und nun bringt Erigena eine Lehre über die Bedeutung und das Wesen der Schatten, eine »Gnomonik«. Die Schatten wirken wie eine Chiffreschrift, die es zu lesen gilt. Damit kommt er auf die Sonnenuhren zu sprechen, »runde, eherne Gefäße, Becken genannt, unterscheiden den Lauf der Stunde durch eine in der Mitte aufgerichtete Säule«. Dabei ist für ihn »die Frühlings-Tagundnachtgleiche« wichtig, weil sich zu diesem Zeitpunkt von einer Zwölfteilung im Tagesverlauf auf eine Zwölfteilung des Nachtverlaufes schließen läßt. So wird die Sonnenuhr mit ihren 24 radialen Linien zur Stundenuhr. »Aber diese ist zugleich eine kosmische Uhr, weil alles, was in dem Becken des Stundenzeigers oder Zwischenträgers wahrgenommen wird, in ähnlicher Anschauung auch von der Bewegung der Himmelskörper verstanden werden muß ... Und wie der Schatten der Säule um sie selbst längs dem Umfang des Beckens herumgeführt wird, ebenso fährt die Nacht als Schatten der Erde rings durch die Räume der den Mond von der Erde trennenden Luft.«
Von diesem Gesichtspunkt aus offenbart sich die *wesenhaft kosmische*, aber nicht die *astronomische* Zentralstellung der Sonne; denn sie wirft keinen Schatten wie alle Planeten, die ihr Licht von ihr empfangen. Ihr Licht und Wärme ausstrahlendes Wesen ist raumüberwindend, denn sie bekundet ihr Dasein durch alle Planeten-

* Im Spätgriechischen gibt es das Wort Zeiger (γνώμων).

sphären von der Erde bis zum Saturn und darüber hinaus. Da ist kein Raum, sondern unmittelbares mit Macht wirkendes Dasein. Eine solche Gesinnung gegenüber dem Weltall, wie wir sie bei den hybernischen Eingeweihten antrafen, spricht auch aus dem folgenden Satz: »Weil nun der Sonnenkörper keinen Schatten ins Unendliche hinauswirft, sondern die schattenwerfenden Körper in bestimmten Ausdehnungen einschließt, so läßt sich die Unbegrenztheit seiner Größe deutlich erkennen.«

Das Sonnenwesen durchstrahlt und durchwirkt die sich weitenden, den Raum überwindenden Sphären der Planetenumgänge, die sämtlich dem Gesetz der sich begrenzenden Schattenkegel unterworfen sind, wie es ja an Erde und Mond dargestellt wurde. Die Sonne steht außerhalb der sich auf Kegel begrenzenden Schatten, die für Erigena noch einen tieferen Sinn haben, wie sich zeigen wird.

Nun aber erfolgt ein weiterer Erkenntnisstufenschritt in bezug auf das Sonnenwesen. Die Sonne bildet eine kosmische Mitte insofern, als sie sich harmonisch zwischen Erde und höchster Sternenbildersphäre eingliedert und nach sonnenkosmischen Maßen bewegt. »Der tägliche Fortschritt der Sonne im Tierkreis ist nämlich auf der Erde nach der Ähnlichkeit der Schatten der Sonnenuhr zu schauen.« Hier könnte man meinen, in Stonehenge in der schattenwerfenden Steinrunde zu stehen und die kosmische Chiffreschrift der Schatten zu enträtseln.

Und nun dürfen wir mit Scotus Erigena noch die höchste und letzte Stufe der Erkenntnis des Sonnenwesens betreten: »In Betreff der Sonnenkugel ist längst unter uns ausgemacht, daß sie sich im mittleren Gleichgewicht der schwersten und leichtesten Natur durch die Mitte des Tierkreises um die unteren Räume der Welt in ihrem Kreise ewig bewegt.« Als solche vermag sie auf der Erde die Schwere durch die Leichte (in jeder Pflanze, in jedem Lebewesen nach geheimen und doch sichtbaren Gesetzen) zu überwinden. Ihr wohnt das Gesetz der Schwerelosigkeit inne, der Levitation. Wenn die Schwere überwiegt, tritt der Tod ein. »Die Erde wird besät und bringt hervor, weil der ihr anvertraute Same nach der Ernte (d. h. nach der Sammlung der Früchte) wieder auferstehen wird.« So wird täglich das Wesen der Auferstehung in der Natur dargelebt. »Werden wir doch mit jedem untergehenden Tag den Toten gleichgemacht; mit dem Vergehen der Nacht entsteht der Tag, der uns anweht und das Zeichen der Auferstehung andeutet« (Vgl. V, Kap. 23). Hier offenbart sich das Wesen des Schattens als moralische Qualität, als das Böse. Aber dieses ist, wie der Schattenkegel eines Körpers, begrenzt. So trägt jeder Mensch sein Schattenwesen mit sich, sein Menschlich-Allzumenschliches. Das sollte von jedem erlebt und erkannt werden; die Selbsterkenntnis ist Voraussetzung für das Erkennen des Göttlich-Geistigen. »Wenn du dich selber nicht erkennst, wandle die Wege des Viehs« (V, 31).

Wie sieht Scotus Erigena den Menschen, der den schattenhaften Doppelgänger durchschaut und damit überwunden hat? Wie ordnet er ihn in seine Anschauungsweise, seine Schattenlehre ein? Hören wir ihn selbst: »... Angenommen jedoch, es hätte jemand die Kraft, das Maß der Ausdehnung des Schattens zu überschreiten, so würde er ganz und gar im Lichte sich befinden, ohne vom Schatten berührt zu werden. Ebenso glaube ich auch in bezug auf uns denken zu müssen, daß wir die Grenzen des Schattens der Bosheit erreichend und auf dem Gipfel des Schattens der Sünde angelangt, uns wiederum der Bahn des Lichtes zuwenden, nach unendlicher Vervielfältigung, dem Maß der Bosheit entsprechend, durch die überfließende Natur des Guten« (V, 26).

Hier ist es möglich, aus der Sicht der Geisteswissenschaft darauf hinzuweisen, daß Erigena den Menschen als Sonnenmenschen schildert, der in seiner ganzen Natur dazu bestimmt ist, durch das Sonnenwesen Christus wieder zurückzufinden zu seinem Ursprung. Rudolf Steiner drückt diese geistige Tatsache so aus: »Das, was heute abnorm ist, das Leben in den verborgenen Sonnenwirkungen, war einstmals in einer älteren Epoche der Erdentwicklung normal und wird wiederum normal sein.«

So verläuft der Weg des Menschen zurück zu seiner wahren Bestimmung; auf ihm erfolgt »die Rückkehr der menschlichen Natur« in den Bereich, dem er durch die Absonderung, durch die Sünde entfallen ist. Auf dieser höchsten Stufe erstrahlt die Imagination des wiedergefundenen oder besser wiedererrungenen Paradieses, der Stufengang des Abwärts und Aufwärts ist beendet. So ertönt das Wort des ritterlichen Sängers Wolfram von Eschenbach:

»Auf einem grüenen achmardî
truoc sie* den wunsch von paradîs,
bêde wurzeln und rîs.
daz was ein dinc, daz hiez der grâl,
erden wunsches überwal.«[235] (20-24)

* die Gralkönigin

Auf einem smaragdgrünen Seidenstoff
trug sie das Ideal des Paradieses,
beides einschließend Wurzel und Sproß,
das war etwas, der Gral genannt,
jedes irdische Ideal im Überfluß überstrahlend.

Das ist die sonnenhafte, überfließende Natur des Guten, das wahrhafte Sonnenwesen, von dem Scotus Erigena spricht. Dies war auch die Stufe, von welcher der Eremit der Bretagne sagte, daß sie »noch hundertmal klarer war als Glas« und dort »eine himmlische Heerschar in so großer Zahl erschien, daß man sie weder zählen noch davon sagen könnte«. Dieses Erlebnis hatten die Artusritter an der Tafelrunde auf der Burg Camelot, von dem es heißt: »Da trat in die Halle der Heilige Gral, mit reichem golddurchwirktem Damast bedeckt, aber da war keiner, der ihn oder wer ihn trug, schon sehen konnte.«[5] (13. Buch, Kap. VII)

Die beiden Werke, aus denen wir, auf unser Thema bezogen, wesentliche Gesichtspunkte herausarbeiteten, haben dramatische Geschichte gemacht. Schon im Jahre 649 waren die Schriften des Dionysios, die der areopagitisch-paulinischen Geistesströmung angehören, vom Laterankonzil *der katholischen Lehre gemäß* erklärt worden, so daß Erigenas Übersetzungswerk durch Jahrhunderte weiter wirken konnte. Begünstigt wurde dies durch das Urteil des Anastasius, des römischen Bibliothekars von Papst Nikolaus I. (bis 867), der seine Bewunderung darüber aussprach, daß dieser »barbarische Mann am äußersten Ende der Welt« eine solch ausgezeichnete Übersetzung habe ausführen können. Dennoch regten sich von Rom aus die Gegenkräfte dem mächtigen Denker aus Irland gegenüber, in dessen Hauptwerk »De divisione naturae« die Willensfreiheit des Menschen und seine Pflicht, über alle Dinge undogmatisch zu forschen, eine hervorragende Stellung einnehmen. So wurde er vor allem von sich ereifernden Dogmatikern verfolgt, so daß er etwa 877 Frankreich verlassen mußte und nach England ging, wo er ermordet worden sein soll. Aber erst im Jahre 1225 ordnete der sonst so milde Papst Honorius an, das Werk zu vernichten, wo immer man es anträfe.

Der Gral als Stein

Wolfram von Eschenbachs Verse über den Gral beim ersten Besuch des jugendlichen Parzival auf der Gralburg erfordern ein besonderes Erkenntnisbemühen, weil der Dichter gar nichts über die Gestalt des Wundergefäßes aussagt und eine solche Aussage erst herausfordert, um zu gegebener Zeit, wenn es der Gang des Epos mit sich bringt, die Gestalt in ihrem Wirken darzustellen. Deshalb heißt es zunächst nur »ein dinc«. Und doch wird auch an dieser Stelle schon eine nähere Aussage gemacht, denn es taucht das mittelhochdeutsche Wort »wunsch« auf, das in seiner damaligen Bedeutung einen Fingerzeig gibt. Es weist auf eine Seelenkraft des Menschen hin, die dem Besten, dem Schönsten, dem Vollkommensten zugeordnet ist – ein sonnenhaftes Ideal. Es kam einem unerschütterlichen Leitmotiv gleich, das es schöpferisch auszuüben und nach außen hin zu verwirklichen galt. Heute ist, was wir mit dem Wort »Wunsch« verbinden, zum rein persönlichen, ja egoistischen Begehren abgesunken. Damals trug der Mensch die Anlage eines höheren Wünschens in sich wie eine Art immanenter Sehnsucht. Die mittelalterliche, naturreligiöse Stimmung der Seele erfüllte sein ganzes Gemüt und geleitete ihn durch das Alltagsleben. Sie kam durch das Rittertum im weitesten Sinne des Wortes zum Ausdruck, sie war eben »Wurzel und Sproß« (bêde wurzeln und rîs) zugleich, eingetaucht in die Überfülle dieses Ideals (»erden wunsches überwal«). Aus dem heutigen Bemühen um ein höheres Bewußtsein könnte gesagt werden: Der Mensch hat die Anlage in sich, durch den Gral stufenweise zu seinem höheren Ich aufzusteigen, das ihm als »überquellende Geisteslichtkraft« entgegenkommt und seine Umwelt strahlender als der Tag aufhellt.[52]

Wann ist im Verlauf des Epos der Augenblick da, von Gestalt, Bedeutung und Sinn des Dinges, das der Gral heißt, zu sprechen? Welche Schicksalsfügung auf dem Lebensweg Parzivals hielt Wolfram für angemessen? In welch räumliche und zeitliche Umwelt gehört der Gral naturgemäß hinein? – An einem Karfreitag nach einer Kampfeszeit und Irrfahrt von viereinhalb Jahren und drei Tagen ist der ritterliche Gralsucher in seinem Glauben völlig erschüttert, da Gott ihm keine Hilfe zukommen läßt. Er leidet noch immer an der versäumten Frage nach dem Leiden des Amfortas, an der Verfluchung durch Sigune, dem Bann durch Kundry, an der Verstoßung aus dem Kreis der Artusritter. Gott ist für ihn tot, so daß er verzweifelt seinem Pferde die Zügel schießen läßt. Es trägt ihn durch die Tiefe des Waldes in die Einöde des Einsiedlers Trevrizent. Dieser hütet – dem Eremiten der hellen Bretagne nicht unähnlich – Altar und Bibel sowie das Wissen um den Gral.

Dort erfahren wir das ganz Unerwartete:

Der Gral ist ein Stein.

Ein Stein von reiner Wesensart, von verjüngender Strahlkraft, die jeden Karfreitag durch eine Himmelstaube erneuert wird. Sie legt eine kleine weiße Oblate auf ihm nieder, so daß Erdenstein und Himmelsbrot aufeinander zu liegen kommen. Hier kann die Erinnerung wieder aufleben an das heilige Brot der orthodoxen Messe, das aus zwei aufeinanderliegenden runden Teilen besteht, welche die beiden Naturen Christi, Gott – Mensch, versinnbildlichen. Trevrizent belehrt Parzival: »Davon empfängt der Stein, was Gutes auf Erden duftet an Trank und Speise, als das Edelste vom Paradies, was je die Erde hervorzubringen vermag« (470, 11–15). Auch durch diese Gralimagination bekundet sich das Doppelmotiv von Geistigem und Materiellem, von Himmel und Erde, von Geburt und Tod, von Wonne und Schmerz. Am äußersten Rande dieses Himmelssteines leuchten wie in einer Buchstabeninschrift (von karacten ein epitafium 470,24) die Namen derer auf, die vor der Geburt zum Grale bestimmt sind. Das *Vorgeburtliche spielt hier herein*. Auf Erden aber wird dem Gral die blutende Lanze vorangetragen, so daß Wehgeschrei wie von ungezählten Völkern den ganzen Palast durchhallt. Der Tod und die Frage nach seinen Forderungen treten ins Bewußtsein.

In eindrucksvoller Geschichtskonzentration des Menschheitlichen sind durch Wolfram von Eschenbach, den Künder aus europäischer Mitte, die sakralen Steinreihen und Steinrunden sowie die ihnen verwandten Steinsetzungen zu dem sakralen, von Christuskraft durchlichteten Gralstein umgeprägt worden, dem die Gralritter, die Templeisen (444,23) dienen, wie die Eingeweihten, die Megalithmenschen, einst ihrem Tempelbau dienten, der nach kosmischen Himmelsmaßen errichtet worden war. Nach solchen Himmelsmaßen schreiten die Jungfrauen durch den Palas der Gralburg und tragen, von Licht und Glanz umspielt, die Gerätschaften für den Gral voran; in die kostbarsten Stoffe der Erde gekleidet und nach Zahl geordnet, setzen sie diese auf den Tisch, an dem der leidende Gralkönig Amfortas Platz genommen hat. Zuletzt kommen sechs weitere Jungfrauen in ebenfalls golddurchwirkten Gewändern herein. Sie tragen schön geformte große Gefäße aus Glas, in denen duftender Balsam brennt. Nach ihnen tritt als letzte die Königin Repanse de Schoye ein. Ein himmlischer Glanz strahlt von ihrem Antlitz aus und durchflutet den ganzen Raum, in dem die Ritter um ihren König versammelt sind. Es ist wie bei Sonnenaufgang, als bräche ein neuer Tag mitten am Tag herein, denn sie trägt den Gralstein, die Vollkommenheit des Paradieses. Sieben Jungfrauen verneigen sich mit edler Ehrfurcht und begeben sich zu dem Tisch. Dann tritt die Königin aus dem Kreis der 24 Jungfrauen hervor und setzt den Gralstein vor den Herrn der Burg feierlich nieder. »Da stand die Jungfrau mit der Krone in himmlischer Schönheit« (236, 21–22).

So schildert der Dichter Wolfram die himmlisch-geistige Natur des *Steines*, die den irdischen Raum durchdringt, die Menschen innerlich stärkt und aufrichtet, ja, die sie ernährt und sättigt. In dieser Weise wirkt der Gral dem Menschen gemäß, der als Seelenwesen durch sein Ich dem Geiste und zugleich dem Irdischen zugeordnet ist. *Wesen* und *Wirken* des Grales bleiben sich immer gleich. Seine *Gestalt* jedoch unterliegt dem Gesetz der Wandlung. Dieses Gesetz ist nicht allein in der Phantasie des Erzählers oder des Dichters begründet. Der Genius des Volkes prägt durch seinen Vertreter,

eben den Dichter oder Sänger, jeweils ein anderes Realbild. Auf diese Tatsache weist auch Bodo Mergell hin in seinem Werk »Wolfram und seine französischen Quellen«.[53] (S. 203 ff.) Er zeigt, wie durch den deutschen Dichter gerade gegenüber Chrestien de Troyes das Bild des Grales als Stein in eine freie geistige Sphäre gehoben wird, die nicht mehr dogmatisch-kirchlich gebunden ist.
Hier freilich drängt sich die Frage auf: Warum wählt Wolfram den Stein? Was mag ihn bewogen haben, aus dem Geiste seiner Zeit heraus, aus den Anschauungsformen seiner Umwelt zu diesem Realbild zu greifen? Wodurch offenbart sich ihm das Höchste, das wir auf Erden kennen, in dieser Gestalt? Wer zur Beantwortung dieser Frage, die seit vielen Jahrzehnten unzählige Forscher beschäftigt, ja zu den unmöglichsten Kombinationen veranlaßt, im Sprachschatz des Mittelhochdeutschen Umschau hält, begegnet dem Tätigkeitswort »kristellen«, das reflexiv gebraucht wird wie etwa das Wort »sich freuen« oder »sich erinnern«. Es weist auf eine Seelentätigkeit des Menschen hin, die uns heute nicht mehr geläufig ist. Doch wird dieser Ausdruck von dem Graldichter Albrecht von Scharfenberg in seinem großen Epos angewandt, das den Namen »Der Jüngere Titurel« trägt. Er stellt diese Tätigkeit sehr gründlich dar, indem er zunächst auf den Kristallisationsprozeß eingeht und beschreibt, wie Gott als Schöpfer aus dem Wäßrigen das Feste »gesteinet«, wie auf diese Weise die lichten Kristalle gebildet werden, worin ein Feuer »sich funket«, das den Menschen geheimnisvoll anspricht. Es ist ein göttlich-schöpferischer Prozeß, wenn Wasser sich »kristellet«.[54]

»Tief herab in hoher Felsenklamm fällt die schwere Last von Eis, Hitze, Wind und Wassern zugleich ausgesetzt,
und liegt es allda die längste Zeit, so wird es klar gesteinet zu lichten Kristallen« (Strophe 37).

Danach steigert der Dichter diese Naturtatsache der göttlichen Schöpfung in die Sphäre seelischer Vorgänge, um zu zeigen, welche menschliche Bildungskraft auf der einen und welche göttliche Wandlungsmacht auf der anderen Seite er anspricht:

»Der Name Krist, an himmlischer Seligkeit reich,
gefällt mir, mich beglückend.
Ihr Christen allesamt bemüht euch schöpferisch,
daß ihr zu Christus euch kristallet,
daß euch keine Hitze, Wind noch Wasserfluten
von Christus vertreiben! So habt ihr Christen
Christus als bleibendes Gut« (Strophe 38).

Nur so ist der Mensch gegen den Wind der Hoffart, die Hitze der Leidenschaft und die Wasserflut des Geizes gefeit.
Abschließend bewundert er in der nächsten Strophe, wie der aus Feuer, Luft und Wasser herauskristallisierte Stein eine nicht geminderte göttliche Kraft behält. Ganz dieselbe Gesinnung lebt auch in Wolfram von Eschenbach, wenn er vom Wasser sagt, daß es die Seele so rein, so licht werden läßt, wie auch die Engel sind, die das Göttliche sehen. Es ist das Eintauchen des höheren Menschen, der in jedem lebt, in die göttlichen Sphären, ein Vorgang, der im tiefsten der Taufe entspricht, auf die beide Dichter in diesem Zusammenhang auch eingehen.

Wolfram sagt ganz deutlich: »Das Taufbecken war ein Rubin und stand auf einer abgestuften Rundung aus Jaspis ... Dieses Taufbecken wurde ein wenig dem Grale zugeneigt, sofort füllte es sich mit Wasser, weder zu warm noch zu kalt« (Vgl. Albrecht von Scharfenberg: »Jüngerer Titurel« Str. 30–40; Wolframs Parzival: 816/17).
Aus dem Wesen des mittelalterlichen deutschen Geistes ist das, was als der Gral bezeichnet wird, zur Bildgestalt des lichten Steines geronnen. Da spielt es keine Rolle, welchen Namen man ihm nun ganz äußerlich gibt, ob »lapsit« oder »iaspis« usw., wie er in verschiedenen Handschriften auftaucht; oder »lapis electrix«, »lapis ex coelis« usw., wie er von Forschern ausgedeutet wird.[55] (S. 590 ff.) Es ist sinnlos, den Namen des Steines ableiten oder richtigstellen zu wollen durch Veränderung der Buchstaben. Alle Namen sind nichts als Varianten der einen Version, die der deutsche Dichter dem Gral aus dem Leben und Denken des mitteleuropäischen Rittertums des 12./13. Jahrhunderts ausdrücklich zuerkennt: *Stein.*

Der nordische Gral

Von Europas Norden her strahlt ein anderes Bild des Grales in die mittelalterliche Zeit, als wollte das geistige Wesen des Auferstandenen sich durch das Kleid der nordischen Volksseele von einer neuen Seite offenbaren. Im Bereich der skandinavischen Länder hat von alters her das Erleben des kosmischen Sonnenlichtes durch den Gegensatz der hellen Sommernächte und der dunklen Wintertage einen tiefen Einfluß auf die Lebensgewohnheiten, ja die ganze Weltanschauung gehabt. Noch heute wird das nordische Licht gepriesen; das zeigt vor allem das Sommersonnenwendefest, wenn die Feuer in dem eigenartigen Mitternachtslicht zu einer Sprache werden, die von Todesüberwindungskraft kündet. Das innere Licht, die Geburt des geistigen Lichtes in der Winternacht wird vom Luciafest an, dem 13. Dezember, gefeiert. Dann sind in den Städten die Fenster derjenigen Straßen mit flackerndem Kerzenlicht erleuchtet, die von dem Festzug der Lichterkönigin, dem schönsten Mädchen der Stadt, durchzogen werden; es ist eine Art nordischer Advent, an dem jung und alt beteiligt ist. In klirrender Kälte wird im melodischen Rhythmus einer Fidel um den Julbaum getanzt, jeder stampft sich warm im Reigen. Die Kerzen werden nicht nur in die Wohnungen getragen, sondern auch in die Schulen, wo Lucia mit der Lichterkrone von Zwergen begleitet wird, ferner in die Krankenhäuser sowie auf die Tische in Hotels und Restaurants – kurzum, das innere geistige Licht soll im Menschen auferweckt werden, um das kosmische Christuskind würdig zu empfangen. So halten sich Julfest und Sonnenwendfest die Waage, geistiges Innenlicht und physisches Außenlicht werden von Frohsinn begleitet. Hoch oben im Bereich ewigen Winters führt die Mitternachtssonne ihre besondere Sprache; sie weckt auf ihre Weise das Gefühl für das kosmische Licht, das nach langer Sternennacht besonders erlebt wird. Dazu gesellen sich noch die Dämmerungszeiten vor Sonnenaufgang und nach Sonnenuntergang. Sie währen recht lange, treten im Sommer ganz zusammen, auseinanderbewegt werden sie durch die langen Winternächte. Für die Morgendämmerung gibt es z. B. im Schwedischen das Wort »gryning«. Es hat für den Schweden eine eigene Qualität, einen Schattencharakter, der mit dem Werdenden zusammenhängt, weil es dem Sichtbaren zugeht; es steckt in ihm die Bedeutung Korn, was ja dem Samen entspricht, in dem das Zukünftige ruht. Ein »Feuermorgen mit Rosenglanz über das halbe Himmelsgewölbe« in der Novemberdämmerung führt seine eigene gryning-Sprache, vor allem, wenn er sich über das Rauhreifkleid der Erde ergießt. Dagegen schildert die schwedische Dichterin Karin Boye die Abenddämmerung (skymning) folgendermaßen: »Das Tageslicht wird durch die Dämmerung fortgezogen wie ein lichtgraues Tuch von dem, was man eigentlich darunter findet, eine andere Welt, weit, formlos und innerlich, und in diesem grauen Dun-

kel führen unbestimmte Wege dem entgegen, was alle Zeit gewesen ist und alle Zeit zum Dasein kommt ...«
So führt das Schattenhafte in eine »begreifbare« geistige Daseinswelt, wo der Traum wie ein Schleier wirkt, durch den hindurch die geistige Welt wahrnehmbar wird. Das Zwielicht hat durch die geschilderten Vorgänge für den Nordmenschen etwas wesenhaft Geistiges, Außerirdisches. Es ist im Grunde genommen die Sphäre, in der das Geistige durch das Auslöschen des Physischen, des äußerlich Sonnenhaften so zur Offenbarung kommt, daß es für die innere Anschauung des Menschen wahrnehmbar wird. In derselben Weise erlebten auch die Megalithmenschen, wie wir schilderten, im Schattenhaften das Geistige, so daß wir für diese bis ins 3. Jahrtausend zurückreichende Zeitepoche von einer ganz natürlichen Hellsichtigkeit sprechen können, die man den Empfindungsseelenkräften als Fähigkeit zusprechen kann.
Aber ein zweites Faktum muß erwähnt werden, das nicht mit dem Naturerleben des Nordmenschen zusammenhängt, sondern mit einem sehr alten Brauch, der die brüderliche Gastlichkeit von ehemals zum Ausdruck bringt. Für einen Reisenden oder Boten zu Pferde legte man auf einen Stein, der zum Rasten diente, eine Notnahrung, bedeckt mit kleinen Steinen, um sie zu schützen und zu sichern. Der Stein bewahrte gewissermaßen die Wegzehrung für einen solchen Wanderer; diese wurde »gángandi greidi«: herumgehende Bewirtung genannt. »Der eine Dienst ist des anderen wert«, pflegte man dazu zu sagen.[56 (S. 270)]
Der nordische Übersetzer vom 13. Jahrhundert, der den Text des »Perceval« von Chrestien de Troyes vor sich

hat und ihm recht genau bis in Einzelheiten folgt, unternimmt etwas Erstaunliches an der Stelle, an welcher der französische Dichter vom Grale spricht. Er prägt ausdrücklich das Wort »graal« um, weil er als nordischer Dichter das heilige Gefäß anders anschaut. Es heißt im Text wörtlich: »... und sie nennen es in welscher Sprache graall, und wir mögen es nennen ›gánganda greida‹«.[57 (S. 32)] Wesen und Wirken des Grales sind hier in gleicher Weise geschildert, aber seine Gestalt unterliegt dem Gesetz der Wandlung.

Wiederum drängt sich – wie vordem bei Wolfram von Eschenbach – die Frage auf: Warum wählt der nordische Übersetzer den Ausdruck: herumgehende Bewirtung, gángandi greidi? Was mag ihn bewogen haben, aus dem Geiste seiner Zeit, aus den Lebensgewohnheiten seines Volkes gerade zu diesem Realbild, das in der isländischen und dänischen Literatur eine Rolle spielt, zu greifen? Wodurch offenbart sich ihm das Höchste, was wir auf Erden kennen, in diesem Bild?

Zur Beantwortung dieser Frage darf herangezogen werden, was wir über das Erleben des Sonnenlichtes und des Schattens durch den skandinavischen Menschen angeführt haben. Darüber hinaus ermöglicht die Geisteswissenschaft Rudolf Steiners eine Vervollständigung der Antwort. Denn gerade mit dieser Benennung des Grales hat sich Steiner auf geistigem Forschungsweg durch mehrere Jahre auseinandergesetzt und vermochte dazu abschließend folgendes zu sagen: »Und dann ergab sich mir eines Tages, den ich als einen für mich besonders bedeutsamen ansehen muß, – wo die goldglänzende Schüssel in ihrer Realität zu finden ist; zunächst so, daß wir durch sie da, wo sie sich durch ihr Sternen-

symbolum ausdrückt, geführt werden auf das Geheimnis des Grals. Und da sah ich dann in der Sternenschrift dasjenige, was jeder sehen kann – nur findet er zunächst nicht das Geheimnis der Sache; denn eines Tages erglänzte mir, als ich mit innerem Schauen verfolgte die glänzende Mondsichel – wenn sie am Himmel erscheint –, daß der dunkle Mond darin wie eine große Scheibe schwach sichtbar ist, so daß man schaut äußerlich physisch den goldglänzenden Mond – gánganda greida – die hinwandelnde Wegzehrung und darin die große Hostie, die dunkle Scheibe, das, was man nicht sieht vom Monde, wenn man nur oberflächlich hinschaut, – was man sieht, wenn man genauer hinschaut, denn dann sieht man die dunkle Scheibe . . .«.[58]
Hier wird wieder der Blick auf den Schatten gelenkt, auf die dunkle Scheibe des Mondes, die wie eine »Dämmerung« zu sehen ist. Rudolf Steiner geht konsequent den Spuren des nordisch-kosmischen Bewußtseins nach, um das Rätsel von gángandi greidi zu lösen. Dieses Bewußtsein haben wir in bezug auf das Licht- und Schattenerleben durch verschiedenartige Beispiele geschildert und auch gezeigt, daß die Dämmerung als qualitativer Schatten zum Erleben des Geistigen führen kann, wenn eine anschauende Urteilskraft das Beobachten lenkt und durchdringt. Im nächsten Vortrag geht Steiner einen Schritt weiter und eröffnet eine tiefere Einsicht in das Wesen des kosmischen Christentums aufgrund der nordischen Bildgestalt als »herumgehende Labung«, indem er folgendes ausführt: »Wenn die Sonnenstrahlen auf den einen Teil des Mondes auffallen und goldglänzend zurückgeworfen werden, so geht etwas trotzdem durch die physische Materie. Das, was

durchgeht, ist das in den Sonnenstrahlen lebendige Geistige..., so daß wir sagen können: in dem *dunklen Teile* des Mondes, den wir sehen, schauen wir die *geistige Kraft der Sonne*. In dem goldglänzenden Teil, in dem Schalenteil, sehen wir die *physische Kraft der Sonne*, die als Strahlenkraft zurückgeworfen wird. Der Geist der Sonne ruht in der Schale der physischen Kraft der Sonne, wenn wir die Sonne also ansehen; so daß der Sonnengeist in Wahrheit ruht in der Mondschale. Er ist drinnen in Form der hostienartigen Scheibe.«
Sie aber ist im Bilde gesprochen die Bewirtung, die Labung, auf Nordisch: »greidi«. Das Herumgehen, gángandi, ist das Herumgehen des Mondes, es sind die Mondphasen, der rhythmische Wechsel zwischen dem Schattenmond und dem Goldmond oder dem Neumond und dem Vollmond. Wir ahnen nun, warum das Osterfest dem ersten Sonntag nach dem Frühlingsvollmond folgt. Es ist *der kosmische Augenblick*, in dem sich am Himmel sichtbar die Goldschale zu bilden beginnt, die den Sonnengeist von Tag zu Tag mehr aufnimmt, bis er zur Hostie wird. Das ist das Geheimnis der gánganda greida, der herumgehenden Labung, die das sonnenhafte Wesen des Grales erschließt. Es ist aber zugleich auch *der irdische Augenblick*, in dem die Erde sichtbar die physische Kraft der Sonne in sich aufnimmt und ein Prachtgewand anlegt, das unermeßlich feiner, farbiger, formvollendeter gewoben ist als die golddurchwirkten Gewänder, welche die Graljungfrauen und die Gralkönigin tragen. Dadurch ist Wolfram von Eschenbachs Aussage vom Gralstein, daß jeden Karfreitag eine Taube vom Himmel eine Hostie auf diesen niederlege zur herumgehenden Nahrung für die Gralritter, in eine höhere

Sphäre erhoben. Dort schaut der nordische Dichter das Wunder der goldglänzenden Mondesschale, die den Sonnengeist in der Gestalt einer Hostie in sich trägt. »Das heißt, nach einer alten Tradition muß am Osterfest dieses Bild des Heiligen Grales am Himmel erscheinen. Es muß so sein. Es kann also jeder das Bild des Heiligen Grales am Osterfest schauen. Dazu ist das Osterfest nach einer uralten Tradition in entsprechender Weise eingesetzt.« So schließt Rudolf Steiner seinen Hinweis auf die »herumgehende Labung«, gánganda greidi, ab.*

Im nördlichen Europa, wo Licht und Finsternis, wo die langwährende Dämmerung des Abends als skymning und des Morgens als gryning dem Menschen kosmisches Bewußtsein schenkten, den Geist der Natur wie auch die Natur des Geistes zu verstehen, dort wurde das Bild vom Wesen des Grales zu *gánganda greida.*

* Siehe Heten Wilkens: »Zur Wirklichkeit des Gral, Die Wegzehrung ›Ganganda graida‹« in »Die Drei«, Heft 4, April 1975.

Der Gral als Mühle

Wer gegenwärtig den Blick nach dem europäischen Osten wendet, wird von Schmerz erfüllt, weil besonders dort die Würde des Menschen durch machtpolitische Praktiken mißachtet wird. So ist die Frage nach einem Realbild für den Gral im Osten doppelt schwer: Lebt im russischen Volk die Erinnerung an ein Ereignis mit historischem Kern, das die Kraft hat aus der Eigenart der slawischen Seelen heraus, dem Gral in Europa wiederum eine neue Seite abzugewinnen? Ermutigt doch die russische Sprache selbst, so zu fragen, wenn sie »den Bauern einfach als den Christen« bezeichnet, wenn sie ihn »Krestjánin« nennt, wie es Herbert Hahn im Kapitel »Rußland« seines epochemachenden Werkes »Vom Genius Europas« erwähnt und in anschaulich lebendiger Weise darstellt.[59] (S. 380 ff.)

Für die Beantwortung dieser Frage kann zunächst ein russisches Märchen dienen, das der Gralforscher Leopold von Schroeder erwähnt, um auf ein Gralmotiv hinzuweisen. Dieses erzählt von einem armen russischen Bauern, der in seinem Garten plötzlich einen riesigen Kohlstrunk entdeckt. Er klettert daran bis zum Himmel hinauf und greift dort nach einer wunderbaren Handmühle, »die ihm Weizenkuchen, Butter- und

Quarkkuchen sowie einen Topf mit Brei mahlt«. Im Anschluß an dieses Märchen zeigt von Schroeder eine Entwicklungslinie auf, die zu der Sampomühle im finnischen Runenepos »Kalevala« und zur Grottimühle in den altnordischen Eddaliedern führt.[60 (S. 26)] Diese Linie wollen wir verfolgen.

Mit der Edda klingen Bilder mythenerzeugender Zeiten an, die zunächst den Blick nach dem Nordosten Europas lenken, da sie erst in späterer Zeit (um 1100) auf Island in einer skaldischen Liedform bekannt wurden. Sie liegen in ihrem Kern viel weiter zurück, weil sie noch vollständig eingetaucht sind in die tellurischen Urgewalten der Erdepochen, in den seismographischen Werdeprozeß sowie in die jahresrhythmischen Lebensvorgänge der Erde. Kosmische Imaginationen, die von Inspirationen eines göttererlebenden Empfindungsseelenbewußtseins der eingeweihten Sänger gespeist sind, bilden die Chiffren, die es zu enträtseln gilt.

Der »Grottasöngr«, Gesang von der Kornmühle, ist leider nur noch in Bruchstücken überliefert; trotzdem läßt sich erkennen, daß er ganz aus dem Motivhaften, Musikalischen gebildet ist. Da singen die beiden Mägde Fenja und Menja über sich selbst, was sie schöpferisch mit Riesenkräften tun. Es klingt wie ein Urweltlied:

»Wir waren Gespielen neun Winter lang,
gewaltig im Innern der Erde erwachsen;
bei Machtwerken schafften wir Mädchen mit,
wir stießen stützend Gestein von der Stelle,
wir rollten Felsen zur Riesenburg,
daß der Boden darüber in Beben geriet,
wir schleuderten hoch die Steine,
die mächtigen Felsen zum Menschenbereich.«

Was im Winter (oder auch in einer Eiszeit) im Innern der Erde sich vorbereitet hat, ist abgeschlossen, steht unmittelbar vor dem nächsten Schritt, dem Frühlingsbeginn. Es ist nun soweit, daß Freyr, der göttliche Herrscher über Sonne, Regen und Wachstum, den Mägden Fenja, den Wassern, und Menja, dem kornbildenden Goldschmuck, gebieten kann, die Grottimühle in Bewegung zu setzen. Nun quellen die Gewächse in weitmächtigem Werden empor, während die Mägde singen und mahlen. Es klingt wie ein frühlingshaft strahlendes Lied im Durklang:

»Wir mahlen dem Freyr Macht und Heil
und reiches Gut auf des Glückes Mühle:
er sitze in Reichtum, er ruhe auf Daunen,
sei munter am Morgen, so mahlen wir's gut ...
durch viele Sommer so fuhren wir fort.«

Die Erde legt ihr farbenfrohes Kleid an, es sprießt, sproßt und blüht in Grund und Flor. Wie eine geschmückte Schale füllt sich die Erde mit goldgereiftem Korn. Aber dann geht das Mahlen zu Ende, es schwingt sich aus, indem es Korn und Früchte ausformt; das klingt wie ein Finale:

»und sie sangen und schwangen den schweren Stein,
bis Freyrs Mägde entschlummert«.

Dann fährt die Sichel durch das körnige Gold, Sonnenreife und Tod treffen zusammen, Sonnenwende ist da, nun tönt es wie ein donnerndes Moll:

»So mahlten die Mägde mit Mühe und Macht,
es rasten die Jungen im Riesenzorne:

die Mahlstange krachte, der Kasten fiel nieder,
der mächtige Stein sprang mitten entzwei ...
Da rief noch einmal das Riesenmädchen:
genug am Steine stand die Magd!«

Im Dreiklang besingt der Grottasöngr den Jahreslauf und prägt so das Bild einer Mühle, daß sich etwas von dem wunderbaren schöpferischen Werdespiel zwischen Sonne und Erde widerspiegelt, wobei Fenja (vgl. fen = Sumpf) als Gestalt der Wasserkräfte im Verein mit Menja (vgl. men = Goldschmuck) als Gestalt der Formkräfte die schaffenden Mägde sind. Die Sonne kreist – im alten Sinne gesprochen – um die Erde und lockt schier unerschöpfliches Leben hervor; sie bewirtet herumgehend die Erdenschale, die von goldenem Kornsegen überquillt. Im Sinne der Grottimühle gesprochen, dreht die Sonne in gewaltigem Schwunge »die Mahlstange«, die im Erdenstein das Korn ermahlt. Das ist der Grundgehalt dieses Mühlengesanges, der eingebettet ist in die mythischen Götterlieder. In ihnen leuchtet schon in uralter Vergangenheit wie ein Leitstern das Wort von dem »Starken von oben« auf, der kommen wird in den Sonnensaal, um ihn mit ewigem Lichte zu überstrahlen und den »Totenstrand« zu überwinden.[61] (S. 151 ff. und S. 399 ff.)
Was heutzutage die Geologie über das Werden unserer Erde aussagt, wurde aus dem bilderzeugenden Schauen der Barden im nördlichen Bereich des Indogermanischen in die Gestalt der Mühle gekleidet. Deshalb auch die merkwürdige Aussage von »neun Winter lang« oder »durch viele Sommer«. Da schimmert etwas hindurch von »Eiszeiten« und »tropischen Epochen« im eurasischen Bereich, wenn auch dieses Gesetz gleichzeitig für

den Jahreszeitenrhythmus herausgelesen werden kann. Aber deutlich wird, daß der Grottasöngr einen tellurisch-makrokosmischen Gesichtspunkt eines Weltprozesses zwischen Erde und Sonne vermittelt. Die Sampomühle des finnischen Epos und Runengesanges »Kalevala« kleidet den gleichen Prozeß in Bildformen, die sich aus einem irdisch-mikrokosmischen Gesichtspunkt ergeben. Denn es heißt unter anderem von ihr:

»Verfertige am Rande eine Getreidemühle,
am anderen eine Salzmühle,
am dritten eine Geldmühle.«

Ein Dreiklang wird hier angeschlagen, der sich vielfach durch die Runengesänge in verschiedenen Zusammenhängen wiederholt, vor allem durch die drei göttlichen Hauptgestalten der Kalevala: den magischen Sänger Wäinämöinen, der einem Orpheus gleichkommt, den klugen Schmied Ilmarinen und den Lemminkäinen, der durch Tod und Wiedererweckung hindurchgeht.
Die drei Mühlentätigkeiten für Getreide, Salz und Geld gliedern sich um eine Mitte, von der sie ausgehen, um etwas Irdisches zu ermahlen. Diese Mitte ist ein Verbindungsglied, ein Einströmungszentrum, das einer sich drehenden Mahlstange gleichkommt, die in den Himmel hineinragt; sie erinnert durchaus an den Kohlstrunk im Garten des russischen Bauern, der eine Handmühle aus dem Himmel empfängt, wenn es da in einer Rune heißt:

»Der ernste Wäinämöinen
kam ins bekannte Land,
sang eine Fichte mit Goldwipfel,
einen Marder mit goldener Brust

in die Fichte mit Goldwipfel ...
Der Schmied Ilmarinen
stieg hoch auf den Baum
zum Himmel hinauf.
Sagte der alte Wäinämöinen:
Erhebe dich Wind, zum Wirbel!
Baue dich auf, Luft zur Wut!
Nimm, Wind, in dein Schiff,
Frühlingshauch, in dein Boot,
um fortzufahren
zur Wirtin von ›Vuojola‹!«

Dort in Vuojola, vom Frühlingswind hingeweht, empfängt die Wirtin Louhi den Schmied Ilmarinen, und er schmiedet die Sampomühle, als ginge sie aus einer Esse hervor. Sie ist aber in »Wahrheit aus den feinsten, imponderablen Substanzen geschaffen worden. Wie Ilmarinen selbst sagt: aus der Spitze einer Schwanenfeder, aus der Milch einer güsten Färse, aus dem kleinen Korn der Gerste, aus des Sommerschafes Wolle.«[59 (S. 269)] Nun kann dieser Sampo in Tätigkeit treten. Er vermag durch die Schmiedekunst des erfindungsreichen Schmiedes Ilmarinen bis in zarteste Formen eines Luftartigen, wie es die Feder ist, bis in intimste Wirkungen des Flüssigen, wie es die besondere Milch ist, bis in segensreiche Fruchtbildung und schließlich bis in wärmetragenden Stoff ätherisch hineinzumahlen. Alles, was er mahlt, kommt dem Menschen zugute:

»Der neue Sampo mahlte,
der buntdeckelige schaukelte,
mahlte einen Kasten voll Essen,

den zweiten zum Verkauf,
den dritten als Hausvorrat.«

Auch hier tritt wieder ein dreistufiger Gang ins Irdische, ins menschlich Greifbare in Erscheinung. Immer tiefer wirkt der Sampo durch den Jahresrhythmus hinein, sogar bis ins Alltägliche, wie ein Füllhorn gießt er mahlend seine Schätze aus in ungezählten Variationen, nachdem er sich ganz ins Schöpferisch-Werdende verwurzelt hat:

»Schon am dritten Tage befestigten sich
die Wurzeln des Sampo neun Faden tief!«

In dem bunten Deckel einerseits sowie den Wurzeln andererseits schimmert die Zweiheit von Sonne und Erde, von Sproß und Wurzel hindurch, beide machen den Sampo aus; zwischen beiden jedoch wirken keine Mägde mehr, sondern es sind die feinsten Spuren von Bildekräften wirksam, die der Vierheit von Festem (Korn), Flüssigem (Milch), Luftartigem (Federspitze) und Wärmehaftem (Sommerwolle) zugeordnet sind. Eine ähnliche Vierheit hervorgebrachter Dinge wiederholt sich noch einmal an anderer Stelle, wo sie alle mit Gold versehen sind und dadurch Sonnenhaftes und Irdisches zusammenklingen lassen. Das alles kündet von dem geheimen Wunder in der Natur, das im Grunde heute jeder erleben könnte, wenn er einmal ganz unbefangen, aber bewußt den Frühling in Berg und Tal auf sein Innerstes wirken ließe, einem Wunder, das vor Zeiten aus innerster Ehrfurcht als die schöpferische Mühle, als der Sampo erlebt wurde, dem Erntesegen entquillt:

»Gut hat Gotland zu leben,
da der Sampo mahlt,
davon hängt Pflügen und Säen
und allerlei Wachstum ab.«

Aber auch in diesem Vorgang offenbart sich das Gesetz des Irdischen, der Schwere. Alles Keimen, Wachsen, Blühen unterliegt dem Jahresrhythmus, der zum Reifen, Abfallen der Früchte, zum Wintertode führt. Das Volk von Gotland wird eingeschläfert durch die Zaubermacht des Gesanges von Wäinämöinen, der Sampo wird aus dem Steinberg entwurzelt, geraubt und auf das Schiff von Uvantolainen gebracht. Doch die Herrin Louhi von Vuojola wehrt sich in Gestalt eines Adlers, dessen gewaltige Schwingen die Wasser und die Himmel streichen. In elementarem Kampfe mit den Samporäubern verliert er seine Klauen, nur eine kleine bleibt übrig; etwas Geringstes bleibt übrig, um den Winter zu überdauern, aber dieses knospenhaft Winzige stößt alles Alte, Verwelkte ab:

»Die anderen Klauen brachen in Stücke,
es blieb bloß die kleinste;
damit faßt sie krampfhaft den Sampo,
packt das buntdeckelige,
gießt alles ins Meer aus;
Land arm, Meer reich.«

Dem Raub verfallen scheidet die Kraft des Lebens im Herbst, die im Frühling herbeigeströmt war; und doch erreichen jedes Jahr die Splitter des Sampo die tausend und abertausend Schären sowie das ganze Land, um im-

mer wieder zu mahlen und die wundersamen Schätze durch die feinsten, intimsten Bildekräfte hervorzubringen.
Als die Kalevala um die Mitte des 19. Jahrhunderts durch Elias Lönnrot, den unermüdlichen Sucher nach den noch lebendigen Gesängen, bekannt geworden war, begann im wahrsten Sinne des Wortes der Sampo wieder zu mahlen. Das ganze finnische Volk, das Land Suomi, erwachte zu seiner Sprache, zu seiner höheren Berufung im Reigen der europäischen Völker. Es war, als hätte Wäinämöinen seine Kantele zu neuem Klingen gebracht, als hätte Ilmarinen, der kluge Schmied, die Sampomühle von neuem geschmiedet und als würde Lemminkäinen, der Tod und Auferstehung durchschritten hatte, aus christlicher Sicht tiefer und bewußter verstanden. Die geistig-kulturelle Auferstehung schildert Herbert Hahn aus seiner an Erfahrung reichen Verbindung mit dem finnischen Volk:
»Man kann sich in westeuropäischen Ländern kaum vorstellen, was es für Finnland und seine Söhne und Töchter bedeutete, als durch die Veröffentlichung der Kalevala erkannt wurde, ein Schatz sei nun gehoben worden, dessen Wert an die bisher bekannten höchsten Kulturgüter der Menschheit voll heranreichte und der in mehr als einer Beziehung sogar von unvergleichlicher Eigenart war. Ja, die Besten des Volkes empfanden: Hier waltet unerhörte Weisheit der geschichtlichen Führung; zugleich mit der Not haben wachende Gottesmächte ein herrliches Werkzeug, sie zu meistern, geschickt.
Von immer weiteren Volkskreisen wurde die Kalevala ergriffen, und sie wirkte in jedem Sinne bildend ein auf das Ganze der Nation. Die schaffenden Künstler – Dich-

ter, Maler, Architekten – ließen sich in ihren Motiven und in ihrem Stil aus dieser Quelle anregen und befruchten. Doch auch der einfache Mann, die Kinder in den Volksschulen, die Burschen und Mädchen in den allmählich entstehenden Bauernschulen wurden von einer jungen, geistigen Strömung aufgenommen und in ihrem ganzen Bewußtsein gehoben.«[59] (S. 272f.)
Warum aber löste die Kalevala eine solche geistige Strömung aus? Warum wirkte dieses Epos in alle Schichten des Volkes in jeweils entsprechender Weise des Handelns, des mutvollen Frohsinns, der Begeisterung? Wodurch wurde das Mahlen des Sampo kulturerzeugende Wirklichkeit? Weil die Runengesänge aus der Kraft alter Mysterienweisheit, die von realer Geistesmacht gespeist war und ist, die Tore für ein unmittelbar erlebendes Verstehen einer kosmisch-christlichen Religiosität öffneten. Denn die letzte Rune erzählt von »einer Christgeburt im finnischen Wald«. Das göttliche Kind der Jungfrau Marjatta geht der Mutter verloren, wird aber zuletzt mit der Hilfe der Sonne wiedergefunden.
Hier kündigt sich bildhaft in aller Deutlichkeit eine Zweiheit an, die in vielen Varianten im Zusammenhang mit dem Grale geschildert wurde, die sowohl bei der Grottimühle als auch bei der Sampomühle in Erscheinung trat: die polare Zweiheit von geistig *Sonnenhaftem* und von materiell *Irdischem*. Die Rune kündet von dem von Marjatta geborenen *Erdenkind*, das von der *Sonne*, dem Sonnengeist gesucht und gefunden wird. Der Name *Jesus Christus* bekommt durch diese Rune einen völlig neuen Klang, weil sie die Christenheit durch das finnische Volk für ein anfängliches Verstehen eines kosmischen Christentums aufwecken will. Daß diese Rune

bildhaft so spricht, zeigt die ganz ungewöhnliche Schilderung der Taufe dieses Kindes: Bei der Jordantaufe nahm der Sohn Gottes, der *Christus*, Besitz vom *Jesus*. Durch ein anderes Bild deutet diese Rune, die das Finale des Kalevala-Gesanges bildet, noch einmal auf diese Zweiheit hin. Denn Wäinämöinen genügt dieses Kind nicht, er lehnt es zornentbrannt ab, als fehle ihm etwas. So fährt er in einem Boot »bis zu einem Ort, wo die *Erde* und der *Himmel* sich begegnen«. Das aber heißt, hinaus in den Kosmos, wo der Christus zu finden ist, der zu dem erdegeborenen Jesuskind gehört und somit Himmel und Erde verbindet. Dort liegt für die gegenwärtige Christenheit der Erkenntnisweg, auf dem die Zweiheit von Jesus Christus erfaßt werden kann. Diese Erkenntnis leuchtet durch die Abschiedsworte des Sängers Wäinämöinen hindurch:

»Laß die Zeit nur hingehen,
Tage gehen und Tage kommen,
Man wird meiner schon bedürfen,
Nach mir schauen, nach mir suchen,
Daß ich neu den Sampo schaffe,
Neu das Saitenspiel erbaue,
Neu den Mond zum Himmel führe,
Frei die Sonne mache,
Wenn nicht Mond noch Sonne scheinen
Und der Welt die Freud entschwindet.«[59] (S. 319)

Heutzutage scheint nicht der Mond, denn er ist nur tote Schlacke, er muß als gángandi greidi *angeschaut* werden.
Heute scheint nicht die Sonne, denn man nimmt an, sie sei nur ein Gasball, sie muß als Sonnengeist *erschaut*

werden, wie es einst *in alter Weise* in Stonehenge geschah.
Beides dient segnend der Erde, und die Sampomühle mahlt. Das ist der europäische Ruf eines in die Zukunft weisenden Grales, ein Ruf an die Christenheit und besonders an die Theologie, die zu einer neuen Gotteslehre werden sollte. Das ist der Gral als Mühle, ein im Werden sich formendes Bild.
Bildete die Sampomühle in ihrer Bildsprache eine Brücke, die von der uralten Weisheit der nordischen Skalden bis in unsere Zeit hinein, in die Epoche eines sich anbahnenden kosmischen Christentums führte, so strahlt in Rußland durch ein vielgestaltiges Mühlenbild, das des Heiligen Seraphim aus neuerer Zeit, eine erste Ahnung von der Kraft eines zukünftigen kosmisch-irdischen Christentums auf, von einer den menschlichen Willen durchströmenden Geistesmacht, die sonnenhaft in die sozialen Zusammenhänge wirkt. Dadurch wird das göttliche Urbild des Menschen sich Schritt vor Schritt wahrer offenbaren, so daß ebenso Schritt vor Schritt das einseitige, vom Materialismus geprägte Menschenbild überwunden werden kann. Die Bilder, die das Wesen des Grales aus dem Genius des russischen Volkes kennzeichnen, sind noch ganz in einen lebendigen Werdeprozeß getaucht; sie sind deswegen noch nicht fertig ausgeformt, lassen jedoch ihre Wesensverwandtschaft mit dem Grale, wie er bisher in einigen Variationen dargestellt wurde, deutlich erkennen.
Als der Einsiedlermönch Seraphim in der Silvesternacht auf das Jahr 1833 in seiner Waldzelle nahe beim Kloster von Sarówo »in den großen Wäldern des Gouvernements Tambów östlich der Wolga« gestorben war, löste

sein von tiefer Religiosität durchglühtes Leben durch die darauffolgenden Jahrzehnte in Rußland eine ähnliche Volksbewegung aus wie die Herausgabe der Runengesänge der Kalevala durch Elias Lönnrot in Finnland. Nur war jene von der demutvollen Gläubigkeit der Russen getragen, besonders der Bauern (krestjánje) sowie der Mittelschicht. Noch im Jahre 1912 erlebte Margarita Woloschin, die aufgefordert worden war, ein Buch über den Heiligen zu schreiben, den Pilgerzug von Tausenden von Russen auf knirschenden Bauernwagen oder zu Fuß, einzeln oder in Gruppen, oft von ganzen Familien vom Kind bis zum Greis. Viele Tage, ja Wochen waren sie unterwegs, um das Kloster Sarówo zum Geburtstag des Heiligen am 19. Juli zu erreichen. Was sie dort sah und zu hören bekam, faßte sie ergriffen in die Worte zusammen: »Unter tiefen, gemessenen Glokkenschlägen bewegte sich langsam der Strom, und dieser Strom, an dessen Ufern ich stand, war Rußland; denn von ganz Rußland waren sie gekommen.«[62 (S. 251 ff.)]

Warum hatte das Leben des Einsiedlers eine solche religiöse Wirkung in den endlos weiten Räumen Rußlands, eine Bewegung, die sich – wie bei einem Steinwurf auf einer Wasseroberfläche – ringartig von dem Kloster über ein Jahrhundert erstreckte, sich von Jahrzehnt zu Jahrzehnt ausbreitete? Warum wurde diese Stätte inmitten des Riesenreiches Rußland ein Anziehungszentrum für unzählige vom Glaubensfeuer durchseelte Russen? – Wir meinen, weil alles, was von den Taten des Seraphim berichtet wird, von der Kraft lebendigen Geistes zeugt. Dieser erwies sich für den von höherem Lichte durchglühten Mönch als der Tröster, den er empfangen hatte und weitersenden konnte.

Was läßt erkennen, daß es sich im ganzen gesehen um ein Gralmotiv handelt? An erste Stelle rückt ein Erlebnis des Seraphim, das er an einem Gründonnerstag während der Messe hatte, als der handelnde Priester die Kultusworte sprach: »Bewirke mit unserem Eintreten das Eintreten der Engel, die mit uns zelebrieren und dich lobpreisen!« Seraphim konnte gerade noch sagen: »... von Ewigkeit zu Ewigkeit ...« und mußte verstummen, denn er wurde von einer inneren Schau wie von einem Blitz getroffen, so daß er regungslos stehenblieb. M. Woloschin berichtet dazu: »Er schaute den Christus, der von Westen her durch die Luft kam, umgeben wie von einem Bienenschwarm von Seraphim und Cherubim. Der Herr segnete sein Volk, trat in sein eigenes Bild am Altar und verklärte sich, wobei sich die Kirche mit Lichtwogen erfüllte ...« Später erzählte er seinem Beichtvater von diesem Erlebnis: »Ich Staub und Asche empfing meinen Herrn und ward von ihm eines besonderen Segens gewürdigt.«[62] (S. 255)

Ganz ähnlich sprach »der Eremit der hellen Bretagne« von sich selbst: »... denn der Schreiber (sc. des Gralbuches) hält sich für den ärmsten und verachtetsten Menschen, der je Gestalt gewann«. Auch er hatte das Gralerlebnis in der »Nacht zwischen dem Ur-Donnerstag und dem gebenedeiten Freitag«.

Seraphim lebte mehrere Jahre in einer Waldzelle, wo er sich immer wieder in die Bibel vertiefte. Unzählige Nächte brachte er, auf einem Granitblock kniend, im Gebetskampfe zu, um mit allen Versuchungen, die sich wie »Tiger und Leoparden« auf ihn stürzten, fertig zu werden und dadurch an lichthaft segnender Kraft ständig zu wachsen. Denn nach seinem Tode sollten, wie er sagte, die leidenden Menschen diesen Granitstein aufsuchen, um durch dessen Heilkraft an Leib und Seele zu gesunden. Um diesen Stein blühte und reifte es im Winter von seltsamen Pflanzen, über welche Nonnen und Mönche ehrfürchtig staunten. Um den Stein herum und um die Waldzelle lebte und wob ein überirdisches Licht, die Schneefläche erleuchtend, so daß Tiere sich friedlich nahten, denen er von seinem Brote gab, um sie zu speisen. – Bild um Bild reihen sich aneinander, schließen sich zu einem Ganzen zusammen, das die Sprache des Grales in lebensvollen Variationen führt, die aus den Tiefen der russischen Volksseele aufsteigen und heraufklingen. Dieser Einsiedlermönch nun »schmiedete« nicht eine Mühle, sondern er ließ durch einen Gutsbesitzer, dem er geholfen hatte, in der Nähe des Frauenklosters von Diwéjewo mit vier Holzkeilen das Grundmaß für den Bau einer Mühle abstecken. Dabei gab er bei allen Keilen genau an, wo und in welchem Abstand voneinander sie einzuschlagen waren. Denn er wollte, daß die Mühle an einem Bach und in bestimmter Lage zu dem Nonnenkloster errichtet wurde. Es begann das Herbeitragen der Steine, das Fällen der Bäume und das Bauen selbst; bei allen Arbeiten griffen Nonnen und Mönche zu. In dieser Mühle wurde das »goldene« Korn für die beiden Klöster zu Mehl gemahlen. Zwölf Jungfrauen bestellte er als Müllerinnen, welche in der Mühle ihre Arbeit zu verrichten hatten; dazu gab er ihnen eine besondere Regel. In sie hatte er alle Weisheit gelegt, die mit den Früchten der Erde, mit ihrem Werden, Wachsen und Reifen, mit dem Mahlen des Kornes und dem Bereiten des Brotlaibes zusammenhängt. Denn in seinem gottempfänglichen Wesen hatte er sich dadurch mit der heiligen Mühle verbunden, daß er sagen konnte: »Nichts geschieht in der Mühle, was nicht im Auftrage der heiligen Gottesmutter geschieht.« Sie steht als segnende Macht in der Mitte der jungfräulichen Müllerinnen. Hier strahlt in sonnenhafter Lebenswirklichkeit die Imagination vom Grale auf, von dem wir hörten, daß er von zwei mal zwölf Jungfrauen begleitet und von der jungfräulichen Königin Repanse de Schoye in den Palas der Gralburg hereingetragen wird ... Beten, Leben und Dulden des heiligen Seraphim waren durchdrungen und getragen von der geistigen Lichtgestalt des Grales, in dem sich wie in einem Tautropfen die lichte Umwelt des Christuswesens widerspiegelt. Der Granitblock wirkte wie ein Edelstein, ein Kristall, der die russische Erde, »Mütterchen Erde«, das unermeßlich weite Land mit seinen Wäldern, mächtigen Flüssen und träumenden Seen für alle Zukunft mit Christuskraft durchlichtete. All dies bringt die sogenannte Sslawa-Hymne durch Wort und Vers zum Ausdruck. Sie ist begleitet von dem Wort sslawa, das hier nicht nur Ruhm, sondern auch »kosmisch-geistige Lichtesstrahlung« bedeutet, wie Hahn zeigt. Er bringt davon zwei Strophen:

Sslawa

»Sslawa Dir, Herr in den Himmeln! Sslawa!
Auf daß Wahrheit in Rußland sei! Sslawa!
Schöner noch als Sonnenlicht! Sslawa!
Sslawa rausche in den Bächen zur Mühle hin! Sslawa!
Mit diesem Lied preisen wir das Brot! Sslawa!
Das Brot preisen, das Brot ehren wir! Sslawa!
Den alten Leuten zur Beruhigung! Sslawa!
Den guten Menschen zur Beherzigung! Sslawa!«[59 S. 378]

Diese Verse atmen den Geist des Heiligen, von dem auch Rudolf Steiner wußte und zu Margarita Woloschin sagte: »Der heilige Seraphim ist eine der größten Individualitäten; aber in dieser Inkarnation hat er nicht durch das Denken gewirkt. Man muß auf seine Taten schauen. Gehen Sie dorthin, wo er gelebt hat. Sie werden dann schon wissen, was Sie über ihn schreiben sollen.«[62] (S. 251)

Man kann sich fragen, ob dieses Bild der Mühle wirklich ganz aus dem Wesen des russischen Volkes erwachsen ist. Mühlenmotive sind in der bildenden Kunst Europas bekannt. Zum Beispiel befindet sich am Dom zu Vézelay in Burgund die sogenannte »Mystische Mühle«; sie will das Verhältnis von Altem und Neuem Testament anschaulich machen, indem sie Moses die Körner in die Mühle schütten läßt, während Paulus in einem Sack das gemahlene Korn auffängt und gleichzeitig die Handmühle dreht. Diese Plastik eines Kapitells spricht von der Zweiheit Prophetie und Erfüllung. Es wird die Lebensspeise von dem empfangen, der den Auferstandenen in erschütterndem Erlebnis geschaut hat und vom Juden Saulus zum Christen Paulus wurde.

Auch ein zweites Beispiel – es gibt deren noch mehrere – soll erwähnt werden: die »Schlüsselfelderfenster« in der St. Lorenzkirche in Nürnberg. Sie stellen das Gesetz des Werdens, der Verwandlung, der Verchristlichung wieder von einer anderen Seite dar. Die vier Evangelisten, in ihren Zeichen als Engel, Adler, Löwe, Stier, schütten die sonnenrunden, goldenen Hostien in die Mühle. Darunter fallen die »gewandelten« Hostien in ein Ciborium, über dem das Christuskind schwebt. Über der Mühle ist die Verkündigung der Maria dargestellt.

Tiefste Geheimnisse sind hier zum Bilde geronnen, das Geburtsgeheimnis des Jesusknaben und die Christusspeisung der Fünftausend. Unerschöpflich ist die Bildkomposition.[63] (S. 68ff., S. 51/52) Diese und andere Mühlenmotive zeigen, daß ein Bewußtsein für das Mühlengeheimnis als einer Wandlung vom Geistigen ins Physische in verschiedenen Zeiten vorhanden war.

In Rußland ist es aus den nie versiegenden Kräften des russischen Volkes heraus gewachsen, Leid zu ertragen und Leid zu schultern, so daß Aufrichtekräfte und Auferstehungskräfte frei werden. Das kommt durch die jubelnde Feier des Osterfestes zum Ausdruck, durch den brüderlichen Ostergruß: Er ist auferstanden! – Er ist wahrhaft auferstanden! Dort ist eine solche Mühlenstätte eines heiligen Seraphim zu Hause; dort wird die kosmische Bedeutung des Brotes, das im Kultus in die Himmelsrichtungen eingegliedert wird, durch das Mühlenmotiv bis in die Sphäre des Altnordischen und Finnischen erhoben, wo die *Zweiheit* Sonne – Erde die Grundstruktur ausmacht. Denn das Brot, die Hostie, besteht »aus zwei runden Teilen, welche *die beiden Naturen Christi, Gott* und *Mensch* versinnbildlichen« (Liturgie des Chrysostomos). Der obere Teil ist die Sonne, die Erde der untere; sie sind die beiden Mühlsteine, die das goldene Korn, die Speisung auf Erden, wie eine Mühle mahlen. So dient die Mühle von Diwéjewo dem weiten, schier endlosen Lande, das einer flachen Schale gleicht, für eine ferne Zukunft. Wie entscheidend die Zweiheit für den russischen Philosophen Wladímir Solowjów ist, führt Rudolf Steiner folgendermaßen aus: »Diese *Zweiheit* trägt Solowjów in seinen Christusbegriff hinein und macht ausdrücklich geltend, daß der Christusbegriff nur dann einen Sinn haben kann, wenn man eine *göttliche* und eine *menschliche* Natur annimmt, die nur dadurch, daß sie real zusammenwirken, daß sie nicht eine abstrakte, sondern eine organische Einheit bilden, begriffen werden können.«[64] (S. 15)

Der Graltempel im Epos »Der jüngere Titurel« Albrechts von Scharfenberg

Mit dem Bild der Mühle schließt sich die bisher geführte Betrachtung zu einem Ganzen zusammen. Was in der orthodoxen Messe des Chrysostomos als Gralmotiv heraufdämmerte, hat, durch die Jahrhunderte im byzantinischen Osten fortwirkend, im tiefsten Herzen Rußlands seine Erfüllung gefunden durch den heiligen Seraphim, dessen Leben das Rätsel des kosmischen Gottessohnes Christus im Menschensohne Jesus zur Offenbarung gebracht hat. Diese Weisheit ist bis in das philosophische Denken eingedrungen, wie die Schriften von Wladímir Solowjów zeigen, die von einem priesterlichen, prophetischen Geiste getragen sind. Die heilige Zweiheit strahlte in jeweils abgewandelter Form durch das hindurch, was als der Gral in Ost und West dargestellt wurde: *Zuerst als die keltische Schale*, die weit in die Vergangenheit zurückwies und das Bild des zur Erde niedersteigenden Sonnensohnes, des Hvita Kristr, in sich trug; *dann als der Leidenskelch*, der als Gralgefäß die Kunde von Erdengeburt, Erdenleben, Tod und Auferstehung des Jesus Christus von Jerusalem nach dem Westen trug. In der Mitte Europas erstrahlte die heilige Zweiheit *im Gral als Stein*, der das Himmelsbrot empfängt. Sie wurde durch den Gral in der Gestalt der nordischen Labung *gánganda greidi* in die kosmische Sphäre erhoben, wo sich das Ostergeschehen als göttliche Tat zur Rettung der Menschheit offenbarte. Mit der *finnisch-russischen Mühle endlich* hebt ein zukünftiges Verstehen des Christus an, der sich wesenhaft mit der Erde verbunden hat; der heilige Seraphim auf der einen und die zwölf Jungfrauen-Müllerinnen auf der anderen Seite lebten die Zweiheit des väterlichen Gottessohnes und der mütterlichen Erde aus. So hat sich durch den abgeschrittenen Weg vor allem eine Linie von West nach Ost ergeben, eine Gralströmung, die von der Vergangenheit her in die Zukunft weist.

Bei dieser Feststellung stellt sich die Frage: Wohin gehört, was aus der horizontalen Strömung – sie machte eine Bewegung von Ost nach West und zurück nach Ost – herausfällt und dem Norden und Nordosten zukommt, wo die Bilder der herumgehenden Labung, der Grotti- und der Sampomühle auftauchten?

Hierzu gibt Herbert Hahn, der sich durch sein schon erwähntes Werk als umfassender Kenner der Völker Europas erwiesen hat, einen sehr bedeutenden Hinweis. Er sagt, daß man zum Verständnis des Graltums nicht nur eine west-östliche Strömung zu beachten habe, sondern »auch eine den europäischen Kontinent *diagonal* von Südwesten nach Nordosten durchziehende Strömung«.[65] (S. 123) Zu diesem Gedanken fordert er im Zusammenhang mit Spanien auf, so daß die Diagonale von Nordosten nach Südwesten gezogen wird und sich gleichzeitig eine neue Perspektive für das Gralwesen erschließt. Hahn berichtet, er habe in der Kathedrale von Valencia an einem Gründonnerstag den heiligen

Handlungen beigewohnt, in deren Mittelpunkt der Kelch stand, »der aus jenen Jahrhunderten stammt, in denen, wie man annehmen darf, das Gralmysterium wirksam war«.[65] (S. 118 ff.) Es handelt sich dabei um den Kelch, auf den W. J. Stein in seinem Gralbuch aufmerksam macht.[66] (S. 416)

In der Folge kommt Herbert Hahn auf den Montserrat bei Barcelona zu sprechen, wo der »aus gewaltigen Gliedern gefügte Felsendom plötzlich vor einem aufsteigt«. Man meint aus der ganzen anschaulichen Schilderung des Klosteraufbaus, des Inneren des Domes, der feierlichen Glockenklänge in einem weltentlegenen, von himmlischen Chören erfüllten Bereich zu sein, der als ganzer wie ein »Nachklang der Gralströmung« unmittelbar zu erleben ist. Der steil und zackig aufragende Felsengrund wirkt wie von Riesenhänden in die umgebende Landschaft hineingesetzt. »Unwillkürlich denkt man an die Worte, die Richard Wagner im ›Rheingold‹ den Riesen in den Mund legt, wenn er sie, auf Walhalla deutend, sprechen läßt: ›*Da steht, was wir stemmten!*‹« Aus diesem Vergleich Herbert Hahns klingt ebenso unwillkürlich das Eddamühlenbild an. Nur tritt jetzt das Christliche hervor, und die heilige Zweiheit wird hörbar für den, der den Chor des Montserrat in seiner großartigen Intonation aus einer geistigen Überschau auf sich wirken läßt. Das geht aus folgenden Worten H. Hahns hervor: »Wie arm bleibt da, was in die Sprache hineingeht, wenn wir – sei es in der Mitte, sei es im Westen Europas – die Worte aussprechen: O *Herr Jesu Christ!* arm und spröde, selbst wenn wir sie mit Andacht sagen. Im Gesang des Montserratchors schreitet die erst langsam anschwellende, dann durch einfallende Stimmen verstärkte Anrede O *domine* wie in einem besonderen, weihevollen Akt auf den geheiligten Namen *Jesu Christe* zu. Und wir erheben uns auf unsichtbaren Stufen, wenn mit neuem Einsatz die ganze Anrede wiederholt wird. Dieser Gesang ist ein Gebet zu dem am Kreuz leidenden Weltenheiland ...« Durch die eingehende Schilderung des Montserrat wird etwas angestimmt, was dem Gralwesen entspricht; vor allem auch deshalb, weil das Schreiten der Mönche und ihre Gesten, die von Musik begleitet werden, an die Szenen im Graltempel erinnern, wie Richard Wagner sie in seinem »Parsifal« hingestellt hat. Der Klosterbau erweckt durchaus eine erste Vorstellung vom »Graltempel«.

Von diesen Tatsachen her, die noch heute erlebt und nachgeprüft werden können, überrascht es gar nicht, wenn der Dichter Wolfram von Eschenbach von der spanischen Stadt Toledo südlich von Madrid spricht, um auf die Quelle hinzuweisen, die seiner Gralanschauung zugrunde liegt. Er tut dies im 9. Buche seines »Parzival«, wo er ausdrücklich betont, daß es nun am Platze sei, über den Gral auszusagen, was ihm der Entdecker einer Gralschrift aus Toledo, der Meister Kyot, darüber anvertraut habe. Um die Wahrheit dieser Aussage zu unterbauen, die ja lange Zeit von vielen Forschern angezweifelt worden ist, obwohl sie von Wolfram ganz bewußt und ausführlich gemacht wird, soll die kritische Frage gestellt werden: Kann die Stadt Toledo überhaupt etwas mit dem Grale zu tun haben? Ist nicht schon das Erwähnen gerade dieser Stadt reine Spekulation, wie die meisten Parzivalkenner meinen?

In dieser Frage kommt uns das umfassende Lebenswerk »Der Gral« von Konrad Burdach entgegen. Er verfolgt die verschiedensten kirchlich-christlichen Strömungen des Mittelalters und erwähnt eine romfreie, christliche Strömung in ganz Spanien, die etwa seit dem 5. Jahrhundert ihre eigene Liturgie hatte und nach Südgallien oder auch Kleinasien als Ursprungsgebiet hinweist. Ihre Vertreter behaupteten im Laufe des 8. bis 11. Jahrhunderts und besonders nach dem Konzil von Konstantinopel (869) ihren eigenen Primat auf johanneischer Überlieferung. Im Höhepunkt der Auseinandersetzung, an der die spanische Geistlichkeit und das spanische Volk teilnahmen, ging man so weit, daß »der Primat Roms geleugnet und mehr oder minder scharf ein überlegener Primat Toledos als der Bewahrerin alter, apostolischer, direkter Überlieferung behauptet wurde. Man stellte jetzt die Entscheidung dem Gottesgericht eines Zweikampfes und einer Feuerprobe anheim. Und beides fiel zugunsten der heimischen Liturgie aus.« Toledo war als Erzbistum der Mittelpunkt der Bewegung, die in der altspanischen Messe ihren Ausdruck fand. Während der arabischen Herrschaft erhielt sie den Namen »Mozarabische Messe«. Ein über Jahrhunderte währender Kampf bis in unsere Zeit fand statt, davon zeugen noch heute bestehende »päpstliche Privilegien«.[48] (S. 184 ff.)

Dieser Kampf ist symptomatisch, denn das römische Christentum, vertreten durch den Papst, kann keinen anderen Primat neben sich dulden, weil es getragen ist von der Idee des Weltimperiums. Das macht K. Burdach vor allem in dem Kapitel »Der Speersöldner und die blutauffangende Ekklesia mit dem Kelch« klar. Der heilige Speer und der Kelch sollen ganz in Händen Roms sein. Nur die römische Kirche kann Mittler sein zwischen dem Sünder und dem Sohn. Damit sind dem

gläubigen Menschen die Selbstverantwortung und die geistige Freiheit genommen. In dieser Sphäre erlischt die Wesenswirklichkeit des Heiligen Gral, die Suche nach ihm, das Ringen um ihn sind ausgeschlossen. Besonders klar, eindeutig und von Machtanspruch erfüllt ertönte im 9. Jahrhundert, dem Jahrhundert des Gralmysteriums, die Stimme Papst Nikolaus I. als des Sprechers der römischen Kirche: »... Die Privilegien der römischen Kirche, durch Christi Mund im heiligen Petrus begründet, in der Kirche selbst von alters her geordnet und beobachtet, von den allgemeinen Synoden verherrlicht, von der gesamten Christenheit fortwährend in Ehren gehalten, können auf keine Weise verringert, beeinträchtigt werden. Das von Gott gesetzte Fundament vermag keine menschliche Anstrengung zu beseitigen: was Gott gesetzt, bleibt fest und unverrückt ...«[67] (S. 571)
Im römischen Christentum spricht die Kirche als Vertreterin Gottes auf Erden. Im kosmischen Christentum spricht der Christus selbst durch den Gral zu dem, der ihn hören will. Gerade in Toledo, dem einstigen Zentrum einer romfreien Strömung, war es durchaus möglich, daß der Gral sich dem offenbarte, den Wolfram von Eschenbach Flegetanis nennt. Er war ein Heide und ein hellsichtiger »Naturkundiger« (fisiôn), der in den Sternen lesen konnte. Er wußte Bescheid über jedes Sternes Umgang durch den Tierkreis, wie er als Bewegungsstern wieder an sein Ziel kommt, von wo er seinen Ausgang genommen hat. Er durchschaute, wie das Erdenleben des Menschen gelenkt und bestimmt wird von diesen Kreisumläufen und Konstellationen (»mit der sterne umbereise vart ist gepüvel aller menschlicher art«, Parzival, 454 15/16).

Im Hinblick auf seine Herkunft und auf sein hohes Ansehen als Sternenkundiger mag er ein Chaldäer gewesen sein. Seinem inneren Blick öffneten sich verborgene Geheimnisse, und so las er in den Gestirnen den Namen *Gral* von einem »dinc«, das eine Schar von Engeln herniedertrug und auf Erden niederließ. Seither müssen sich getaufte Menschen, den Engeln gleichend, finden, die es wert sind, den Gral zu hüten. Das schrieb Flegetanis nieder.

Die Sprache dieses Berichtes ist verständlich: Flegetanis schaut als Nichtchrist, geschult durch alte chaldäische Sternenweisheit, den niedersteigenden kosmischen Christus, der begleitet ist von den Hierarchien. Er zeigt sich dadurch als eine Art »Weiser aus dem Morgenland«, als ein Prophet im Sinne des Alten Testamentes, kann aber als Heide nicht begreifen, was inzwischen geschehen ist: Geburt, Erdenwandel, Tod und Auferstehung des Jesus Christus.

Er schreibt in arabischer Schrift nieder (»in heidenischer schrifte«), was er in den Sternen gelesen hat. Dieses Niedergeschriebene bekommt in Toledo der Meister Kyot in die Hände, den Wolfram von Eschenbach als seinen Gewährsmann nennt und der nun die Schrift entziffert und den Text übersetzt. Als Christ versteht er, daß es sich um Christus handelt. Und nun forscht er weiter in lateinischen Chroniken »in Irland und Britannia, in Frankreich und manch anderm Land«, von welchem Volk wohl der Gral gehütet worden sei. Im Gebiet von Anjou östlich der Bretagne findet er die Ahnenreihe des Königs Artus einerseits, sie geht bis zum Urahn *Mazadan* zurück, und die Reihe der Gralkönige andererseits (anderhalp 455, 17) von Titurel, Frimutel bis auf Amfortas, den Bruder der Parzivalmutter. Mit diesen beiden Reihen ist wiederum die Polarität Vorchristliches-Christliches angeschlagen. Der Name Mazadan weist merkwürdigerweise nach Persien hin, was hier besonders betont werden soll.

Diese von Wolfram ganz bewußt und sehr konkret angegebene Quelle »Meister Kyot«, auf die er im Epos außerdem verschiedene Male in kürzerer Form zurückkommt, öffnet von Spanien aus einen Weitblick in die Vergangenheit des Morgenlandes und läßt verstehen, daß im Südwesten Europas durch das vom Arabismus beeinflußte Spanien sich wiederum ein ganz anderes Bild des Grales herauskristallisiert. Darauf hat bereits im Jahre 1913 Rudolf Steiner in seinem Vortragszyklus »Von der Suche nach dem heiligen Gral« aufmerksam gemacht.[58] Er führt aus, daß Kyot eine wirkliche Quelle für den Dichter Wolfram ist und daß durch ihn und Flegetanis etwas neu ersteht, was man eine vom Christusimpuls durchzogene Astrologie nennen könnte. Die geistigen Inhalte der Sternenweisheit ägyptisch-chaldäischer Zeit beginnen wieder Bedeutung zu haben. Im Jahre 1928 hat ein anderer Forscher, Franz Rolf Schröder, deutlich gemacht, daß Kyot als Gewährsmann des Dichters Wolfram eine reale Quelle für die Historie des Grals ist und daß er uns nach dem Orient verweist, wo die alte Astrologie zu Hause ist.[68]

Zwei deutliche Erkenntnisstufen in bezug auf den Gral haben sich ergeben:

1. Flegetanis schaut als Nichtchrist das kosmische Ereignis des Christusniedersteigens und liest den Namen Gral, kann ihn aber nicht verstehen, weil er ein Heide ist.

2. Kyot erlebt als Christ die kosmisch-christliche Wahrheit der Gralschrift des Sternkundigen und findet in Titurel den ersten Gralhüter. Dieser wiederum führt uns als der erste Gralkönig noch eine Stufe weiter, weil er der Erbauer des Graltempels ist, eines Wunderbaues, in dem all das bildhaften Niederschlag findet, was sich durch unsere Darstellung bisher herausgestaltete.
Der Dichter Albrecht von Scharfenberg, der bereits im Zusammenhang mit dem Gralstein erwähnt wurde und etwa in der zweiten Hälfte des 13. Jahrhunderts im südöstlichen Deutschland lebte, schildert in seinem Epos von mehr als 6000 Strophen den Graltempel. Dies geschieht in über 100 Strophen; im ganzen Werk steht Titurel im Mittelpunkt. Das Bild des Heiligtums soll nun in seinen Hauptzügen nachgezeichnet werden, und zwar soweit, als es der bisherige Gedankengang erfordert. Damit aber wird die dritte Stufe betreten, die uns in den Bereich führt, in dem der Gral auf Erden, im irdischen Raum, seine Hülle, man könnte auch sagen: seinen ihm angemessenen Leib findet.
Die Tempeldarstellung Albrechts von Scharfenberg macht ganz gewiß einen phantastischen, rein poetischen Eindruck und hat scheinbar gar nichts mit Wirklichkeit zu tun. Sie ist als sprachliches Kunstwerk anzusehen, das bis in die Anordnung der Strophen und ihre Zahlenverhältnisse untereinander nachzuweisen ist.[69] (S. 50 ff.) Sie ist ferner als eine Bildersprache zu nehmen, die in derselben Weise wie ein Dom durch seine Architektur und den Bilderschmuck seines Innenraumes etwas Reales ausdrücken will. Es wird sich zeigen, daß der Dichter Anschauungen, Meinungen und Gedanken in seine Verse hat einfließen lassen, die in den Seelen der Menschen

lebten und sie in ihrem Glauben und Handeln während der mittelalterlichen Jahrhunderte bestimmten. Dies geht auch daraus hervor, daß von dem Epos eine große Anzahl von Handschriften und Bruchstücken noch heute vorhanden ist, dazu noch in einer »überaus starken Verzweigung«. Die umfangreiche epische Dichtung war eines der beliebtesten und meistgelesenen Bücher in den beiden letzten Jahrhunderten des Mittelalters.[70] Ein Strom der verschiedensten Anschauungsbilder eines kosmischen Christentums schlägt sich in den Versen nieder; er findet in der Welt des mittelalterlichen Rittertums seinen Ausdruck, einer Welt, die ihr Interesse durch den Wunderbau offenbart, der zu einem Wort- und Verkündigungstempel des Grales wird.[109]

Ein unzugängliches Erdengebiet ist für seine Errichtung bestimmt. Aus wilder, von Gestrüpp, Sträuchern und Bäumen gebildeter Waldgegend erhebt sich der Berg »Munt Salwasch«, der Berg des Heils. Er ist überall und nirgends, er ist dort, wo Menschengemeinschaften sich zusammenfinden, um über alle Irrungen und Wirrungen hinaus sich dem göttlich Höchsten zu öffnen, wie es seit Golgatha offenbar ist. Kein Mittler ist nötig, das unmittelbare Erleben wirkt. Dreißig Meilen im Umkreis erstreckt sich das »verholzte und versteinte« Gebiet. Es ist so dicht, daß jeder sich darinnen verirrt; die Sinne können sich nicht zurechtfinden, so daß es manchem das Leben kostet. Aber Titurel ist in seiner Seele für das Göttliche aufgeschlossen, von der Weisung der Engel läßt er sich leiten. So gelangen er und seine Weggenossen aus vieler Herren Lande zum Munt Salwasch, wo alle zelten und sich für die Erbauung des Heiligtums bereithalten. Der Gral speist und nährt sie. Er schwebt noch über der Bergeshalde, jeder menschlichen Hilfe des Berührens oder Tragens entrückt. Durch göttliche Kraft kann er sich in seinem Ciborium halten, mit kostbarstem, heilig erglänzendem Fell bedeckt, sowie gegen jeden Staub geschützt (Str. 312/13). Im Lande Salvaterre ist es möglich, alle Schätze zu finden, die zum göttlichen Werke nötig sind. Hier ist es ferner möglich, daß in der königlichen, reinen Seele des Titurel das Urbild des Graltempels aufglänzt, über das er viel nachsinnt. Zugleich inspiriert ihn der schwebende Gral. Aber Furcht und Schrecken überfallen ihn, daß er in dreißig Jahren das erbauen soll, was ihm das Urbild offenbart. »Einen Tempel soll ich bauen Gott und dem Gral zur Verehrung, den niemand an reicher Pracht übertreffen kann!« ist sein von Demut getragener Ausruf (Str. 327). Mutig jedoch läßt er das Werk beginnen und den Gipfel des Berges von Gras und Kraut freilegen; zuletzt wird noch eine Schicht, die höher als ein Klafter ist, abgetragen, bis man auf Grund stößt. Nun wird die freigemachte Steinplatte gefegt und abgeschliffen (Str. 338). Es tritt eine durchsichtige Onyxfläche zutage, die wie der Mond erglänzt. Auf ihr findet man eines Morgens den Grundriß des Tempels als Rotundenbau eingeritzt vor.

Diese exakte Schilderung gibt einen Vorgang wieder, von dem jeder Architekt zu sagen weiß, wenn er bewußt in den Schöpfungsakt seines Entwurfes eintaucht, dem ja viele Gedanken, Überlegungen und Gespräche mit dem Bauherren vorausgegangen sind. Denn er hat sozusagen als der »Urschöpfer«, als der »Archi-tekt«, das Urbild, die Idee eines Baues in sich selbst erarbeitet und dann zu Papier gebracht, auf dem der ausgestaltete

Plan sichtbar geworden ist. Dieser Prozeß, bei dem der Gral den König Titurel inspiriert (»ein stiur [Steuer] von dem gral im wart«, Str. 339), wird von Albrecht von Scharfenberg sehr genau geschildert, wie es ja auch beim Kristallisationsprozeß gezeigt werden konnte.

Auf welche Weise jedoch der Bau im einzelnen durchzugestalten ist, findet Titurel in einer Schrift vor, die ihm vom Grale zukommt; er kann sie am kosmisch-sonnenhaften Wesen des Grales ablesen. So wächst über dem *Grundstein* aus Onyx, der dem *Monde* gleicht, der *Sonnentempel* in die Höhe, ein Wunderwerk, dem unermeßliche *Erdenschätze* an seltensten Hölzern, farbigfeurigen Edelsteinen, Gold und Silber, an Perlen und Korallen eingefügt werden. – Bereits hier klingen bekannte Motive in metamorphosierter Form an: Sonne – Mond – Stein – Erde.

Wie die Spiegelfläche eines Sees wirkt die Onyxplatte, die durchsichtig ist und Fische sowie anderes Getier wahrnehmen läßt. Sie werden durch einen Mechanismus von außen mit Hilfe von *Windmühlen* bewegt, die rings um das *Tempelrund* angebracht sind. Diese führen den belebenden Odem durch Blasebälge in das untere wogende Lebensmeer, das wie mit einer Eisfläche bedeckt erscheint. In ihr kann sich der gesamte Aufbau spiegeln, so daß der Tempel als ein schwebender Wunderbau erlebbar wird. Im Umkreis strebt eine Rotunde von 22 Chören empor, die durch drei Tore nach Norden, Westen und Süden unterbrochen ist. Im Osten findet sich der Hauptaltar, dem zwei Chöre Raum geben, so daß sich die 22 Chöre zur Zahl 24 ergänzen; dieser ist dem Feuer des Heiligen Geistes geweiht. Die beiden Chöre rechts und links davon dienen der Maria, die jeweils beiden nächsten dem Jünger Johannes, die übrigen den anderen Jüngern. Ähnlich wie bei der griechisch-orthodoxen Rundkirche und ihrer Liturgie tritt das christliche Erdenkreuz, das sich in die vier Himmelsrichtungen einordnet, in der Bauordnung hervor; gleichzeitig schimmert wie aus weiter Zeitenferne das Bild der Tafelrunde und des kosmischen Steinkreises durch die verwandelte Form hindurch.

Dient ein Priester vor dem Altar der göttlichen Liturgie durch seinen Gesang, dann schwebt eine Taube mit einem Engel hernieder, um dem heiligen Gral diese Handlung zu weihen; durch den gleichen Mechanismus mit Rad und Schnur werden sie wieder in das Gewölbe hinaufgehoben (Str. 352/2). Hohe Chorfenster mit dazwischen aufgesetzten Türmchen bilden das umschließende Rund, das von grünen Ranken und Lebensbäumen umspielt ist. Über dem Westportal befindet sich der Baum »aus rotem Golde« mit Laub, Zweigen und Ästen; darinnen sitzen Vögel, durch die Orgel zum Singen und Zwitschern gebracht, ein jeder nach seiner Art, nach seiner Weise melodierend. Auf den Astenden schweben vier Engel, sie blasen auf goldenen Hörnern und winken mit der anderen Hand ihre Weisung: Wohl auf, ihr Toten alle! (Str. 392 ff.)

Diese zweite Tempelsphäre kündet vom Lebens- und Auferstehungsbereich, der sich als grünende Rotunde über dem Onyxestrich wie ein paradiesisches Erdenkleid aufbaut, wo »aller Blumen Farben«, jede Blüte die Schönheit der Schöpfung bekunden, wo ein engelischer Lobgesang ertönt. Hier offenbart sich der segenspendende, speisende, heilende Gral, wie er uns immer wieder begegnete (Str. 400 ff.).

Drunten sind die Tiefen des Meeres, ringsum der irdische Raum der Schöpfung. Droben wölbt sich die dritte Sphäre: die des Himmels. Durch kostbare Saphire ist sie in tiefes Blau getaucht, das die nächtliche Schattenseite des unendlichen Weltenraumes zum Ausdruck bringt. Dort sind die sonnenhaft funkelnden Karfunkel als leuchtende, strahlende Sterne eingefügt, alle nach kosmischen Maßen geordnet; sie offenbaren das Geheimnis der schattenden Nacht, ob sie licht oder trübe oder dunkel ist (Str. 374 f.). Hinzu kommen die goldfarbene Sonne und der silbergebende Mond; sie gewinnen an Erhabenheit ihres Lichtes durch die Farbenpracht der verschiedensten Edelsteine; beide vollziehen eine Bewegung durch die »Kreiszeichen« des Sternengewölbes, angetrieben durch ein kunstreiches Uhrwerk. Eine Goldglocke kündet den Siebentagerhythmus an (Str. 375 f.). Diesem himmlischen Sphärengebilde sind die vier Evangelisten eingegliedert; sie sind aus überreichem Gold gegossen, so erhaben und groß, daß jeder Gewählte beim Anblick von göttlicher Freude erfüllt wird. (Wir dürfen sagen, die Vierheit des Neuen Testamentes ist in den Sternenkosmos erhoben, von dem wir wieder und wieder in unseren Ausführungen sprachen.) Den gesamten Tempelraum erfüllt ein irdisch-himmlisches Licht. Es kommt zu wunderbarer Wirkung durch brennende Kerzen, durch Edelsteine in allen Arten und Farben, durch das strahlende Sonnenlicht, das die hohen Fenster hereinfluten lassen, so daß die Edelsteine immer wieder in ihrer Eigenfarbe erglühen. – Ein Feuertempel des Heiligen Geistes ersteht vor unserem inneren Auge, der, wie sich erweisen wird, nach Persien weist.

Wo ist nun der Gral zu finden, der, über dem Munt

Salwasch schwebend, den König Titurel zur Verwirklichung dieses Tempels inspiriert? – Inmitten des Feuertempels, der dem Heiligen Geist, der Jungfrau Maria und dem Jünger Johannes geweiht ist, steht ein Sakramentshaus, ein kleines Ebenbild des ganzen Heiligtums. Darinnen schwebt der Gral, umgeben von Heiligenbildern, wie der Tempel selbst zu schweben scheint über

Schematische Grundrißzeichnung des Graltempels nach L.-I. Ringbom (vgl. Anm. 75, S. 28).

dem Onyxmeer. Dieser Mikrokosmos im Makrokosmos bewahrt, schließt in sich das kraftende, lichtende Kleinod der Menschheit, einem Tautropfen gleichend, der das Weltall im winzigen Kugelrund smaragdrein widerspiegelt. Es ist der Gral, der zum Vorbild des wahren

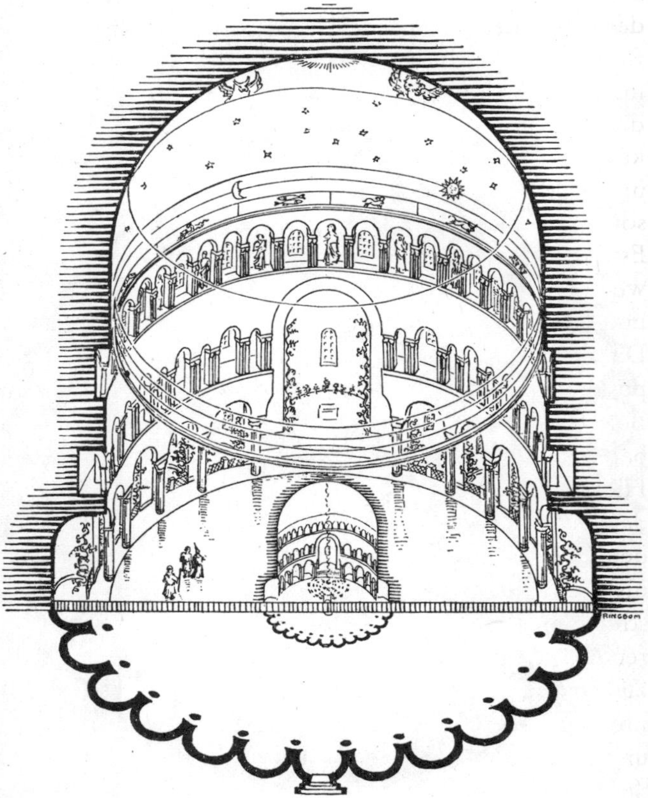

Versuch einer Veranschaulichung des Graltempels nach L.-I. Ringbom (vgl. Anm. 75, S. 45).

Menschen wird, der die »heilige Zweiheit« als Geheimnis in sich trägt; denn es hat seine Verleiblichung stattgefunden, weil er im Tempel seine Stätte gefunden hat.
Wo das Sakramentstempelchen steht, kreuzen sich die *Horizontale*, die vom wilden Waldring ringsum bis zur Mitte des Tempels aus allen Richtungen hereinströmt, das Erdenrund bildend, und die *Vertikale*, die heraufführt aus den Urtiefen des Meeres über das Tempelchen hinaus bis zum Schlußstein des Gewölbes in der Gestalt des Lammes, das wiederum zum Zenith des Sternenkosmos weist. Das ist das Kreuz des Erdenmenschen, in das er hineingestellt ist; wo die Kreuzung stattfindet, schwebt der Gral im Innersten des Leibestempels.
Es bleibt noch zu fragen, wo die Gral*burg* zu finden ist, welche die Ritter, Knappen und Jungfrauen, den König und die Gralkönigin beherbergt, von denen auch der Dichter Wolfram spricht. Durch das reich verzierte Südportal des Tempels gelangt man über Stufen in diesen Bereich, der mit Wehrgräben und mächtigen Türmen befestigt ist, um ungebetene Gäste abzuhalten (Str. 310). Hier hat die gesamte Bruderschaft ihre Dormitorien und den Palas. Beide sind durch einen Kreuzgang verbunden (Str. 387). Hier hatte Parzival sein erstes Gralerlebnis im Beisein des siechen Gralkönigs Amfortas. – So schließen sich in der Darstellung des Albrecht von Scharfenberg die beiden Bereiche *Königtum* und *Priestertum* zusammen. Sie erinnern an die Artusstätte in Tintagel im südwestlichen England, wo der Sitz des Königs Artus und das Celtic Monastery zu finden sind.
So darf abschließend gesagt werden: Diese Graltempeldarstellung ist eine imaginative Komposition der tiefsten kosmisch-christlichen Weisheit im europäischen Be-

reich am Ende des 13. Jahrhunderts. Mit ihm klang die Graldichtung aus und ihre Sänger legten ihre Harfen nieder. Chaotische Verhältnisse überschatteten das deutsche Kaisertum durch das Interregnum, das Papsttum durch die Babylonische Gefangenschaft der Päpste und schließlich das Rittertum durch die infernale Vernichtung des Templerordens (Verbrennung des Großmeisters Jacques de Molay 1313). Trotz all dieser Verfinsterungsereignisse gewann die Graltempel-Idee durch den vielgliedrigen Bau der Burg Karlstein, der sich unweit von Prag als Wahrzeichen erhob, noch einmal sichtbare Gestalt. Kaiser Karl IV. (1346–1378) hatte sie errichten lassen, nicht nur als seine Residenz, er wollte vielmehr dem christlichen Kirchentum eine Stätte schaffen, an welcher der Mensch durch Gebet und Meditation einen Weg zu innerer Stärkung und zu höheren Erkenntnissen beschreiten konnte. Das kommt besonders durch zwei Bauten zum Ausdruck, die neben vielen anderen dem Karlstein eingegliedert waren: das Grab Christi und die Marienkapelle. Dazu sagt Michael Eschborn in seinem umfassenden Werk »Karlstein, das Rätsel um die Burg Karls des IV.« folgendes: »... jenes Grab, in dessen dunklem Raum der Tod der Stofflichkeit überwunden worden war, und eine Meditationskapelle, in der sich die Seele mit Hilfe der irdisch-kosmischen Maria über die Erdendichte zu erheben vermochte« (vgl. Bilder 45–50).[123 S. 72]

Hier finden noch einmal wie in einem Nachklang diese beiden Motive »Gethsemane« und »kosmischer Sonnensohn« in verwandelter Form ihren bildhaften Ausdruck. Denn Kaiser Karl der IV. lebte in der innersten Anschauung des Gralwesens, wie es dem Zeitgeist des

14. Jahrhunderts noch entsprechen konnte und wie es dem Genius des böhmisch-tschechischen Volkes gemäß war. Was in dieser Epoche des Niederganges und der Vernichtung bis hin zum Wüten der Pest zu einem Todes- und Grabeserleben führte, ließ hier jenseits dieser Schwelle die Bildgestalt der »irdisch-kosmischen Maria« mit Engelflügeln aufleuchten, die den Sonnensohn so in Händen hält, daß ihr Gewand sonnenhaft erstrahlt und sie selbst auf der Mondsichel zu stehen kommt, die im Anschauen wie eine schwebende, tragende Schale wirkt. Ein Bild, das die Seelen des ausklingenden Mittelalters in vielen Formen und Farben getröstet, beruhigt und gestärkt hat als Nachklang eines Graltums, das erst im 19. und 20. Jahrhundert zu vertiefter Wirkung in neuer Gestalt auferstehen sollte.

Das Feuerheiligtum Takht-i-Suleiman als ein geschichtlicher Keim des Graltempels

Wir haben nun in das innerste Wesen des Christentums vorzustoßen, und zwar überwiegend auf geisteswissenschaftlichem Wege, auf dem die geistigen Wirksamkeiten innerhalb der Menschheitsgeschichte anerkannt und zugleich geistigen Wesenheiten zuerkannt werden. Auf diese Weise werden wir uns schrittweise der esoterischen, geistig-wesenhaften Seite des Christentums erkennend nähern. Denn nur so kann in der Gegenwart, die durch den Geist des Materialismus gefesselt ist, die sonnenhafte Geistesmacht des Christuswesens begriffen werden. Ist es doch eine offene Frage geblieben, wie das bisher erwähnte Herniedersteigen des Sonnengeistes, des Gottessohnes, in die Bereiche des Irdischen vorzustellen ist, wo er, um im Sinne des Neuen Testamentes zu sprechen, den Leib, den Tempel, vorbereitet findet, in den er bei der Jordantaufe einziehen kann, wie es von den Evangelisten geschildert wird. Spricht doch Christus selbst in zunächst rätselhafter Weise von seinem Leibe als von einem Tempel. Es handelt sich also darum zu verstehen, was das Bild des Grales, der nach 30jähriger Bauzeit des Tempels in diesen eingezogen ist, im tiefsten ausspricht. Dabei kommt von der äußeren Seite die

Archäologie zu Hilfe und dient dem Verständnis geistiger Erkenntnistatsachen, die Rudolf Steiner auf geisteswissenschaftlichem Wege erforscht hat.
Auf der Suche nach dem geschichtlichen Kern des im vorausgegangenen Kapitel nachgezeichneten Graltempelbildes geben zwei Aussagen des Wolfram von Eschenbach einen Fingerzeig: Flegetanis, der chaldäische Sternkundige, stammt von *Salomon* ab, damit klingt das Motiv des Tempels in Jerusalem an, den König Salomon (etwa von 990–30) erbaut hat; Kyot, der Gewährsmann des Dichters, liest zu Anjou »den wahren Bericht von *Mazadan*«, damit klingt ein persisches Motiv an (vgl. Parzival 453,26; 455,12). Beides deutet nach Persien, wie sich noch bis in den Namen Salomon zeigen wird. Wir weisen noch einmal darauf hin, daß diese Aussagen des Dichters keine phantastischen Erfindungen sind, wie heute noch immer in der Gralforschung behauptet wird. Dies darzustellen, erlauben jüngste Ausgrabungen im Gebiete von Aserbeidschan, des nördlichen Persien, verbunden mit geisteswissenschaftlichen Forschungsergebnissen Rudolf Steiners, die dazu eine vertiefende Erkenntnis ermöglichen. Wir verlassen damit den europäischen Bereich, begeben uns nach Asien und kehren im Bilde gesprochen dorthin zurück, woher wir kamen: in den Orient, wo das Licht aufgeht, und damit zugleich in die »voreuropäische Zeit«.
Es soll mit einer Charakterisierung des iranischen, nordpersischen Hochlandes durch den Kunsthistoriker Georges Salles begonnen werden, die er im Vorwort des Bandes »Iran« (Protoiranier, Meder, Achämeniden) von Roman Ghirshman bringt.[71] (S.VIII)
»Auf der Suche nach den Quellen des iranischen Geistes

wollen wir nicht außer acht lassen, welche Rolle die Zauberwirkung des Lichtes in diesem Lande spielt, das eine große Höhenlage mit extremer Trockenheit verbindet. Ist das Zentrum des Hochlandes der trockenste Fleck der Erde, so ist es doch auch der Brennpunkt des schönsten Lichtes der Welt. Der Reisende, der das Land, vom persischen Golf kommend, von Süden betritt und über Kazeran, Schiraz, Persepolis, Isfahan, Kum nach Teheran hinauffährt, ist geblendet von der fortschreitenden Verklärung der Landschaft, die er durchquert. Die Welt hat ihre Dichtigkeit verloren und ist reines Leuchten geworden, und zwar in solchem Maße, daß die Berge, aller Stofflichkeit entkleidet, unbeweglich in der Luft zu schweben scheinen, die sie durchdringt und trägt. Die Hand gleitet scheinbar ohne Widerstand durch die Berge hindurch, nur ihr Widerschein ist da: edelsteinfarben – blau, rosenfarben, weiß und beige.

Nichts Pittoreskes. Das Auge schweift über einen glänzenden Landstrich, in dem das kaum wahrnehmbare Detail vor einem farbigen Tuch zerrinnt, das die Leichtigkeit eines Strahles hat. Nirgends sonst war es uns vergönnt, ganz natürlich in ein himmlisches Land einzudringen. Man ist im Reich der Reinheit.

Da erinnert man sich, daß man sich im Lande des Zoroastrismus befindet, in dem Ahuramazda als der oberste aller Götter gilt. Er ist der Himmel, das Licht. Und sein Symbol ist das Feuer.«

Besser läßt sich aus dem Ganzen einer Landschaft, aus ihrer Aura, die Geschichte uralter Vergangenheit nicht herauslesen. Es wird aus einer großen Überschau gesprochen und das iranische Hochland mit einer Schale verglichen, deren eingesenktes Zentrum am tiefsten

Punkt immer noch 600 m hoch liegt. In ihr wird unmittelbar und »ganz natürlich« das geistige Wesen der Sonne oder der Sonnengeist erlebbar und anschaubar. Dies ist das Erdenbild des vorgeschichtlichen Ur-Zarathustra, des großen Eingeweihten, des Religionsstifters, dessen Leben und Wirken nach Rudolf Steiner etwa acht Jahrtausende zurückliegt. Davon kündet die Natur des Hochlandes, das geographisch-geologisch die uralte Heimat des großmächtigen Sonnenverkünders ist. Wiederholt hat Steiner auf ihn und seine Lehre hingewiesen. So läßt er einmal in einem Vortrag ihn selbst in vereinfachenden Worten sprechen, um seinen Zuhörern einen Hauptgedanken der Lehre nahezubringen: »Seht, wie der Mensch, der vor uns steht, nicht allein der physische Leib ist; denn der ist nur der physische Ausdruck des Geistes; aber wie der physische Leib nur die Offenbarung, die Kristallisation des geistigen Menschen ist, so ist die Sonne, die uns als physischer Lichtkörper erscheint, insofern sie ein solcher physischer Lichtkörper ist, nur der äußere Körper eines Geistigen, gleichsam einer Geistessonne ...

Und wie man das, was der Geistesmensch gegenüber dem physischen ist, bezeichnen kann als seine Aura – wenn man den alten Ausdruck gebrauchen will –, so kann man das, was hinter der physischen Sonne ist, als *große Aura*, als eine umfassende Aura bezeichnen, wogegen das, was hinter dem physischen Menschen als Geistiges ist, die *kleine Aura* ist. Deshalb nannte Zarathustra das, was hinter der physischen Sonne ist, *die große Aura, Ahura mazda.* Das war das Geistige der Sonne, dasjenige, was uns in bezug auf alle geistigen Ereignisse, alle geistigen Seinszustände ebenso angeht wie die physische

Sonne in bezug auf das Gedeihen der Pflanzen, Tiere und alles Lebens auf der Erde.«[72] Danach kommt er auf den Gegner, auf Angra mainyu, den Geist der Finsternis, des Schattens zu sprechen, der später den Namen Ahriman trägt. So wie der Mensch die niederen Leidenschaften in sich wirksam hat, wie er verfallen kann der Lüge und Intrige, und diese damit Gegner seines höheren, geistigen Ich sind, so hat Ahura mazda seinen Gegner sich gegenüber. Das sind zunächst die beiden polaren Hauptzüge der Lehre des Zarathustra. Nur auf diese beiden sei anfänglich hingewiesen. Sie bezeichnen göttliche Mächte, die auch ihre jeweiligen Diener als wesenhafte Hilfskräfte haben. In dieser Weise schaut ein höheres Bewußtsein, das der Eingeweihte Zarathustra besaß, in solche Bereiche, wo Geisteswesen sowohl im Menschen als auch im Weltganzen ihre Wirkensmacht ausüben: Ahura mazda oder Ormuzd, der Sonnengeist, und Angra mainyu oder Ahriman, der Geist des Bösen, der Finsternis.

Die geistig-wesenhafte Polarität kommt auch ganz deutlich in der Beschreibung des iranischen Hochlandes zum Ausdruck, wenn Georges Salles von dem Ätherisch-Sonnenhaften auf der einen und von dem schattenhaft schwebenden »Widerschein« der Bergsilhouetten auf der anderen Seite spricht.

Noch plastischer, ja man möchte sagen handgreiflicher, offenbart sich die gegensätzliche Hauptstruktur von Licht und Finsternis durch ein iranisches Feuerheiligtum, das in den letzten Jahrzehnten durch Archäologen erforscht und ein gut Stück enträtselt worden ist, ganz besonders in den Jahren von 1959–1964 durch die Hilfe des Deutschen Archäologischen Institutes unter H. H. von

der Osten (†) und Rudolf Naumann, die jeweils vorläufige Berichte über die Ausgrabungen auf dem Takht-i-Suleiman herausgaben.[73]
Dabei handelt es sich um die ehemalige stadtartige Stätte von Shiz südöstlich des Urmia-Sees und südwestlich von der Südküste des Kaspischen Meeres in Nordpersien, im Gebiete von Aserbeidschan, wo der Berg Takht-i-Bilquis die beherrschende Höhe von etwa 3300 m annimmt. Dort erheben sich in einem Hochtal von über 2000 m zwei markante Vulkankegel von polar verschiedener Gestalt, einmal als *ebene Rundfläche*, das andere Mal als *aufragende Senkrechte*. Schon die geologisch-geographische Struktur dieses Gebietes im »himmlischen Land« Persien hat dazu herausgefordert, hier ein Heiligtum aufzubauen, zu dem die Natur selbst durch die beiden erloschenen Vulkankegel den Grundstein gelegt hatte. Mitten zwischen diesen beiden Kegeln liegt, jeweils knapp 2 km entfernt, das Dorf Tazechan, wo sich auch das Haus des Sultans Afshar befindet.[73]
Der südöstliche Kegel bildet in dem 2 km breiten, ansteigenden grünenden Talboden ein »einzigartiges Naturwunder«. Es ist ein Kalktuffhügel von etwa 60 m Höhe, rund und flach wie ein Tisch, von einem *waagerechten Felsplateau* gebildet, das ein Oval von etwa 320 m in west-östlicher und 400 m Durchmesser in nord-südlicher Richtung formt. Dieses ist von den Ruinen eines Mauerrings von 1100 m Umfang mit zwei mächtigen Toren umgeben. Auf diesem Rund erhob sich einst ein Feuertempel, dem ein vielgestaltiges Heiligtum zugegliedert war, das den Namen Takht-i-Suleiman (Thron des Salomon) trägt, so daß sich hier neben dem jüngeren auch ein älterer Ivan (Königshalle) vermuten läßt. Damit klingt

das Motiv *Priester* und *König* an, auf dessen Bedeutung noch eingegangen werden soll.

Da der Krater sich nach dem Erlöschen des Vulkanes mit Wasser gefüllt hatte, wurde er durch ständiges Abfließen und Sinterablagerungen in langen Zeitepochen zu diesem runden Tisch aufgebaut. Dessen Platte kann »in der Tat in ungestörten Zeiten und besonders, wenn das Wasser darüberrieselte, den Eindruck *einer glänzenden Onyxplatte* vermittelt haben«.[73] (S. 24) Das aus Kalkschichten bestehende Plateau lagert über Schiefern und vulkanischen Tuffen, also auf plutonisch-feurigem Untergrund. An seinem höchsten Punkt liegt hinter einem Sinterrand ein von Tiefblau bis Hellgrün wechselnder See, der dem Ruinenberg einen besonderen Reiz verleiht. Einst hatte er, wie Taucher festgestellt haben, sieben sorgfältig angelegte Abflüsse, die 4,5 m unter der heutigen Spiegelfläche des Wundersees liegen und *Mühlen* in Bewegung setzten (dsgl. S. 36ff). Hiermit schälen sich aus den Ruinenresten und der Natur erste Züge eines Graltempels heraus. Denn der Quellort spendete Segen und Fruchtbarkeit für das umliegende Land. Der See entläßt noch heute durch zwei Abflüsse etwa 100 l Wasser pro Sekunde, wobei die Wasseroberfläche immer gleich bleibt, so daß ein harmonisches, ruhendes Gleichgewicht besteht und ein kristallinischer Eindruck hervorgerufen wird. Die tiefste Stelle, an der das Wasser immer neu zuströmt – man nimmt an, daß ein Gasdruck vorhanden ist –, wurde mit 112 m ausgelotet, während die Durchschnittstiefe etwa 60 m ausmacht. Der See rechnet zu den Thermen mit gleichbleibender Temperatur über 20°, auch darin spricht sich das Ruhende, in sich

Beständige der strömenden Bewegung aus. Durch seinen besonders hohen Gehalt an Mineralen hat das Wasser die Eigentümlichkeit, den Erdboden, den es zunächst benetzt, sehr bald in Stein zu verwandeln. Erst nach 300–400 m offenen Laufs beginnt seine lebensspendende Kraft zu wirken und hat in der ganzen Umgebung des Heiligtums kulturelle, paradiesische Blütezeiten hervorgerufen, wovon noch heute die bewässerten Talauen und Felder Zeugnis ablegen können. Hier führt wiederum die Natur das Wort und wird durch die Mühlen sowie die Leben hervorzaubernden Wasserströme durchsichtig für ein geistiges Wesen, das im alten persischen Gatha-Avesta (mantrische Sprüche) im 5. Yasht zum Ausdruck kommt:

1. »Also sprach Ahura Mazda
zu Spitima Zarathustra:
Sie verehre,
o Spitima Zarathustra,
sie, die Strömungssegenmilde (= Ardvi)
Glutenstarke (= Sura) Anahita,

3. sie die Große, Weitberühmte,
die so mächtig ist an Größe
wie die Wasser all zusammen,
die da strömen hier auf Erden,
die mit Macht vom Berg Hukairja
strömt zum Meere Vourukasha.

5. Und der Abfluß dieses einen
Wassers tränkt, sich weit verbreitend,

alle sieben Erdgebiete.
Dieses einen Wassers Abfluß
strömt herab in gleicher Weise
stets im Sommer und im Winter.
Sie macht mir die Wasser tauglich,
sie den Samenguß der Männer,
sie den Mutterleib der Frauen,
sie die Muttermilch der Mütter,
sie, die ich, Ahura Mazda,
schuf durch einen Ruck der Zunge
zum Gedeihn von
Haus und Dorf und Gau und Land.«[74]

Ahura mazda kann – wie Georges Salles es ausdrückt – keine Bilder haben, er offenbart sich und seine dienenden Helfer geistig wesenhaft dem großen Zarathustra. So wird ebenfalls »ganz natürlich« das Wesen der mächtigen, strömungssegenmilden *Ardvi Sura Anahita* geschaut. Ihr Quellenheiligtum fand man auf dem Takht-i-Suleiman; es ist durch ein Wasserbecken gekennzeichnet, das bei der Ausgrabung des sogenannten Kreuzraumes freigelegt wurde. Gleich daneben traten die Mauerreste und das Fundament eines Feuertempels zutage, der sich in die Reihe anderer Feuertempel mit Kuppelraum und umlaufenden Korridoren einreiht. In diesen Heiligtümern werden sich durch kultische Riten und Gesänge unter dem Symbol des Feuers und des Wassers Ahura mazda und seine Helfer, vertreten durch Anahita, offenbart haben, einmal als geistige Macht der physisch sichtbaren Sonne, das andere Mal als dienende Helferkraft des Wassers. Beide Bauten lagen nördlich des Kratersees, der wahrscheinlich von Arkadenpfeilern und Pflanzenwuchs umgeben war.[74] (S. 26) Dadurch bekam die ganze Anlage eine Nordsüd-Orientierung, die durch das Oval des Sees betont wurde. So ergänzt sich durch gründliche, vielseitige Forschung auf philologischem, kunsthistorischem, archäologischem und geologisch-geographischem Gebiet das Bild des Takht-i-Suleiman schrittweise zu einem geschichtlichen Kern, zu einer Art Urbild des Graltempels in vorchristlicher Zeit. Sein heiligstes Kleinod, der Gral, offenbarte sich ja immer wieder als geistiger Lichtträger in verschiedener Anschauungsform, als unerschöpflicher Segenspender in der geistigen, seelischen und irdischen Sphäre. Ein solches Tempel-Heiligtum aber ersteht vor dem inneren Auge, wenn man die Ausgrabungsberichte der Archäologen durchstudiert und über die Beziehungen zwischen Iran und Europa im Mittelalter eine Vorstellung gewinnt, die das Werk »Graltempel und Paradies« von Lars-Ivar Ringbom in vielseitiger Weise vermitteln kann[75] (vgl. dazu: Gudula Trendelenburg: Studien zum Gralraum im *Jüngeren Titurel.* Göppingen 1972).

Hier im Norden Persiens verwandelte das ätherische Höhenlicht die onyxartige Sinterfläche mit dem wunderbaren Seeoval – sie wurde durch aufgefundene Bruchstücke von Onyxplatten bestätigt – in ein kosmisches Auge, das das »Reich der Reinheit« widerspiegelte, so daß diese sogenannte Geburtsstätte des Zarathustra »aller Stofflichkeit entkleidet, unbeweglich in der Luft zu schweben scheint«, wie es G. Salles für diese Gegend ausdrückt. Eine Licht-Wesenhaftigkeit, die dem Grale zukommt. Als eines Tages die jahrelangen, von großer Sorgfalt getragenen archäologischen Arbeiten durch die Entdeckung mehrfacher Abdrücke eines Siegels mit der Inschrift: »Im Hause des Ātur-i-Gušnasp, der Magupat« (Obermagier) gekrönt wurden*, konnte man gewiß sein, sich im Wirkungsbereich des Ur-Zarathustra oder der urältesten Tradition des zarathustrischen Geistes zu befinden.[76] (S. 648)

Gerade über diesen großen Religionsverkünder hat Rudolf Steiner aus seiner geisteswissenschaftlichen Forschung heraus ganz neue Erkenntnisperspektiven eröffnet, indem er immer wieder von verschiedenen Gesichtspunkten den inspirierenden Einfluß des Ur-Zarathustra auf die chaldäischen, israelitischen und ägyptischen Kulturen durch Jahrhunderte und Jahrtausende darlegte. Auf diese Weise lenkte er durch viele Vortragsreihen den inneren Blick seiner Zuhörer auf das menschheitliche Geburtsrätsel des Jesusknaben in Palästina. Das geschah sowohl durch sorgfältige, die Zuhörer anleitende Einzeldarstellungen, auf die hier nur hingewiesen werden kann, als auch im besonderen durch seine grundlegenden Betrachtungen des Matthäus- und des Lukasevangeliums. So wird – um nur ein Beispiel zu zitieren – im ersten Vortrag der Reihe über das Matthäus-Evangelium im Zusammenhang mit Zarathustra folgendes ausgesagt:

»Zarathustra hatte einen besonderen Beschützer. – Ich möchte ausdrücklich betonen, daß ich von Zarathustra als von einem Wesen spreche, welches schon die Griechen in die Zeit – 5000 Jahre vor dem Trojanischen Krieg – versetzten, das also nichts zu tun hatte mit dem, was die äußere Geschichte als Zarathustra bezeichnet,

* Es fand sich auch der »Abdruck eines Siegels der Göttin Anahit im Flammennimbus«. 76 (S. 650, Abb. 17)

und auch nichts mit dem, was in der Zeit des Darius als Zarathustra erwähnt wird. Der Zarathustra dieser alten Zeiten hatte einen Beschützer, welcher mit dem später üblich gewordenen Namen Guschtasb bezeichnet werden kann. Wir haben also in Zarathustra eine *mächtige, priesterhafte Natur*, welche auf den großen Sonnengeist, Ahura Mazda, hinweist: auf jene Wesenheit, welche der Führer sein soll für die Menschen aus dem Physischen zurück zum Geistigen. Und in Guschtasb haben wir die *königliche Natur* dessen, der geneigt war, alles zu tun auf dem äußeren Gebiet, was die großen Inspirationen Zarathustras in der Welt verbreiten konnte.«[77]

Der Name »guštasp« taucht in dem sogenannten persischen Königsbuch auf, er könnte etwa die Bedeutung Ohr – Gebet haben.[78] Da er aber nicht einen bestimmten König meint, sondern eine wesenhafte Funktion bezeichnen will, könnte man etwa sagen: guštasp ist derjenige, der in Ehrfurcht, in Devotion auf die Anweisungen des priesterlichen Eingeweihten hört (gus = Ohr; tasbih = Gebet). Lehre und Werk dieser priesterlichen und königlichen iranischen Geistesströmung, die auf den Ur-Zarathustra zurückgeht, fanden in dem Feuer-Wasser-Heiligtum (atur-i-gusnasp) für die priesterliche und in der Thronhalle (dem sogenannten Ivan) für die königliche Seite ihren Ausdruck.

Unvollständig wäre das Gesamtbild dieses Gebietes um das Dorf Tazechan am Fuße des Takht-i-Bilquis (Thron der Balkis), wenn der Vulkankegel knapp 2 km nordwestlich davon nicht mit einbezogen würde. Er trägt den Namen Zindan-i-Suleiman (Gefängnis des Salomon); er läßt sich als Gegenpol zum Thron des

Salomon begreifen. Denn er will darüber etwas aussagen, wie der Mensch sich durch sein Handeln kulturschaffend mit der physischen Erde, mit der Materie, mit dem Finsteren, Schattenhaften verbinden kann, ohne diesem Bereich voll und ganz zu verfallen. Der durch Jahrtausende aufgeschichtete Kegel über einem in der Folge erloschenen Vulkan ist die markanteste Naturbildung des etwa 10 km langen Hochtals; turmartig ragt er auf. Ganz im Gegensatz zu dem flächenhaft ausgebreiteten Takht-i-Suleiman ist er von den umgebenden Bergketten getrennt und in sich abgeschlossen. Steil und schroff erhebt er sich unmittelbar 107 m über dem Talboden, so daß er von Berg und Tal weithin sichtbar ist als auffallendes Merkzeichen sonderbarer Gestaltung. Ein nahezu unbegehbarer Weg führt zum Kraterrand über die abgelagerten, wirren, zerklüfteten Sinterschichten hinauf. Dort eröffnet sich ein märchenhafter Rundblick in die in Licht getauchte iranische Gebirgslandschaft des Hochtals.

Wendet man sich einwärts, so fällt ein schwindelerregender Blick über den Kraterrand in einen jähen, über 100 m tiefen Abgrund. Hohl und leer, vom Wasser verlassen, ist dieser Krater mit seinen Steilwänden. Vielgestaltig, fast verwirrend gliedert sich eine Treppenanlage in die Kalkaufschichtungen des Berges ein, der gigantisch von zwei Mauerringen eingefaßt wird, einmal von etwa 1000 m Umfang, weiter hinauf von etwa 600 m. Die Treppen münden in einen »Adorationszugang« und führen zu einem »Allerheiligsten« monumentaler Form, das an höchster Stelle seinen Platz hat.[73] (S. 81)

Rings um den Kegel hatte sich eine versteinerte Sinterfläche durch austretende, mineralgetränkte Wasser von

35 bis 50° Wärme gebildet. Hier, wie auch aus den Tiefen des Kraters, steigt ein starker Schwefelwasserstoffgeruch auf. Auch hier führt die Natur ihre Sprache und wird für ein Geistig-Wesenhaftes durchsichtig, nämlich für den Gegenspieler des göttlichen Sonnengenius, für Angra mainyu, für Ahriman, wo das Gesetz des Schattens, der Finsternis, des Todesgrundes gültig ist.

Im Schutt verschiedenster Räume auf dem Zindan fanden sich Keramikbruchstücke, Steinschalen, viele Handmühlen mit Mahlsteinen, Schlagsteine aus Ton und Serpentin. In zahlreichen Räumen wurden ein oder mehrere Öfen entdeckt. Es trat sogar der Rest eines Dolches zutage, der im Zusammenhang mit der Lehre Zarathustras das Symbol des Pfluges war, der die Erde, den Acker ritzt. Dabei handelt es sich nicht um Waffen, die zum Tragen und praktischen Gebrauch bestimmt waren. Sie waren meist aus Gold. Die ältesten Funde gehen bis ins 13. Jahrhundert vor Christus zurück[71] (vgl. Ghirshman, Abb. 129; 343; 344. Text S. 283). Damit ist durch die vielen Funde auf dem Zindan erwiesen, daß es sich um ein Heiligtum handelt, in dem die Anweisungen des großen Zarathustra für den Landbau, die Getreideaussaat und Ernte, das Mahlen des Korns, das Hecheln, Spinnen und Weben verwirklicht wurden. Zähmung der Tiere und Ackerbau nahmen ihren Anfang. Kurz gesagt, es wurde die Erde durch Kultivieren erobert. Alles geschah im Zeichen des goldenen heiligen Dolches, der die Ackererde ritzt, um sie zu nutzen. In dieser Weise bestieg die Menschheit im Lichte des Ahura mazda die Erde, die Bereiche der Finsternis, des Geistes des Bösen, Angra mainyu, der sich durch Gestalt, Aufbau

und Eigenart des Zindan-i-Suleiman, des Gefängnisses Salomons, offenbart.
In dieser eindrucksvollen Weise kommt durch die Doppelanlage des ganzen heiligen Bezirkes von Shiz die Polarität von Licht und Finsternis demjenigen zum Bewußtsein, der nach dem Sinn und der Bedeutung der Anlage fragt. Der Wunderbau des Takht-i-Suleiman mit seiner horizontalen Rundfläche spricht vom Licht, von Finsternis dagegen der Zindan-i-Suleiman mit seiner dramatischen Vertikale, die bis zum heißen Schwefelgrund reicht. Sie tragen ihre polaren Namen mit Recht. Gerade hierdurch spiegelt sich ein Aufbaugesetz des Graltempels wider, wo über das Kreuzen dieser beiden Richtungen gesprochen wurde. Nur faßt der Graltempel alles in verwandelter Form zusammen und kleidet es in Anschauungsbilder, die dem mittelalterlichen Zeitgenius entsprechen. Ja, bis in den »Parsifal« Richard Wagners wirkt dieses geistgewaltige Motiv hinein, wenn dort im ersten Akt die Natur des Waldes sich in das Tempelinnere der Gralburg verwandelt, in dem die Sonnenaura des Grales erstrahlt, und wenn dann im zweiten Akt der Zaubergarten der Sinnlichkeit auftaucht und der finstere Schwarzmagier Klingsor sich aus den Dunkeltiefen erhebt. Und in Wolframs Epos stehen sich Muntsalvâsche und Schastel marveil, der Berg des Heils und das Zauberschloß, gegenüber.
Es hat sich bisher überraschend und doch überzeugend herausgestellt, daß wir uns mit den Heiligtümern von Shiz an einem historischen Keim des Graltempels befinden. Damit ist jedoch keine Ausschließlichkeit festgestellt. Das Heiligtum ist vielmehr ein markantes Beispiel für die persischen Feuertempel überhaupt, und

zwar ein sehr bedeutendes, weil es in seiner Grundstruktur die Polarität von Licht und Finsternis aufzuweisen hat. Und gerade dieser sind wir bei unseren Untersuchungen ja immer wieder in vielgestaltigen Variationen begegnet.

Wo aber ist der gestirnte Himmel zu finden, der sich im Graltempel als Kuppel über das Onyxmeer und über die Chor-Rotunde wölbt? Gewiß nicht in den Gewölben des Feuertempels und des Wasserheiligtums, einer Zweiheit, die ja im östlichen Altar des Heiligen Geistes und im Onyxmeer ihre Entsprechung findet. Doch gibt wieder die Natur die Antwort, und zwar ganz dem Genius des Ur-Persertums entsprechend: Es ist das Himmelsgewölbe selbst mit Sonne, Mond und Sternen.

So läßt sich über die Heiligtümer des Hochtals, die dem König Salomon, dem Erbauer des Tempels von Jerusalem, durch die Namensgebung geweiht sind, folgendes aussagen: Über ihnen und der Hochfläche von 2000 m wölbt sich der natürliche Himmel in seiner strahlenden, lichterfüllten Majestät, durchatmet von der reinen Luft, die alle irdische Schwere wie in einem Gleichgewicht zu halten scheint. Wenn zu neuem Tage die Sonne, der Träger des Geistwesens Ahura mazda, sich erhebt, wird das Wesen von Angra mainyu, das dem Stoff, der Materie und damit dem Reich des Schattens zugeordnet ist, sichtbar und erlebbar. Es ist der Schwere verfallen und stellt sich dem Lichthaften entgegen. Dann führt das Irdische und Plutonische durch seine Gestaltungen und Schichtungen bis in die Tiefen des Erdinneren das Wort, wie es auf dem Zindan-i-Suleiman zum Ausdruck kommt. Das Lichtlose, das Böse, offenbart sich, dem der Mensch durch Leidenschaften verfallen kann.

Zur Nacht dagegen, wenn der Schatten die irdischen Bereiche in Finsternis hüllt und Angra mainyu sein wahres Wesen bekundet und Furcht den Menschen ergreifen kann, wird in der ätherisch reinen Höhenluft die kosmische Sternenstraße sichtbar, die sich durch die zu Bildern geformten Ruhesterne erkennen läßt; es ist der Tierkreis, den die Sonne am Tage zum Schweigen bringt. Er ist zu beiden Seiten über das ganze Gewölbe hin von unzähligen Sternen begleitet, die sich zu Gruppen und Figuren ordnen. Mit kristallinisch-plastischer Astralkraft, lebendig leuchtend, bieten sie sich als die Chiffreschrift des Ahura mazda dem Auge dar. Das Lichthafte, das Gute offenbart sich, das der Mensch durch Hingabe und Ehrfurcht in sich zur Wirkung bringen kann, als ein inneres Licht, sonnenhaft und geistig.
Auf diese Weise sind wir wieder »ganz natürlich« in die himmlische Astralwelt eingetreten, wo die Gestirne Sonne und Mond und Erde durch ihre kosmischen Wander-Rhythmen Tag und Nacht anzeigen und zu Zeitverkündern werden für den Jahreslauf und für menschheitliche Entwicklungsepochen.
So läßt sich durch das Himmelsgewölbe über der Stätte von Shiz ein Einheitliches erleben, das – wie ein Kreisrund – über beiden Wesenheiten, Ahura mazda sowie Angra mainyu, zeitlos und unendlich zusammenklingend wirkt.
Über dieses Einheitliche lehrte Zarathustra und benannte es »Zaruana akarana«; heute spricht man von der Zwittergottheit Zurvan oder der unendlichen Zeit, die »das Gute und Böse als astrale Schicksalsgottheit zur Welt brachte«.[79] Rudolf Steiner führt zu dieser Anschauungsform folgendes aus: »Was später der Tierkreis

wurde, ist Zaruana akarana, die in sich selbst sich findende Zeitenlinie, welche Ormuzd beschreibt, der Geist des Lichtes. Das ist der Ausdruck für die geistige Tätigkeit des Ormuzd. Die Bahn der Sonne durch die Tierkreisbilder ist der Ausdruck der Tätigkeit des Ormuzd, und Zaruana akarana hat sein Symbol im Tierkreis. Im Grunde genommen ist *Zaruana akarana* und *Tierkreis* dasselbe Wort, wie *Ormuzd* und *Ahura mazda*.«[72]

In diesem Bereich spielen Licht und Finsternis kosmisch ineinander, denn Angra mainyu wirkt auch im »dunklen Teil« des Tierkreises. Das ist das Naturgewölbe, über den Heiligtümern des salomonischen Hochtals, das sich widerspiegelt im Saphirgewölbe des Graltempels. Wie der astrale Kosmos durch seine Chiffreschrift der zwölf Tierkreisbilder haben beide Wesenheiten Ormuzd (= Ahura mazda) und Ahriman (= Angra mainyu) ihre wesenhaften Hilfskräfte, deren sie sich bedienen, ihre zwölf Diener, durch deren Tätigkeit sie immer neu wirken können. Diese werden Amschapands genannt; dazu gesellen sich noch niedere Kräfte, auf die einzugehen in unserem Zusammenhang nicht nötig ist. – Denken wir nur an die zwölf Apostel oder die Engelgestalten im Graltempel oder auch an die christliche Hierarchienlehre des Dionysios Areopagita.

In seiner geschilderten Vielgestaltigkeit schließt sich das Hochtal zu einem heiligen Bezirk zusammen, den die Natur in tellurischem Werdeprozeß und die durch Weisheit des Ur-Zarathustra gelenkte Menschenhand aufgebaut haben. Im Mittelpunkt stehen das Feuerheiligtum im Norden (vgl. den Heilig-Geist-Altar im Osten) und das Wasserheiligtum mit dem Kratersee (vgl. den durchsichtigen Onyxfußboden). Rings um das Heiligtum gliedert sich die paradiesische Natur, wo die sieben Wassermühlen ihr Werk tun (vgl. die Rotunde mit Bäumen usw.). Und über dem ganzen dem Tempelerbauer Salomon geweihten Bereich wölbt sich der Himmel und bietet das göttlich-geistige Spiel zwischen Licht und Finsternis durch den Tages- und den Jahreslauf dar (vgl. den Saphirhimmel mit Sonne, Mond und Karfunkel-Sternen sowie die Bewegungsmechanismen). Was hier im Laufe der Zeiten entstand, kann Jahrtausende zurückliegen, denn die Natur hat den Grundstein gelegt. Manche Ruinenreste lassen sich bis in das erste vorchristliche Jahrtausend zurückverfolgen, eine Besiedlung sogar bis in das dritte Jahrtausend. Dazu kommen noch Spuren der Gewinnung von Gold, Silber, Blei und anderem in prähistorischer Zeit.

In dieser paradiesisch-irdischen Sphäre des Königs Salomon, in der nicht nur die beiden Tempelstätten seinen Namen tragen, sondern auch die Namen von zwei nahe liegenden Bergen an ihn erinnern, ist ein realer historischer Kern des Graltempels zu finden; Albrecht von Scharfenberg weist auf den Tempel Salomons mit dessen irdischer und himmlischer Pforte hin (vgl. Strophe 537 ff.). So werden unsere Gedanken nicht grundlos nach Jerusalem gelenkt, wo einige Jahrzehnte nach dem Jahr 1000 der berühmte Tempel erbaut wurde. In seinem Einweihungsgebet kündete der König selbst prophetisch an, daß er das Gotteshaus für den Herrn gebaut habe, weil »Er im Dunkeln Wohnung nehmen wolle«. Gleichzeitig aber gibt er seinem Zweifel an dem Unglaublichen Ausdruck, wie es im 1. Buch der Könige im 8. Kapitel heißt: »Denn sollte in Wahrheit Gott auf Erden wohnen? Siehe, der Himmel und aller

Himmel Himmel mögen Dich nicht fassen. Wie sollte es denn dieses Haus tun, das ich gebaut habe?« (Verse 12 und 27)

So dürfen wir gewiß sein, daß im Feuertempel von Shiz, der »weißschimmernden Stadt« (cecist = siz oder shiz), in dem atur-i-gusnasp, das Feuer des Hengstes, gehütet wurde, die Lehre des großen Eingeweihten Zarathustra durch mantrische Gesänge und Riten vermittelt wurde. Diese Lehre enthielt auch die Vorverkündigung auf das Niedersteigen des Sonnengeistes Ahura mazda, wie der 19. Yasht des Gatha-Avesta (älterer Teil etwa 2. Jahrtausend nach Hermann Beckh) deutlich erkennen läßt:

»Die mächtige, die königliche, Verheißung tragende
Sonnen-Äther-Aura,
die gottgeschaffene, verehren wir im Gebet,
die übergehen wird auf den sieghaftesten der Heilande
und die anderen, seine Apostel,
die die Welt vorwärts bringt,
die sie überwinden läßt Alter und Tod, Verwesung und
Fäulnis,
die ihr verhilft zu ewigem Leben, zu ewigem Gedeihen,
zu freiem Willen,
wenn die Toten wieder auferstehen,
wenn der lebende Überwinder des Todes kommt,
und durch den Willen die Welt vorwärts gebracht haben
wird.«[80] (S. 110)

Rudolf Steiner bestätigt aus seiner Geistesforschung die Anschauung dieses Mantrams: »Zarathustra war es, der aus großen Tiefen der spirituellen Welt heraus seiner Zeit die große Botschaft von dem Sonnengeiste bringen konnte; er war es, der seine Menschheit hinaufweisen konnte zu dem großen Geist, der später als der *Christus* erschien; er war es, der da sagte: *In der Sonne ist ER enthalten, Ahura mazda; ER wird sich der Erde nähern!* und er sprach von ihm große bedeutsame Worte. Nur die tiefste spirituelle Erkenntnis, das große entwickelte Hellsehen des Zarathustra konnte jene Wesenheit schauen . . ., welche er Ahura mazda nannte und deren Bedeutung für die Menschheitsentwicklung er verkündete. Ein erhabener, reifer Geist gehörte in die Zarathustra-Körperlichkeit hinein schon damals, als Zarathustra die ur-persische Kultur begründete.«[81] Das eine Zeitenwende der Menschheitsgeschichte herbeiführende Geschehen von Geburt, Wirken und Tod des Jesus Christus ist nur durch schöpferische, spirituelle Gedanken und durch ein neu zu erringendes ehrfürchtiges und vorurteilsloses Anschauen zu erfassen. Zur Evolution der Menschheit gehört auch die von der Geisteswissenschaft fundierte Erkenntnistatsache der wiederholten Erdenleben, der Reinkarnation. Auf sie wurde im Zusammenhang mit dem Megalithmenschen und der Steinrunde von Stonehenge hingewiesen. Nur durch das Gesetz der Reinkarnation läßt sich das geistig machtvolle Wirken der Zarathustra-Individualität durch viele Jahrhunderte ins Auge fassen.

In den Jahrhunderten des Wolfram von Eschenbach und Albrecht von Scharfenberg lebte und wirkte eine ahnende Gewißheit von diesen Tatsachen. Beide mögen mit solchen weittragenden Gedanken in Berührung gekommen sein. Es existierte in jener Zeit ein berühmtes Mysterienbuch von dem syrischen Metropoliten Mar Salomon: »Die Biene«.[82] Darin wird ein Gespräch zwischen Zarathustra und dem König *Gushnasaph* erwähnt, in dem von der Jungfrauengeburt, dem Wirken und dem Tode des zukünftigen »Großen Königs« erzählt wird, und zwar von Zarathustra. Als der König Gushnasaph (vgl. gušnasp des Tonsiegels!) Zarathustra fragt, ob der Kommende größer sei als er, bekommt der König die Antwort: »Von meinem Stamme wird er sein. Ich bin er, und er ist ich. Er ist in mir und ich in ihm.«[82] (S. 57) Das welthistorische Gespräch findet an einem *Wasserbrunnen* statt und trägt durch die Nennung von *Feuer, Wasser, Licht* und *Geist* Züge eines persischen Feuerheiligtums. Hier klingt die über das Alltagsbewußtsein hinausgehende Wahrheit an, daß die Individualität des Zarathustra »in dreißig Jahren« den Leibestempel bereitete, damit der Christus in der Jordantaufe einziehen konnte als »der Sohn, an dem Gott sein Wohlgefallen hatte«. Wenn wir alles, was über den iranischen Geist gesagt worden ist, überblickend zusammenfassen, dann läßt sich folgendes aussprechen: Wie ein himmlisch-geistiges Feuer brannte in Zarathustra die Frage, wie er für den Sonnengott Ahura mazda, der einmal auf Erden geboren werden soll, einen Leib, einen Tempel vorbereiten könnte, in den ER einzuziehen vermag. Denn durch die Einwohnung des Gottessohnes soll die Menschheit sich wieder aufwärts wenden können, nachdem sie von Zarathustra herabgeführt worden ist.

Das Gesetz der Verleiblichung, der Inkarnation, der Geburt eines Gotteswesens, kommt auch dem ersten Gralkönig Titurel zum Bewußtsein, als er sich, wie der Dichter Albrecht von Scharfenberg schildert, vor die Aufgabe gestellt sieht, in 30 Jahren einen Tempel zu

bauen, in den der Heilige Gral einziehen soll. Da spricht er seinen ihm gemäßen Notruf aus: »Einen Tempel soll ich bauen Gott und dem Gral zur Verehrung, den niemand an reicher Pracht übertreffen kann!« (Str. 327).
Auch König Salomon spricht – es soll noch einmal in diesem Zusammenhang wiederholt werden – einen so gearteten Notruf, als er den Tempel einweiht, den er auf die Weisung Gottes, daß er im Dunkel wohnen wolle, gebaut hat: »Denn sollte Gott in Wahrheit auf Erden wohnen? Siehe, der Himmel und aller Himmel Himmel mögen Dich nicht fassen. Wie sollte es denn dieses Haus tun, das ich gebaut habe!« (1. Könige, 8, 12 und 27).
Die aus den verschiedensten Bereichen und Zusammenhängen angeführten Beispiele zeigen, daß es sich nicht um eine rein menschliche Verkörperung handelt, sondern um das Verleiblichen und Einwohnen eines göttlichen Wesens in einem menschlichen Leibe, der Tempel genannt werden darf, weil er ein besonderer Leib ist. Nur von hier aus ist es zu verstehen, daß Christus vom Tempel spricht, wenn er seinen Leib meint. Nur von hier aus ist seine Antwort zu verstehen, die er nach der dramatischen »Tempelreinigung« den Juden auf ihre Frage gibt, aus welcher Macht er die Kaufleute und Wechsler aus dem Tempel verjagt habe: »Brechet diesen Tempel und in drei Tagen werde ich ihn aufrichten!« Es ist der Auferstehungsleib gemeint, der dem Tod während drei Tagen entrungene, geistig-ätherische Organismus, auf den in unserer Einleitung als »wesenhafte Lichtgestalt« hingewiesen wurde; es ist der Leibestempel der Zukunft, der neue Adam, von dem der Graltempel als ein Abbild bezeichnet werden kann.

Auf diese Weise haben wir die Möglichkeit, uns verständnisvoll der Antwort zu nähern, welche die Geisteswissenschaft Rudolf Steiners auf jene Frage gibt, die wie ein geistiges Feuer in der Wahrheitslehre des Zarathustra brannte und sich als eine Art Notruf widerspiegelte. Diese Antwort kündigte sich bereits in dem erwähnten Gespräch zwischen Zarathustra und dem König Gushnasaph an und kann nun wieder aufgenommen werden, denn Rudolf Steiner schildert, daß der Jesusknabe des Matthäus-Evangeliums, dem die drei Weisen aus dem Morgenlande, von den Sternen geführt, huldigten, der wiederverkörperte Zarathustra ist, der durch die kraftdurchströmte Weisheit einen Leib bis zum 30. Lebensjahr so zubereitete, daß Ahura mazda, der Herr aller Himmel, der Gottessohn durch den Vollzug der Jordantaufe in die Leibeshülle des Menschensohnes Jesus einziehen konnte.[77] So war ER, der Christus, in ihm, dem Jesus, wie es in dem erwähnten Gespräch anklang. Hier leuchtet die heilige Zweiheit Jesus Christus vertieft wieder auf. (Gewiß ist dieses Rätsel hier nur zu einem Teil gelöst, weil wir den Weg des Matthäus-Evangeliums ganz bewußt gingen und die ergänzende Wahrheit des Lukas-Evangeliums beiseite ließen; sie liegt vorläufig noch außerhalb unseres Gedankenganges.)

Was dem Willen der Weltenlenkung entsprach, wurde durch Johannes den Täufer, den Rufer in der Wüste, und den 30jährigen Jesus erfüllt, wie es das Gespräch beider vor der Taufe andeutet (Matth. 3,14–15). Das Christuswesen zog unter dem Bild der niedersteigenden Taube in den Jesus ein. Dieses göttlich-menschheitliche Geschehen, das eine Hingabe der Zarathustra-Indivi-

dualität in sich schließt, fand in Worten Ausdruck, die auch bei der Verklärung des Jesus Christus den drei Jüngern einmal bestätigt wurden:
Dieser ist mein Sohn, der Vielgeliebte, in dem ich erhöht werde.
Danach begab sich Jesus Christus in die Wüste der Finsternis und rang mit dem Teufel – der sich dem Träger göttlichen Lichts offenbaren mußte –, bis er überwunden war. Die Engel dienten ihm. Denn die Himmel waren von nun an um ihn geöffnet. So wandelte und wirkte er unter den Menschen drei Jahre. Als aber Verrat und Finsternismächte sich gegen ihn erhoben, ertönte im Garten Gethsemane sein Notruf in die Weiten der göttlichen Sphären: »Meine Seele ist betrübt bis an den Tod«, und: »Mein Vater, wenn es möglich ist, dann möge der Kelch vorübergehen; aber nicht mein, sondern dein Wille geschehe.«[83]
Nach dem Mysterium von Golgatha erstrahlte der Kelch fortan von der Sonnenaura überschwebt und durchwirkt, denn der Gottessohn hatte die Todesmächte überwunden. Zarathustra, der den notwendigen Abstieg der Menschheit in die Erdenfinsternis gelenkt, hatte sich geopfert, so daß der Christus, der Sonnengeist, den Wiederaufstieg für die Menschheit durch das Mysterium des Kelches einleiten konnte. Der Kelch wurde zum Gral für den mittelalterlichen Menschen, der in der ritterlichen Gestalt des Parzival, des Gralsuchers, in dem Sinne den Osten mit dem Westen verband, wie wir es für Europa dargestellt haben. Denn sein Name leuchtet am Grale in wunderbaren Lettern auf. Er ist der *priesterliche Parse*, der lichtgeborene, wie ihn Wolfram in immer neuen Varianten schildert. Er wird, um die Sinngebung Richard

Wagners anzuführen, der *König des Grales* und der Gralburg; dem Stein des Schicksals begegnen wir im *Stone of Fál* der irischen Könige von der Hochburg auf Tara in Irland: PARSI-FAL.
So verbindet der mittelalterliche »Parzival« die königliche und priesterliche Natur und wird zum Vorbild für den Gegenwartsmenschen, der das Wesen eines esoterischen Christentums zu erfassen und zu begreifen sucht. Die Geisteswissenschaft hat das Rüstzeug für eine solche Christologie entwickelt. Das Epos »Parzival« von Wolfram von Eschenbach ist uns heute ganz nahe.

Parzival – Parsifal

Das Heiligtum von Shiz führte nicht nur weit in den Osten, sondern es kündete auch von fernen Zeiten der Menschheitsgeschichte und Menschheitsführung. Dadurch konnte der Blick für das Einmalige und göttlich Erhabene des Golgathageschehens erweitert und vertieft werden, wenn man sich bemühte zu verstehen, daß die geistigen Welten ihre eigenen Gesetze haben, so wie die physische Welt ihre eigenen Gesetze hat, die uns gewohnheitsgemäß bekannt sind. Eine Frage bleibt noch offen: Hat man auf dem bisher eingeschlagenen Erkenntnisweg einen Gewinn für das Alltagsleben? Läßt nicht alles, was geschildert wurde, den modernen, selbstbewußten Menschen des technischen Zeitalters nur zurück-, aber nicht vorwärtsblicken?

In den letzten Jahrzehnten hat die Gewißheit zugenommen, daß es die Möglichkeit gibt, sein Bewußtsein ins Seelisch-Geistige sowie ins Kosmisch-Geistige schrittweise zu erweitern. Freilich entspringt daraus gleichzeitig die Forderung an jeden einzelnen, klar und bewußt die Irrwege – wie etwa die Droge, die Suggestion und manches andere – zu durchschauen. Durch eine klare Vorstellung spiritueller Gesetzmäßigkeiten entwickelt der im geistigen Erkennen sich übende Mensch die Kraft, die Einseitigkeit der materialistischen Weltanschauung zu überwinden, und es tritt die Möglichkeit ein, daß der innerste Kern des Menschen, sein Ich, durch geistige Erkenntnisinhalte zum Herrscher über die niederen, leibgebundenen Seelenkräfte wird. Sobald der Mensch zum Kämpfer für das Höhere wird, zum Sucher nach diesen bewußtseinserweiternden Kräften und zu einem auf diesem Feld Erkenntnisübenden, ist er ein Parzival. Als solcher wächst er aus den Strömungen seiner Zeit und seines Heimatlandes heraus und beginnt durch den Abstand, das wahre Antlitz des Grales in Europa bewußt zu schauen. Davon legt Wolfram von Eschenbach in seinem Epos Zeugnis ab, wenn er seinen Helden in Siegen oder Nöten dem Leser vor Augen führt. Dabei klingt durch das ganze Werk die bekannte Dreiheit von tumpheit, zwîvel, saelde an, die etwa mit Kindlichkeit, Zweifeln an Gott und Geistesgewißheit wiedergegeben werden können. Hier soll aber der Stufengang genauer herausgearbeitet und auf das heutige Zeitbewußtsein bezogen werden. Parzival wird dadurch zum Vorbild der Aufgabe, welche die Bewußtseinsseelenkräfte im Menschen des 20. Jahrhunderts zu lösen haben.

Parzivals Vater Gahmuret zieht auf Rittertaten und Abenteuer in ferne Länder des Ostens, weil sein älterer Bruder das Königreich Anjou geerbt hat. Seine Fahrten führen ihn nach Bagdad, Marokko und bis Persien. Seine erste Frau war die Mohrin Belakane, die er aus höchster Not einer Belagerung befreite. Ihr Sohn, der »schwarz-weiß« gefleckte Feirefiz, wächst im fernen Königreich Zazamanc auf. Wie wichtig für Wolfram die Verbindung Gahmurets mit den heidnischen Ländern ist, zeigt das ganze erste Buch seines Epos.[84] Über Spanien und Toledo kehrt Gahmuret schließlich nach Frankreich zurück. Als Sieger im Kampf um die Hand der Königin von Valois, Herzeloyde, wird er nun auch König über dieses Land. Doch er bittet seine Gemahlin um Urlaub, um den Kalifen von Bagdad in einem Feldzug zu unterstützen. Das aber kostet ihn das Leben. In diese beiden Welten, Heidentum und Christentum des Grals, wird Parzival geboren, denn seine Mutter Herzeloyde ist eine Tochter des Gralkönigs Frimutel. Damit aber ist das heidnisch-christliche oder kosmisch-christliche Motiv angeschlagen und wird in den beiden letzten Büchern wieder aufgenommen, als der Halbbruder des Parzival, Feirefiz, in den Gralbereich eintritt. So spannt sich der Bogen von Gahmuret bis Feirefiz über das ganze Epos und läßt gleichzeitig durch den schwarzen und den lichten Bruder die persisch-zarathustrische Polarität von Finsternis und Licht anklingen, die in den verschiedensten Formen immer wieder zur Geltung kommt, am markantesten durch die Gralburg und das Zauberschloß, ebenso durch den lichten Gral und die magische Spiegelsäule, die alles sichtbar macht, was sich im Bannkreis des finsteren Klingsor abspielt.[85]

In diese Zusammenhänge des Persertums und des Graltums also, vertreten durch den Vater Gahmuret und die Mutter Herzeloyde, wird der engelgleiche, lichte Parzival geboren. Unter lautem Wehklagen und Jammer war es geschehen, weil Gahmuret den Rittertod gefunden und Herzeloyde selbst mit dem Verzweiflungstode gerungen hatte. Darum erzieht sie ihn in der Einsamkeit von Soltane, fern von allem Ritterleben. Parzival wird dadurch ganz zum Muttersohn, zum »reinen Toren«.

Durch die Erzählungen seiner ängstlich sorgenden Mutter weiß er, daß es einen hellen, lichten Gott gibt, den man verehren und anbeten müsse, daß es aber auch einen Teufel gibt, den man fürchten und bekämpfen müsse. Als er einmal einen »Waidgang« macht, hört er das dumpfe Geräusch von Hufschlägen und meint sofort, es sei der Teufel, so daß er seinen Wurfspeer schwingt. Aber siehe da! Es sind drei Ritter, deren Rüstungen in der Sonne glänzen. Nun meint er, es seien lichte Götter, und fällt vor ihnen nieder. Hier klingt das Motiv der Polarität von Licht und Finsternis wieder an, und gleichzeitig steht der kindliche Jüngling vor uns, der begeistert ist, als er zum ersten Male von Artusrittern hört. Sie zu finden, verläßt er seine Mutter, die ihn wie einen Narren kleidet und mit einem schäbigen Roß versieht, in der Hoffnung, daß er dadurch wieder zurückkehre. Alles, was er nun tut und spricht, läßt den kindlichen Muttersohn erkennen, der nichts von Selbständigkeit zeigt, sondern ständig wiederholt, was er durch seine Mutter weiß. Sein Antlitz jedoch und das stattliche Aussehen überstrahlen die buntgescheckte Kleidung, es treiben ihn die Kräfte, die er aus dem Vorgeburtlichen mitbringt. Beide, seine edle Geburt und seine Naivität, tragen keine Züge von Selbständigkeit, sind bloßer »mondenhafter« Widerschein.
So kommt der »Tor« an den Artushof in Nantes. Damit betritt er aber, im Bilde gesprochen, eine dritte Welt, die wir als die der Tafelrunde des King Arthur schilderten. Es schimmern also im Grunde drei historische Bereiche hindurch: Persertum, Arthurtum, Graltum. In sie ist Parzival hineingestellt. Hier am Artushof in Nantes erregt er allein durch sein Gehabe großes Auf-

sehen. Hier gerät er mit dem Roten Ritter Ither von Gaheviez in Streit, erschlägt ihn ganz unritterlich und raubt ihm die rote Ritterrüstung. »Der einfältige Parzival aber kehrt den Toten um und um und weiß doch nicht, wie er ihm die Rüstung ausziehen soll«, bis ein Knappe kommt und ihm hilft. Als ungezügelter, wilder Bursche in der roten Rüstung und auf dem Pferd des Ither stampft er wie ein »Trappe« davon. Wolfram versteht es, bis in feinste Einzelzüge diese Entwicklungsepoche eines unselbständigen, von Willkür getriebenen Jünglings zu zeichnen. Wie ein Sperber in der Mauser, den Schild um den Hals vor sich hängend, kommt der Rote Ritter dahergetrottet. So sieht ihn der Fürst Gurnemanz, »der wahre Hofmeister edler Zucht«, herbeireiten und nimmt ihn gastlich und in aller Form in seiner Burg auf, weil er durchschaut, daß in dieser leidenschaftlichen Rüstung und dem Bauernkittel, der beim Kleiderwechsel ans Tageslicht tritt, ein edler, schöner Jüngling steckt. Bei Tische setzt er ihn neben seine reizende Tochter Liaze, die ihn in feiner, gesitteter Weise bedient, so daß Parzival »Maß und Zucht« erlernt. Auf dem Anger nimmt Gurnemanz ihn in die Schule des ritterlichen Kampfes, wobei der ungestüme Jüngling Mut und Wendigkeit unter Beweis stellt. Durch viele Ratschläge gewöhnt Gurnemanz ihm manche bäuerliche Manier ab, vor allem, daß er immer wieder seine Mutter erwähnt und unnötig naive Fragen stellt. Ein merkurhafter Wandlungsprozeß findet in Parzival statt, sein Inneres und Äußeres gleichen sich mehr und mehr aus. Er und Liaze sind schön miteinander anzuschauen, so daß sein Lehrmeister schmerzlich berührt ist, als der Rote Ritter davonzieht, der zu einem edlen Rit-

ter von ganymedischer Schönheit geworden ist. Das merkuriale Wesen des edlen Gurnemanz hatte seinen Dienst getan.
Sehnsucht trägt Parzival nun zum nächsten Abenteuer. So licht und so jugendfrisch fühlt er sich in seinem Inneren, daß ihm das Grün der Wiesen und Bäume ätherisch licht erscheint, sein roter Harnisch aber weiß. Harmonie durchstrahlt sein ganzes Wesen, und die Gedanken an die liebreizende Liaze leuchten im Spiel der Erinnerung. So kommt er in das Königreich Brobarz, wo er die Stadt Pelrapeire und ihre Burg in großer Bedrängnis findet. Dort ist die Königin Condwiramurs von Feinden umlagert. Nun kann sich Parzival zum ersten Male sinnvoll einsetzen und seine Kraft in ritterlichem Kampf bewähren, um die schöne Königin von dem Ring der Feinde zu befreien. Er gewinnt sie durch den Sieg zu seiner Frau. In festlichem Jubel ihrer ritterlichen Gefolgschaft wird das Hochzeitsfest begangen. Den tatkräftigen, engelgleichen Ritter und die von Schönheit durchstrahlte Königin weiß Wolfram in leuchtenden Farben zu schildern, so daß ein Bild der Liebe zwischen beiden entsteht, das den Glanz der Venus erraten läßt. Es ist eine Krönung im Aufstieg des Parzival, er ist nun der verheiratete, durch vielen Landbesitz reiche Parzival, der die Entwicklungsstufen des naiven, nachahmenden Roten Ritters und des sich zügelnden, sich wandelnden Ritters durchschritten hat. Aber sein leuchtendes Wesen, das durch die Geburt seinem ganzen Leibe eingeschrieben ist, treibt ihn weiter. Er nimmt zum Leidwesen von Condwiramurs und allen Rittern Urlaub: »von allen sînen mannen schiet er *all eine* von dannen«. Das Wörtchen »all eine« bringt es deutlich

zum Ausdruck: alleine, ganz seiner Bestimmung, seinem höheren Ich folgend.
Es ist die Stufe, auf welcher der Mensch das einseitige, gesicherte Bürgerleben verläßt, und – wie ein Ritter sagen würde – sich nicht »verliegt« oder »versitzt«. Da ist das Abenteuer zuhause, das Leben ist dramatisch, weil sich das Irdische zur Schale für ein höheres Ziel umbildet. Es ist, im Menschheitlichen gesehen, der geschichtliche Augenblick, in dem eine Epoche des nur materiellen Befriedigtseins (wie die unsrige!) zu Ende geht und Raum gibt für eine von Spiritualität bestimmte Kultur. Das Venushafte, das heutzutage pervertiert bis ins rein Körperliche wuchert, wird durch das Sonnenhafte überwunden. Hier kündigt sich das tragische Schicksal des Gralkönigs Amfortas an, der dann durch Parzival erlöst wird.
Wir kommen nun zur nächsten Stufe im Schicksalsgang unseres ritterlichen Helden. War es vor der Artusburg in Nantes ein bäuerlicher Fischer, der Parzival dorthin geleitete, so ist es nun ein Fischer in prachtvollem Gewand und mit einem Hut, der Pfauenfedern als Schmuck trägt. Dieser gibt ihm Weisung für den Weg zu einer Burg, wo er Herberge nehmen soll. Mitten in einer wilden, felsigen Waldgegend findet er sie, die Zugbrücke ist noch hochgezogen. Auf den Ruf: »Der Fischer hat mich von sich hierher gesandt«, wird die Brücke niedergelassen, und wiederum wird Parzival wie ein ehrenwerter Gast empfangen, denn alle Knappen bewundern seine edle Gestalt, sein lichtes Aussehen. Nun öffnen sich ihm alle Tore: Der Lichterglanz des Palas, die festlich gedeckten Tische für die Ritter, die strahlende Schönheit der Jungfrauen, der sonnenhaft glänzende Gral-

stein, alles zieht an ihm vorüber. Würdig wird er mit dem Mantel der Graljungfrau Repanse de Schoye bekleidet, er empfängt das Gralschwert des Gralkönigs. Doch weder die blutende Lanze, noch das Wehgeschrei der anwesenden Ritter, noch das Leiden des Amfortas lösen irgendeine Frage in dem jungen Ritter aus, weil er allzusehr in den Ratschlägen des Gurnemanz verfangen ist. Wo das Sonnenhafte anwesend und wirksam ist und dadurch das Schattenhafte als Widerstandskraft offenbar wird, trifft es denjenigen am härtesten, der nicht die Seelenkraft und Geistesstärke des bewußten Fragens aufbringen kann, um die Sphären der übersinnlichen Bereiche erkenntnismäßig zu durchdringen.

So bricht nun über den noch nicht gereiften Parzival die Katastrophe gleich nach seinem Gralerleben wie ein kosmisches Unwetter herein. Der Schattenwurf des Sonnenhaften läßt ihn die folgende Nacht nicht schlafen. Er träumt von ungestümen Kämpfen, in die er verwickelt wird. »Künftige Leiden sandten im Schlaf ihre Boten«, so daß er am Morgen in Schweiß gebadet aufwacht. »Möchte es dreißig Mal der Tod sein, er hätte dies alles viel lieber im Wachen erduldet.« Als er sich erhoben hat, findet er die Burg entvölkert. Seine Rüstung, Waffen und Pferd stehen bereit. Hastig, von rätselhafter Unruhe getrieben, verläßt er die Gralburg. Die Zugbrücke wird hochgerissen, fast hätte sie sein Pferd getroffen. Er hört noch den Spottruf des Knappen: »*Der Sonne Haß* soll euch treffen. Ihr seid ein Gänserich. Hättet ihr Euer Maul gerührt und doch gefragt. Offenbar seid ihr hohen Preises überdrüssig« (245–247).

Bestürzt und nachdenklich verläßt er den Gralbereich und trifft im Wald auf seine Base Sigune. Als sie von ihm erfährt, daß ihn kein Mitleid zu einer Frage nach dem Leiden des Amfortas bewegt habe, obwohl er die Gnade hatte, in der Gralburg die blutende Lanze und den strahlenden Gral zu sehen, verflucht sie ihn mit harten Vorwürfen. Noch tiefer bewegt und im Innersten erschüttert reitet er fort, bis er die Artusrunde erreicht. Dort wird er begeistert empfangen, weil keiner weiß, was ihm zugestoßen ist. Er ist in seinen Seelentiefen berührt worden von dem göttlich-menschlichen Geschehen in der Gralburg.

Alle Ritter und Frauen sind von dem engelhaften Aussehen des jugendlichen Ritters erfüllt, der nun schon durch viele ritterliche Taten bekannt ist. Darum begeht man ein Fest auf blumiger Wiese und sitzt um ein rundes Tafeltuch aus feinster Seide, niemand hat einen besonderen Ehrenplatz. Alle sind frohgestimmt durch die Gegenwart des trefflichen Parzival.

Da erscheint Cundrie als Ausgeburt der Häßlichkeit vor den Artusrittern und verflucht den jungen Helden, der sein günstiges Schicksal durch sein stummes Verhalten gegenüber Amfortas verwirkt hat. Sie löscht durch vernichtende Worte seinen Namen aus und lähmt dadurch die Gemeinschaftskraft der Tafelrunde, die aus dem festlichen Frohsinn jäh herausgerissen wird. Cundrie erhebt gleichzeitig vor allen anwesenden Helden den Vorwurf, daß bis jetzt sich noch kein Mutiger gefunden habe, der die finstere Macht des Magiers Klingsor in dessen Zauberschloß Schastel Marveil gebannt habe, um dort die vier Königinnen und vierhundert Frauen aus ihrer Gefangenschaft zu befreien. So hat sich *»der Sonne Haß«* wie eine Schattenwolke der Finsternis über der ganzen Tafelrunde zusammengezogen, die nun vor zwei große Abenteuer gestellt ist: die Erlösung des Amfortas von seinem Leidensschicksal und die Befreiung der Frauen aus den Klauen des Klingsor. Licht und Finsternis rufen auf zur Tat. Von jetzt an treten die beiden Rittergestalten Parzival und Gawan, der Schwestersohn des Artus, in den Vordergrund, der eine im Ringen um den Gral, der andere im Kampf gegen die schwarzmagische Gewalt des Klingsor.

Parzival ruft, nachdem ihn Cundrie im Himmel und auf Erden zur Hölle verdammt hat, in die Artusrunde hinein: »Ich will mich aber der Freude so lange nicht ergeben, bis ich den Gral wiedergesehen habe, ... davon werde ich niemals mehr lassen, solange ich lebe« (329, 25 ff.). – Dieser Ruf kann heute jeden Menschen besonders ansprechen, der sich in den Irrungen, im rastlosen Drängen des technischen Zeitalters nur einen Augenblick auf sich besinnt und von der unermüdlich wiederholten Parole »Gott ist tot« nicht entmutigen läßt.

Parzival ist viereinhalb Jahre und drei Tage zweifelnd und verzweifelt umhergeirrt, immer getrieben von der Frage: »O weh, was ist Gott!« Viele Länder, viele Wälder hat er durchstreift, hie und da ritterliche Kämpfe bestanden, bis er eines Tages die Zügel fallen läßt und aus innerster Ratlosigkeit seinem Pferd zuruft: »Nun geh zu, nach Gottes Rat!« Nichtsahnend trifft er auf die Quelle des Heils, Fontane la salwäsche, wo ihn der Einsiedler Trevrizent, ein Bruder des Gralkönigs Amfortas, erstaunt empfängt, weil er einen unbekannten Ritter in voller Rüstung vor sich hat, am heiligen Karfreitag, an dem das Waffentragen eine Schande ist. Nun wird der marshafte *äußere* Kampf von viereinhalb Jahren beendet und wird zu einem *inneren* Ringen um

Selbsterkenntnis, die gewiß im menschlichen Leben die schwierigste Aufgabe ist. Denn jetzt legt er seine Rüstung ab und erlebt tiefer als bisher seine Schuld am Tode der Mutter, die vor Gram starb, am Tode des Roten Ritters, am Versagen in der Gralburg gegenüber dem leidenden Amfortas. Der Einsiedler eröffnet ihm die ganze Not des Graltums. Alle Versuche, den König zu heilen, durch Kräuter und Essenzen die Schmerzen zu lindern, die Wunden zum Schließen zu bringen, waren gescheitert. Vergeblich war alles Bemühen, so daß man Hilfe durch das Gebet erflehte und der Notruf im ganzen Gralbereich ertönte. Da erschien die tröstende Inschrift auf dem Gral, welche die Ankunft eines Ritters und Retters verkündete. Wenn dieser die Frage nach Amfortas Leiden stellen würde, nach dem Grund der Leiden, dann würde alle Not ein Ende haben. Der Ritter sei gekommen, habe aber »in reiner Torheit die Frage nicht gestellt«.
Nach diesem Bericht des Trevrizent ist der Höhepunkt des Gespräches erreicht. Bis ins tiefste erschüttert überschaut Parzival seine Schuld. Das Siechtum des Amfortas bleibt und damit die Not des ganzen Graltums.
Gerade diese Not hat Richard Wagner in den Vordergrund gestellt, als er nach jahrelangem Zögern seinen »Parsifal« niederschrieb und komponierte. Er ging sogar so weit, Wolfram den Vorwurf zu machen, daß er im Blick auf Parzival den leidenden Amfortas vernachlässigt habe. Als genialer Dichter empfand Richard Wagner, der, wie sein gesamtes Lebenswerk zeigt, tief mit dem europäischen Geistesleben verbunden war, daß er dem Zeitgenius entsprechend zu handeln habe. Denn bereits zu Wagners Zeit wurde das Leben Jesu zur Bio-

graphie eines gewöhnlichen Wundertäters, die Sprache der Bibel zum Spielball textkritischer Auslegungen. Wie eine Amfortaswunde brannte in den gläubigen Menschen die Frage nach der Wandlung von Brot und Wein, die geistige Substanz des Kultus schwand dahin. Wagners »Parsifal« ist aus dem europäischen Geistesleben als Notruf seiner Zeit herausgewachsen, wie einst die Bilder des Grales in verschiedener Form aus dem Genius der europäischen Völker und dem Zeitgeist des 12./13. Jahrhunderts heraus wuchsen, als vor allem die Verstandes- und Gemütsseelenkräfte tätig waren.
Wie tief Richard Wagner in die Fragen um das Christusgeschehen und den Gral eingetaucht war, zeigen auch sein »Lohengrin« und sein »Tannhäuser«, ganz besonders aber der dichterische Entwurf »Jesus von Nazareth«, in dessen Tempelreinigungsszene die menschheitliche Absicht des Heilands zum Ausdruck kommt. So erlebt man noch heute die geistige Substanz und Strahlkraft des sonnenhaften Grales, wenn in der Oper »Parsifal«, von fernen, leisen Tönen und Stimmen aus der mittleren und obersten Höhe begleitet, der Ruf erklingt: »Erlösung dem Erlöser«.
Den Schicksalsanruf, dieses Ziel versäumt zu haben, erlebt und erkennt der Parzival des Dichters Wolfram von Eschenbach. Durch die Ratschläge und Lehren des Trevrizent durchschaut er, daß er in vollem Einklang mit dem Gang der Gestirne zu handeln hat. Trevrizent hat ihm klargemacht, daß »die Ankunftszeit mancher Sterne, die so hoch übereinander kreisen und den übrigen Sternen in unregelmäßigem Lauf entgegenwandeln, die Gralritter dazu bringt, jammervoll zu klagen, und daß auch der Mondwechsel der Wunde sehr scha-

det« (490, 3–9). In derselben Weise macht der Einsiedler dem Gralsucher klar, daß er ohne Hochmut geduldig kämpfen müsse, bis seine Sternenstunde gekommen ist. Ein inneres Licht, eine Erkenntnis-Erleuchtung beginnt in Parzival zu wirken; er ist zum Sonnenhelden geworden und steht vor dem Tore der höchsten Prüfungen und Kämpfe, wo die Versuchungen an Macht zunehmen.

Doch diese Stufe ist in ihrer Bedeutung nur zu erfassen, wenn wir dem Dichter Wolfram folgen und gleichfalls erst auf den Artushelden Gawan eingehen. Dieser mannhafte, höfische Ritter ist bei den edlen Frauen sehr beliebt, weil er ihnen gern den Hof macht, so daß er auch einmal den Namen »Gänserich« erntet. Es geht ihm das Schicksal jener Frauen besonders nahe, die im Banne des Zauberers Klingsor sind. Er wird auf diese Weise zum Helden, der das Abenteuer wagt, den Kampf mit den finsteren Mächten des Zauberschlosses Schastel Marveil aufzunehmen.

So kommt er in eine offene Landschaft, die von einem breiten Fluß durchströmt wird. Jenseits bietet sich der Anblick des geheimnisvollen Schlosses mit vielen Türmen und Fenstern, aus denen viele Frauen herausblikken. Ein Fährmann bringt den Helden hinüber. Gawan stellt diesem immer neue Fragen, welche Gefahren dort droben dem Besucher drohen und wie er sie bestehen könne. Der Gefragte aber wehrt ab und will nicht, daß man Fragen stelle. Doch warnt er ihn vor dem todbringenden Abenteuer, die gefangenen Frauen erlösen zu wollen. Der kampfbewährte Gawan aber zögert nicht. Vor dem Burgtor trifft er einen Krämer an, der dort sein Kaufzelt aufgeschlagen hat. Bei ihm läßt er sein Pferd zurück. Kein Knappe empfängt ihn, als er den Burghof zu Fuß betritt. Im glänzend ausgestatteten Palas findet er Ruhebetten mit kostbarsten Decken. Aber der Palas ist von den Frauen verlassen. Eine unheimliche Leere gähnt ihn überall an. Schließlich gelangt er in die Kemenate, wo das rollende Zauberbett, Lit Marveile, steht. Mit ohrenbetäubendem Donner und Dröhnen fährt es auf dem spiegelglatten Estrich einher, so daß die ganze Burg davon erbebt. Ein Hagel von Steinen und Pfeilen saust auf Gawan nieder, der sich nur durch Ducken unter seinen Schild schützen kann. Danach hat er mit einem keulenschwingenden Bauern, dann mit einem reißenden Löwen einen ganz unritterlichen, entsetzlichen Kampf zu bestehen, bis er selbst, vom Blut des Löwen durchtränkt, neben diesem kraftlos zusammenbricht. Rohe Gewalt, List und Hinterhalt, tückische Mechanismen sind die unheimlichen Mächte, mit denen Gawan zu tun hat, der bisher nur ritterlichen Kampf zu Pferde gewohnt war. Hier sprechen Bilder des Bösen, Gegenbilder des Graltums auf Schritt und Tritt; hier öffnen sich die Finsternisse des Erdinneren, das Schattenreich der Dämonen umkrallt den bewährten Ritterhelden Gawan. Er siegt aus unüberwindlichen Mutkräften, eisernem Durchhalten und männlicher Abwehr, bannt den despotisch-tyrannischen Zauber, erlöst die Frauen und wird Herrscher des Landes Terre marveile, des Zauberreiches. Das war seine Tat, sein Abenteuer für die Tafelrunde des Artus. Die besorgten, aber freudevollen Frauen pflegen ihn und heilen seine unzähligen Wunden.

Gawan geht durch den Palas bis zu einer Wendeltreppe, die über das bunte Dach hinaufführt. Dort findet er im erhöhten Rundturm das Zauberkleinod, das Wunderbauwerk, das der kundige Klingsor aus den Ländern des Heiden Feirefiz, des Halbbruders von Parzival, mitgebracht hat. Es übertrifft an meisterhafter Konstruktion das rasende, den Menschen vernichtende Zauberbett. Eine helle, runde Spiegelsäule ist es inmitten des turmartigen Rundraumes. »Es scheint Gawan so, als könne er alle Länder in der mächtigen Säule erkennen, als drehten sie sich, als stießen die großen Berge im Fluge aufeinander. Menschen sieht er darin reiten und gehen, manche laufen, andere stehen« (590, 7–14).

Wer diese Bilder zu lesen sich bemüht, wird erkennen, daß sie nicht nur die Welt der Brutalität, des Verbrechens sowie des Geschlechtlich-Sinnlichen imaginieren, sondern auch die Welt der Technik, welche mit unsichtbaren Strahlen die physische Umwelt beweglich widerzuspiegeln vermag. Dies alles in seinem wahren Wesen und bösen Wirken anzuschauen und zu erkennen, ermöglicht uns die männlich-ritterliche Siegeskraft des Gawan.

Die erobernde Tätigkeit des Menschen auf Erden, von Zarathustra einst als Fortschritt inauguriert, ist heutzutage an ihrem Ende angelangt. Es ist die Zeit der Wende angebrochen. Schastel Marveil durchdringt unser ganzes Alltags- und Kulturleben. Es ist an der Zeit, dieses aus der Kraft des Graltums durch Auferstehungslicht zu wandeln.

In diesem Sinne ist nach der Befreiungstat des Gawan auch für Parzival die Zeit der Wende gekommen, denn er hat im Laufe des Gespräches mit dem Einsiedler Trevrizent eine Wandlung durchgemacht, wie sie immer in einem wahren Gespräch von Mensch zu Mensch sich

vollziehen kann. Beide ritterlichen Kämpfer bewegen sich also in der Sphäre des Mars.
So begegnen sich nun kampfbereit mit heruntergezogenem Visier der Gralsucher und der Klingsorbesieger. Sie erkennen sich nicht, obwohl beide Pferde das Zeichen von Munsalväsche, eine Taube, tragen. Gleich einem gewaltigen Sturm beginnt ein unerhörter Kampf, den Wolfram in wechselnder Dramatik, mit realistischer Wortkunst nachzeichnet. Als Gawan wankt, in die Knie geht und zu unterliegen droht, rufen seine Knappen seinen Namen. Da schleudert Parzival erschüttert sein Schwert von sich und ruft, er habe sich in diesem Kampfe selbst besiegt. »Ich bin dein Verwandter Parzival.« Gawan, der Klingsorbezwinger, anerkennt ihn als Sieger und ruft ihm aus freier, brüderlicher Erkenntnis zu:

»Du hast dich selbst besiegt« (690, 1).

Damit hat das Reich des Lichtes über das Reich der Finsternis gesiegt. Beide Kämpfer haben den langen Weg der Mars-Stufe durchschritten, jeder nach seiner Erdenschicksalsbahn. Und nun hebt eine neue Aventiure an, die in ihrer umfassenden Größe aus dem bisher zurückgelegten Forschungsweg zu erfassen ist und gleichzeitig die geistige Erkenntnisreife der Individualität des Dichters Wolfram von Eschenbach zeigt. Sein »Parzival« hat die Lebensstufen wie planetarische Lebenssphären vom Mond bis zum Mars durchschritten und durch alle Irrungen sein Suchen nach dem Gral, dem höchsten Menschheitsideal, immer aufrechterhalten.
Frohe Feste und Hochzeiten finden im Kreise der Artusritter statt. Parzival ergreift die Sehnsucht nach seiner Gemahlin Condwiramurs, die er durch alle Fährnisse und Fahrten in seinem Herzen getragen hat. Er

verläßt wiederum »allein« und heimlich das muntere Treiben. Im Wald trifft er auf einer Lichtung einen Fremdling von stattlicher Größe, alles an ihm zeugt von Vornehmheit, begonnen mit der Rüstung und den Beinschienen bis zum Rüstzeug für das Pferd. Der Helmschmuck läßt eine Schlange erkennen. »Hier wollen sich zwei begegnen, die Lämmer der Reinheit, aber Löwen der Kühnheit waren«, sagt bedeutungsvoll der Dichter (737, 19–21). Ein Heide und ein Getaufter stehen sich gegenüber, beide sind Gahmurets Söhne; sie sind heroische Vertreter zweier Welten, zweier Epochen der Menschheitsgeschichte. Der Wald hallt wider vom Kreuzen der Waffen. »Tabronit« schreit der Heide, er meint damit eine Stadt im Kaukasus, in der seine Geliebte Secundille wohnt; »Pelrapeire« schreit der Getaufte und denkt an Condwiramurs. Es springen Edelsteinsplitter von des Heiden Schild, das Schwert des Getauften zerbirst von einem gewaltigen Schlag auf des Heiden Helm. Der strauchelnde Heide erhebt sich und sagt: »Stehe still, wehrhafter Held, und sage mir, wer du bist ... Nun sei Frieden zwischen uns, bis wir uns ausgeruht haben« (745, 2 ff.). Und als sich beide, überwältigt von Staunen, erkannt haben, spricht Feirefiz zu seinem Halbbruder Parzival: »Mein mächtiger Gott Jupiter war mir Bürge für dieses Glück! Götter und Göttinnen, eure Kraft will ich immer lieben. Geehrt sei der Schein des Planeten, in dessen Zeichen ich meine Fahrt nach Abenteuern unternahm zu dir, du schrecklicher und doch so liebenswerter Mann« (748, 19 ff.). Ganz sinngemäß hat sich dieser außerordentliche Kampf und sein schicksalsmäßiger Ausgang im Licht des Jupiter, in dessen Sphäre abgespielt.

Wie ein Doppelgestirn begeben sich Parzival und Feirefiz in die Artusrunde, während die vielsprachigen Heeresgruppen aus fernen Ländern zu Schiff in prächtigem Aufgebot auf ihren Herrscher im Hafen warten. Viele Könige und Fürsten sind unter der Gefolgschaft des Feirefiz, unter anderem der König Zaroaster von Arabien (griechische Version des Namens Zarathustra) und der Herzog Meiones von Atrophagente (Atropatene ist der römische Name für das Gebiet von Aserbeidschan, in dem wir das Feuerheiligtum von Shiz fanden; vgl. Ringbom S. 92 f., 294). Mit Feirefiz zieht das uralte Geistesgut des Zarathustra in das Graltum mit ein; gleichzeitig auch der griechisch-römische Sonnenlichtbringer Jupiter, eigentlich ein Abglanz des Ahura mazda. *Vorbereiter* und *Träger* des Christuswesens treffen zusammen, vertreten durch die Gefolgschaft des mächtigen Feirefiz und die Gefolgschaft des Königs Artus. Im Mittelpunkt stehen die Templeisen des Gralkönigs Amfortas und das Graltum. Ost, West und das Graltum als Mitte Europas begegnen sich.

Ein emsiges, von Freude getragenes Rüsten zum Empfang des Heiden Feirefiz beginnt. Bis in die tiefe Nacht hinein wird um die kostbare Seidendecke für die Tafelrunde ein Ring für die Sitze auf taufrischem Rasen abgesteckt und festlich geschmückt. Prächtige Gewänder aus fernen Ländern legen die schönen Frauen an. Die Ritter tragen bunte Kränze auf dem Haupt. Von Reichtum glänzend ist die Runde im Ring anzusehen, als Kämmerer und Knappen Speisen und Getränke reichen. Unter freiem Himmel spielt sich dieses Treffen der Tafelrunde ab.

Eine sonderliche Jungfrau reitet herbei und umkreist

schweigend den ganzen Ring. Noch ist sie in Tücher gehüllt, noch ist sie nicht zu erkennen, aber jeder – Ritter und Frauen – weiß, daß wieder einmal die Sterne sprechen werden, denn Jupiter hat das Wort. Nun macht die Unerkannte vor Parzival und Feirefiz halt und wirft sich, um Verzeihung bittend, Parzival zu Füßen. Dann entfernt sie Haube und Schnürbänder, so daß alle sie als Cundrie, die Gralbotin, erkennen. Sie richtet sich auf, grüßt die festliche Tafelrunde und erhebt, zu Parzival gewandt, feierlich ihre Stimme: »Nun überhebe dich nicht und doch sei froh! Heil dir des hohen Geschenkes, du Krone des menschheitlichen Heiles! Die Gralinschrift ist zu lesen: Du sollst der Herr des Grales sein. Condwiramurs, dein Weib, und dein Sohn Lohengrin sind beide mit dir genannt ... denn die Frage deines Mundes heilt den König.« Nach diesem Freudenruf nennt sie feierlich die Namen der sieben Planeten in arabischer Sprache, die der edle schwarz-weiße Feirefiz versteht. Was der Gang der durch die Straße des Tierkreises hin und wider sich bewegenden Wandelsterne auf die Erde niederstrahlt, hat Parzival erlebend durchschritten und dadurch als wirkende Weisheit erworben. Er hat die wahre saelde als göttlich-geistige Kraft erworben, er ist in die Saturnsphäre eingetreten, aus der er den Amfortas heilen kann, ihm ist der Gral, der Himmel auf Erden erschlossen.

Wir stehen vor einem kosmisch-esoterischen Wahrbild: Die Runde auf dem taufrischen grünen Rasen ist eine Symphonie dessen, was über die Steinrunden, die Tafelrunde, die Graltempelrunde sowie die Feuertempelrunde gesagt wurde. Die Verkündigung der Gralinschrift durch die Gralbotin gleicht einer sonnenhaften Offenbarung des Auferstandenen in der Tierkreisrunde. Der Anruf der Planeten durch Cundrie läßt die Einweihungsstufen hervortreten, die der Gralsucher auf seinem Entwicklungswege abgeschritten hat, um aus der tumpheit (Torheit) über den zwîvel (Zweifel) zur saelde (Vollkommenheit) aufzusteigen. Dieses Ziel hat er vollbewußt erstrebt und erreicht, weil er durch die Erlebnisstufe des »Gott ist tot« hindurchgeschritten ist. Dadurch wird er unmittelbar zum Vorbild für den Gegenwartsmenschen, der in dem Augenblick als ein Amfortas bezeichnet werden kann, in welchem die Gralbotin dem Parzival zuruft: »... denn die Frage deines Mundes heilt den König«. Dies geschieht deshalb, weil durch Parzival die Kraft wirken kann, die das *»Gott ist tot«* überwindet und in ein *»Christus ist auferstanden«* umwandelt.

Von diesem Wahrbild aus werden die Worte verständlich, die Rudolf Steiner findet, als er über das Einweihungswesen des Christentums spricht: »Der Mensch der neueren Zeit trägt diese Doppelnatur in sich: strebender Parsifal – und verwundeter Amfortas. So muß er sich selbst fühlen in seiner Selbsterkenntnis. Daraus quellen dann die Kräfte, die eben aus dieser Zweiheit heraus zur Einheit werden müssen und den Menschen wieder ein Stück weiterbringen sollen in der Weltentwicklung. In unserer Verstandes- und Gemütsseele, in den Tiefen unseres Inneren müssen sich treffen der an Leib und Seele in gewisser Beziehung verwundete moderne Mensch, der Amfortas, und Parsifal, der Pfleger der Bewußtseinsseele«[2, 4. Vortrag v. 7. 2. 1913]. Dieses Stück Weltentwicklung aber kommt Europa zu, wie im Anfang unserer Betrachtung gezeigt wurde: Es ist der Kulturbereich, wo es Abend wird vor der Nacht, wo es in den Tod geht, um den Weg der Auferstehung durch das Christuswesen zu finden.

Die Völker des Westens und Ostens haben rings um die Runde die Gralkönigsberufung miterlebt. Parzival kann nun kraft des Auferstandenen vor den Gralkönig Amfortas treten, dessen Leiden durch die Wirkung von »Mars und Jupiter« sich ins Unermeßliche steigerten, so daß seine Schmerzensschreie Jungfrauen und Ritter erschüttert hörten. So war er hineingebannt in diese beiden Planetensphären (788, 21 ff.). Die Brüder Feirefiz und Parzival kommen zur Gralburg; sie werden an der Freitreppe vor dem Palas freudig begrüßt. Dreimal verneigt sich Parzival zu Ehren der Trinität vor dem Gral und spricht dann: »Oheim, was lastet auf dir?« Ein »Lazarusgeschehen« (796, 2) erfüllt den Palas, Amfortas wird geheilt, von überirdischer Schönheit, von jugendlicher Frische strahlt seine Haut, die Todesfarbe und der Todesgeruch weichen, Geistessonnenglanz durchwirkt den ganzen Gralraum.

Damit hat Parzival als Gralkönig seine erste Handlung vollzogen. Jetzt strebt alles dahin, daß der Heide Feirefiz, der um die Hand der Gralkönigin Repanse de Schoye gebeten hat, durch den Vollzug der Taufe zum Christen wird; denn noch hat er nicht die Fähigkeit, den Gral zu schauen, obwohl dieser zur Speisung der Ritter in den Palas hereingetragen wird. Er sieht – wie einstmals die Artusritter auf der Burg Camelot – nur die grüne Hülle, die den Gral bedeckt.

Zu dem Menschheitsfest der Taufe des Heiden Feirefiz, des Herrschers über 25 Völker des Ostens, strömen die Artusritter aus den Völkern des Westens herbei; die

Templeisen als die Gralritter gesellen sich dazu, vor allem auch Condwiramurs mit ihrem Sohne Loherangrin. Nun bitten Amfortas und Parzival den Feirefiz in den Graltempel, wo die Gralritter und Artusritter in großer Zahl anwesend sind (816, 9 ff.). Dort wird vor der uns bekannten Tempelsakristei durch des Grales Kraft im runden Taufbecken aus Rubin die Taufe vollzogen; dieses ruht auf einem abgestuften runden Untersatz aus Jaspis, so wie ihn Titurel in kostbarer Weise hergestellt hat. Das Taufbecken wird ein wenig nach dem Grale zugeneigt, so daß es sich mit lauem Wasser füllen kann (vgl. auch A. v. Scharfenberg: Der Jüngere Titurel, Str. 551/2).

Wir sind nun in die Sphäre des Saturn eingetreten, die das ganze Planetensystem wie ein kosmischer Mantel zusammenfaßt. Diese Sphäre ist die Welt unseres Sonnenraumes, in dem alle Bewegungssterne ihr Licht von der Sonne empfangen. Durch die Huldigung der Cundrie, welche die Namen der Planeten bis hin zum Saturn nennt, kommt dies zum Ausdruck. Damit offenbart sich der Name des Gralsuchers Parzival, den Wolfram selbst als den »Mittendurch« bezeichnet im Sinne eines »mitten durch das Erdental«, für unsere Zeit in der Weise, wie ihn Richard Wagner in seinem zweiten Prosaentwurf vom 23. Februar 1877 umgewandelt hat:

Parsifal.

Denn er ist, wie wir zeigten, derjenige, der das priesterliche Persertum des Ostens: *PARSI* (der Parse) und das irische Königtum des Westens: *FAL* (Stone of Fál) zusammenfaßt. Das gilt auch für Wagner, wie aus dem tiefsinnigen Wortspiel der Kundry hervorgeht, das sie im zweiten Akt seiner Oper »Parsifal« ausspricht:

»Dich nannt' ich, tör'ger Reiner, ›Fal parsi‹
Dich reinen Toren ›Parsifal‹.«

Das sakrale Tempelchen, in dem der Gral schwebt und aufbewahrt wird, erscheint als eine Art *Feuerheiligtum*, und im Zusammenhang mit dem Taufbecken als *Wasserheiligtum.*

Beim Vollzug der Taufe findet das höhere Ich im Seelensein des Menschen seine Verleiblichung wie eine Erinnerung an das erhabenste Menschheitsgeschehen im Jordan. Damit hat sich das Gralmysterium durch die vier Gestalten Amfortas, Parzival, Feirefiz und Gawan erfüllt, und zwar nicht nur im Tempel, wie es gezeigt wurde, sondern auch durch die Menschen selbst. Es wartet auf seine vollständige Enthüllung, um als Christuserkenntnis und als Kulturtaten aus dieser Erkenntnis zur Wirkung zu kommen. Dazu ist die Geisteswissenschaft, wie dargestellt wurde, der Schlüssel. Durch sie ist es möglich, in der Literatur zahlreiche Dichtungen zu enträtseln, die sich um den Gral gruppieren, von dem wir wissen, daß sein äußeres Gewand sich durch die Genien einer Zeit, eines Volkes oder eines Dichters wandeln kann. Davon zeugt dieses oder jenes Werk mancher Dichter des 20. Jahrhunderts. Deren Stimmen sollten in unserem hektischen Heute nicht wirkungslos verhallen; am Schluß dieser Arbeit werden wir noch auf die wichtigsten eingehen, um deutlich zu machen, daß das Wissen um den Gral in Europa auch heute noch wirksam und dessen Geisteskraft durch die Katastrophen der beiden Weltkriege gewachsen ist. Seine sonnenhaft wirkende Kraft, welche die wunden Seelen *heilt* und auch *erleuchtet*, ist ungebrochen. Darum können wir als moderne Menschen bewußt einstimmen in den zweifachen Ruf von Richard Wagners »Parsifal«:

»Sei heil, entsündigt und entsühnt!«
und
»Enthüllt den Gral! Öffnet den Schrein!«

Parzival und der Manichäismus

Wir haben die Gestalt des Parzival in ihrer stufenweisen Entwicklung verfolgt. Doch zeigte sich bereits, daß Wolfram sie zwar in das dramatische Ritterleben des Mittelalters hineingestellt hat, sie in ihrer Bedeutung aber den europäischen Raum überschreitet. Dabei öffnete er weit die Tore nach dem Morgenland, so daß Namen wie Kaukasus, Atrophagente und Ganges auftauchen. Dadurch schuf er eine weltweite Grundlage für das Erkennen des Kosmisch-Christlichen. So handeln seine beiden ersten Bücher von Gahmuret, dem Vater des Feirefiz und des Parzival, der bis nach Nordafrika und Asien seine ritterlichen Fahrten unternahm; und die beiden letzten Bücher lassen wie eine Art Rückantwort den schwarzweißen Halbbruder des Parzival, Feirefiz, festlichen Einzug in den europäisch-christlichen Raum des Graltums halten. Wolfram hat keine Mühe gescheut, die Ankunft der Völker des Morgenlandes in Europa auszumalen, wo die Jahrtausende zurückliegende Prophetie des Wirkens des Sonnensohnes ihre Erfüllung gefunden hatte. Feirefiz als Sendbote des Ostens erkannte das durch die im Graltempel vollzogene Taufe. So ergibt sich eine Geographie geistesgeschichtlicher Art, welche die große Zeit des 9. Jahrhunderts vor den Leser hinstellt, in der nach Angabe Wolframs sein Parzival gelebt hat (128/29/30).

Bevor wir nun auf Parzivals inneres Wesen und menschheitliche Bedeutung näher eingehen, muß das bisher Ausgesagte noch einmal rückblickend umfaßt werden. Dabei sollen die historischen Bereiche, die bisher berührt, durchschritten und dargestellt worden sind, sowohl zeitlich als auch substantiell genauer bestimmt werden. Das ist notwendig zum Verstehen derjenigen Tiefen des Graltums, die auf die Weltanschauung des großen Verkünders eines kosmischen Christentums, des sogenannten Parakleten Mani, zurückgehen.

Durch alle Zusammenhänge mit der Artusrunde konnte zur Darstellung gebracht werden, wie die Erlebnisse und Erkenntnisse vermittelt worden waren, welche die Eingeweihten der Megalithkultur hatten. Sie waren durch ihre Empfindungen für die Vorgänge im Sonnenkosmos offen, sie waren mit ihren Steinsetzungen befähigt gewesen, diese Vorgänge zu verfolgen und für den Ackerbau und das Erdenleben überhaupt auszuwerten. Mit dieser Darstellung öffnete sich der Blick für einen Zeitabschnitt, der sich bis ins ganze *dritte Jahrtausend* zurückerstreckt. Die Geisteswissenschaft, die für diese Epoche (von 3000 bis 700 v. Chr.) das Seelische ins Auge faßt, spricht hier von Empfindungsseelenkräften, die kulturschaffend tätig sind und einen bestimmten, dem Hellsichtigen zugeneigten Bewußtseinszustand unserer Vorfahren charakterisieren. Im Bilde kann hier vom Stierzeitalter gesprochen werden, das im Zusammenhang mit der Bretagne und Irland herausgearbeitet wurde.

Im Zusammenhang mit dem Feuerheiligtum Takht-i-Suleiman öffnete sich der Blick in die vorausgehende Epoche des Persertums, die mit der Gestalt des Zarathustra verbunden ist. In dieser Zeit waren die Seelen unserer Vorfahren überwiegend in den Kosmos, in die Ordnung des Sternenweltenalls eingebettet, d. h. sie hatten noch eine innerlich bewegliche Leiblichkeit, die harmonisch in die Rhythmen der Bewegungssterne (Planeten) und in die Strahlungen der Ruhesterne (Fixsterne) eingegliedert war, die sich ihnen in bildhaften Gruppen im Tierkreis offenbarten.
Heutzutage kann der Mensch nur noch in Atem und Herzschlag den kosmischen Rhythmus ahnend erleben. Damals empfand der Mensch Rhythmisches belebend, Lichtes begeisternd, Finsteres dämonisch und Chaotisches ertötend, das Ordnende der Sterne gesundend. Darum prägt die Geisteswissenschaft für diese Menschheitsepoche den Begriff »empfindender Seelenleib« oder, bezogen auf das Sternenall, »Astralleib«. Er brachte bestimmte Begabungen und Fähigkeiten mit sich, die wiederum kulturschöpferisch tätig waren. Dieser Zeitabschnitt erstreckt sich zurück bis zum Ende des fünften Jahrtausends. Er war von der kosmisch-vorchristlichen Lehre des Zarathustra erfüllt. Im Bilde kann hier vom Zeitalter der Zwillinge gesprochen werden, das sich im nördlichen Bereich Eurasiens im Bild des Hirsches offenbart; auch auf diese Jägerkultur wurde hingewiesen.
Von dieser Epoche, die ebenso prophetisch vorverkündend ist für das Herniedersteigen der kosmischen Christuswesenheit wie die nachfolgende des Stieres, fanden wir über Zarathustra den Weg zur Geburtsgeschichte des Jesuskindes, in welcher der Evangelist *Matthäus*

von den drei Weisen aus dem Morgenland berichtet, die von einem Stern geführt nach Bethlehem kommen und das Kind anbeten. Dabei ließen wir die Geburtsgeschichte, wie sie im Lukasevangelium zu finden ist, noch unbeachtet, weil die Aussage von Matthäus sich auf einen Jesusknaben bezieht, dessen Ahnenreihe *über den König Salomo* geführt wird. Salomos Namen begegneten wir bei dem Feuertempel des Zarathustra.

Lukas dagegen führt eine Generationenreihe über den Priester Nathan zurück bis zu »Adam, der Gottes war« (Luk. 3, 38).* Der lukanische Jesusknabe, den die Hirten, von den himmlischen Heerscharen geleitet, anbeten, geht auf eine priesterliche Generationenreihe zurück.

Wenn wir also die beiden Geburtsberichte und auch die anschließenden Kindheitsgeschichten in ihrer bildlichen Aussage sprechen lassen, wird zunächst deutlich, daß beide Berichte und die Geschichten in keiner Weise übereinstimmen, weil sie von zwei verschiedenen Jesusknaben sprechen.[86]

Es stellt sich die Frage, ob es einen Weg geben kann, der vom Graltum aus ebenso zum *Lukasevangelium* führt, wie der Weg über Gral und Graltempel zum *Matthäusevangelium* geführt hat. Wenn dies möglich wäre, könnte das Graltum dazu dienen, das göttliche Menschheitsereignis in Palästina und auf Golgatha zur Zeitwende umfassender zu verstehen.

Aus diesem Grunde sollen die Graldichtungen des Robert de Boron[3], Chrestien de Troyes[87] neben Wolfram von Eschenbach[85] zu Rate gezogen werden. Von Interesse ist im besonderen Spanien, das durch die frühen euro-

* Vgl. dazu Anmerkung 86b.

päischen Jahrhunderte wie ein Einströmungshafen für morgenländische Kulturen wirkt, nicht nur auf religiösem, sondern auch auf philosophischem, medizinischem, astronomischem, astrologischem und künstlerischem Gebiet. Dabei spielen die morgenländischen Sprachen eine große Rolle. Es begegnen sich hier die sogenannten heidnischen Strömungen mit dem Christentum. Sehr anschaulich schildert dies Konrad Burdach in seinem Gralbuch im Zusammenhang mit der Stadt Toledo.[48] (S. 184 ff.)

Es ist auffällig, mit welcher Ehrfurcht, ja ängstlicher Achtung die Graldichter im 12. Jahrhundert von den »Großen Büchern« sprechen, in denen »bedeutende Geschichten« aufgezeichnet sind. Wenn man solcher Haltung begegnet, spürt man, daß es sich um Inhalte handelt, die nicht mit dem Dogma der katholischen Kirche übereinstimmen. Darum durfte nicht jeder solche Schriften lesen; sie wurden wohlbehütet, nicht jeder bekam sie in die Hand, selbst der bedeutende Helinand nicht, so sehr er sich darum bemühte.[88] (S. 457)

In der Geschichte des Heiligen Gral von Robert de Boron heißt es: »Ich wage nicht zu erzählen, noch zu berichten, noch könnte ich es tun, selbst wenn ich es wollte, hätte ich nicht das Große Buch, worin die Geschichten von den großen Gelehrten verzeichnet, erzählt und aufgeschrieben sind, darin sind die großen Geheimnisse geschrieben, die man den Gral nennt.«[3] (S. 27)

Chrestien de Troyes drückt sich wieder ganz anders aus, wenn er über die Vorlage für seine Dichtung berichtet: »So wird also Chrestien seine Mühe nicht umsonst gehabt haben, wenn er auf Geheiß des Grafen Philipp von Flandern sich müht und strebt, die beste Geschichte zu reimen, die je an einem Königshof erzählt wurde: das ist die Erzählung vom Gral, zu der der Graf ihm das Buch übergab. So hört denn, wie er es ausführt.«[87] (S. 8) Auch hier tritt uns das Besondere des Buches, das Einmalige, entgegen.

Ähnlich ist es bei Wolfram von Eschenbach. Er gibt eine »verachtete« Quelle in heidnischer Schrift an, die sein Gewährsmann Kyot in Toledo entdeckt und übersetzt hat. Darin sind alle Geheimnisse des Graltums enthalten. Aber gleich zu Anfang erklärt er, daß er diese erst dann in seinem Epos benutzen wolle, wenn es »an der Zeit« ist. »Bat mich doch Kyot, es für mich zu behalten.«[85] (S. 261)

Fassen wir diese Bemerkungen über die »Großen Bücher« zusammen, dann läßt sich vermuten, daß sie nicht nur etwas Besonderes waren und unter Verschwiegenheit von Hand zu Hand gingen, sondern daß sie auch ketzerisch-manichäisches Gedankengut vermittelten, zumal Wolfram auf das Buch des sternkundigen Flegetanis in Toledo hinweist. Zudem ist der Manichäismus durch viele Jahrhunderte grausam verfolgt worden. Geo Widengren weist in seinem Werk über den Manichäismus auf die »Großen Bücher« hin: »Auch Augustin spricht von großen und kostbaren Handschriften der Manichäer.«[89] (S. 112)

Das Schriftbild selbst sei immer sehr klar und sorgsam, sei es koptisch, türkisch, iranisch oder gar chinesisch. Dabei hebt er die prachtvolle Ausstattung und Ausmalung der östlichen Buchrollen hervor. Das aber ist ein Element, das besonders Mani, dem Parakleten und christlichen Lehrer, zugeschrieben wird. Denn er war nicht nur ein umfassender, anschaulicher Ideenmaler, der bis in das Gedankenleben und die Erinnerungsfähigkeit sei-

ner begeisterten Schüler hinein wirkte, sondern er war auch als Künstler und Maler tätig.
Einige Sätze Widengrens mögen die Geistesmacht dieses Verkünders des kosmischen Christuswesens unterstreichen: »Staunenswert ist auch seine Kraft und Vielseitigkeit. Überall greift er unterweisend, tröstend, ermahnend, Ordnung schaffend ein. Er ist einer der gewaltigsten Kirchengründer und religiösen Organisatoren, die die Welt gesehen hat. Schon zu seinen Lebzeiten reicht seine Kirche vom Westen des römischen Imperiums bis nach Indien, von der Grenze Chinas bis nach Arabien. Als seine Religion ihre größte Verbreitung gefunden hatte, umfaßte sie Anhänger vom Atlantischen Meer bis zum Pazifischen Ozean. Im uigurischen Reich (sc. Ostturkistan) in Zentralasien Staatsreligion geworden, hat der Manichäismus versucht, auch das Reich der Mitte zu erobern. Er war nahe daran, dieses Ziel zu erreichen. Noch nach dem Beginn der Neuzeit hat die Religion des Lichtes in China ergebene Anhänger zählen können, die allen Verfolgungen getrotzt haben. Wie lange der Manichäismus bestand, wissen wir nicht, jedenfalls waren es mehr als 1200 Jahre.«[95 (S. 141)]
Nur Schwertgewalt, rücksichtslose Verfolgung in allen genannten Erdgebieten hatten diese starke christliche Bewegung auslöschen können. Das zeigt im besonderen der blutige Feldzug gegen die Katharerbewegung im Hochmittelalter, die auch manichäische Züge trug und zu einer kirchlichen Macht herangewachsen war. Sie beherrschte mehrere Provinzen Südfrankreichs sogar politisch, und die römische Kirche fühlte sich so ernstlich bedroht, daß es zu einem 30jährigen Vernichtungskreuzzug kam, im Namen der Kirche von Rom (1178–1209).

Reiche Städte, blühende Provinzen verwandelten sich in höllische Schlachtfelder, auf denen es für alle Bewohner dieser Gegenden kein Pardon gab. Der Mont Ségur wurde zum Symbol des Flammentodes der Gläubigen. Wie erschütternd diese Tragödie für ganz Frankreich war und wie stark heute noch das Dafür und Dawider ist, zeigt die zahlreiche Literatur, von der hier nur drei polare Werke angegeben sind.[90]

Es ist für das innere Europa ein besonderes Schicksal, daß gerade in der Zeit dieses infernalen Vernichtungskrieges in den Dichtungen das Bild des Grales auferstanden war wie die Gegenkraft eines geistigen Gralschwertes. Man darf von diesem geschichtlichen Gesichtspunkt her den Eindruck haben, daß durch das offenbare Finstere des Katharerkrieges und durch das offenbare Licht der ritterlichen Graldichtungen Grundideen des Manichäismus zur Offenbarung kamen.[89 (S. 49 ff.)]

Die Anschauungen des Manichäismus lassen das Bild einer kirchlichen Bewegung entstehen, die von einem kosmisch-christlichen Geist getragen ist, der kosmopolitisch wirkt, die Gläubigen zu entsprechenden Taten inspiriert. Der Manichäismus erscheint als Vorbild für das weltweite, Europa aus allen vier Himmelsrichtungen umfassende Gralrittertum, wenn er auch mehr in der Stille die Menschen ergreift. Parzival steht in der Mitte, wie Mani in der Mitte seines frühchristlichen Kirchentums steht. In seiner Lehre taucht auch das Bild eines kosmischen Ritters auf, das Widengren mit folgenden Linien skizziert: »Der Ur-Mensch kleidet sich in seine Rüstung und zieht aus, um die Heerscharen der Materie, der Finsternis und der Bosheit zu bekämpfen.«[95 (S. 54)] Wir werden darauf noch zurückkommen.

Die im Jahre 1930 aufgefundenen manichäischen Handschriften lassen durch ihre kosmischen Imaginationen erkennen, daß diese spirituelle Bewegung der kosmischen Wesenheit des Christus diente, der durch den Kreuzestod und die Auferstehung geschritten ist.[91] (S. 12) Damit werden die Entstellungen und Verleumdungen entkräftet, welche die Gegner und Inquisitoren durch Jahrhunderte verbreitet haben, so daß der wahre Kern der manichäischen Anschauung überdeckt wurde. Hervorragend ist bei der spirituellen manichäischen Bewegung der Wille zur Form, der von Mani immer wieder angefeuert wurde durch seine geniale Fähigkeit, Kultusformen und Rituale zu schaffen, die sich den verschiedenen Sitten und Gebräuchen der Völker anpaßten. Ein Gesetz, das wir auch bei den verschiedenen Formen beobachteten, die das Wesen des Grales in West, Nord oder Ost Europas annahm. Der Manichäismus ist also in China nicht weniger christlich als in Ägypten, wie Widengren meint, sondern er ist im Osten andersartig christlich, weil er nirgends zu einem die Freiheit des Menschen antastenden Dogma führt. Das zeigen ganz besonders die verschiedenen Psalmen.[92]

Durch den Manichäismus wirkt eine das Individuelle und das Volkseigene bejahende Auferweckungskraft, welche die Seelen der Menschen enthusiasmiert, heilt und stärkt. Für die heutige Zeit kommt diese Seite verständlich und besonders lebensnah durch Albert Steffens Drama »Das Todeserlebnis des Manes« zum Ausdruck. Die Dichtung hält sich in ihrem ganzen Duktus streng an den Lebenslauf des Mani.[94] Dieser ist Jahrzehnte später von Widengren nach den neuesten Forschungen dargestellt worden, so daß das Drama bestätigt wird.[93]

Mani wurde am 14. April 216 n. Chr. in Seleukia-Ktesifon, der Hauptstadt des damaligen babylonischen Reiches geboren. Seine Mutter trug den jüdisch-christlichen Namen Maryam. Sein Vater war ein parthischer Fürst. Geo Widengren sagt wörtlich: »Als Mani 12 Jahre alt war – wir werden an den zwölfjährigen Jesus im Tempel erinnert –, wurde ihm seine erste Offenbarung zuteil.«[95 (S. 32)] Das geschah durch ein göttliches Wesen, den Engel al-Taum, eine Bezeichnung, die auch mit dem koptischen sais in ihrer Bedeutung »Zwilling« übereinstimmt. Es erschloß sich ihm die Fülle göttlicher Weisheit, die er zwölf Jahre lang in stiller Zurückgezogenheit durchdenkend und im Herzen bewegend seinem Wesen einprägte. Dabei wird er auch dem »Großen Buch« (Sidrâ Rabbâ) der Mandäer, einer christlichen Gemeinschaft, begegnet sein. Mit 24 Jahren begann er auf Weisung seines Engels offen hervorzutreten und die Fülle dessen zu verkünden, was er in dieser Zeit erlernt hatte.

Je mehr man sich in Leben, Leiden und Lehre des Mani vertieft, desto deutlicher zeichnet sich das Motiv einer geistigen Offenbarung und Erleuchtung ab, wie es beim Erleben der Ritter der Tafelrunde, des Eremiten in der hellen Bretagne und des Flegetanis im Zusammenhang mit dem Erschauen des Grales zutage trat.

Für die Theologie und Religionsforschung der Gegenwart und für die heutige Suche nach einem neu orientierten und vertieften Begreifen des Christentums ist die Entdeckung manichäischer Handschriften in Medinet Mâdi, einer Ruinenstadt in Unterägypten, von epochemachender Bedeutung. Sie gehören der ältesten Phase des Manichäismus an und sind in das 4. Jahrhundert zu datieren. »Durch diesen Fund sind die Hoffnungen der Gelehrten auf Originalschriften des Mani und seiner Schüler in einer Weise erfüllt worden, wie sie die kühnste Phantasie wohl kaum erwartet hätte«, schreibt Carl Schmidt, der Entdecker dieser Originalschriften in seinem Fundbericht.[96] Von dem Konservator Hugo Ibscher hören wir, daß sie »in die Reihe der außerordentlich prächtigen Werke eingereiht werden können«. Außerdem hebt er die sorgfältige Handschrift und die Exaktheit des Schriftbildes der Seiten hervor, um die kalligraphische Höchstleistung zu kennzeichnen.[91 XII]

Nach dem bisher Gesagten mag es berechtigt erscheinen, auf die Frage der Verwandtschaft oder Beziehung manichäischen Gedankengutes mit der Welt des Grales einzugehen, um eine Vorstellung von den sogenannten »Großen Büchern« zu gewinnen, die von den Graldichtern erwähnt werden und höchstwahrscheinlich in die Reihe manichäischer Manuskripte eingereiht werden können. Seit vielen Jahrzehnten wird von namhaften Forschern auf einen solchen Zusammenhang hingewiesen, obwohl anfangs nur unzureichend Dokumente des Manichäismus vorlagen und das meiste aus Gegnerschriften zu erfahren war. Dabei hat es selbstverständlich heftige Auseinandersetzungen gegeben, besonders um die Schrift von Franz Rolf Schröder »Zur Parzivalfrage«, die er in folgende These zusammenfaßte: »Kyot ist es gewesen, der (etwa um 1170 oder 1180) die Grundideen des Manichäismus in die epische Form des Artusromans gekleidet hat.«[97 (S. 72)] Er nimmt an, daß die Brücke von der arabischen Gralschrift des sternkundigen Flegetanis zu dem Übersetzer dieser Schrift, dem Meister Kyot, führt, der Wolframs Quelle ist.

Auch Rudolf Meyer geht in seinem Werk »Der Gral und seine Hüter« auf den Manichäismus im Zusammenhang mit dem kosmischen Christentum ein. Er stellt in umfassender Weise die Vielseitigkeit des Graltums in Ost und West dar und weist in einem »ergänzenden Gesichtspunkt« auf manichäische Einflüsse hin, die durch die neuesten Handschriften deutlicher und einwandfrei nachgewiesen werden können.[98] (S. 359 ff.)
Diesbezüglich sollen zu unserer weiteren Untersuchung folgende Gesichtspunkte maßgebend sein:

1. Das kosmische Christentum, wie es sich durch das Wesen des Grals offenbart hat,
2. die Bildmotive des »Perceval« von Chrestien de Troyes und des »Parzival« von Wolfram von Eschenbach,
3. die makrokosmischen Vorbilder aus den manichäischen Handschriften des 4. Jahrhunderts, der »Kephálaia« und dem manichäischen »Psalm-Buch«.

Als Arbeitshypothese gilt, daß die Bildmotive der genannten beiden Epen mikrokosmische, ins mittelalterliche Ritterleben umgesetzte Widerspiegelungen der makrokosmischen Realbilder der Weltanschauung des Mani aus dem 3. Jahrhundert sind. Ferner ist zu berücksichtigen, daß die Begriffsbildungen in den manichäischen Handschriften einem kosmischen Denken entsprungen sind, während sie im Mittelalter sehr stark von Gemütskräften beeinflußt wurden.
Wie erzählt der Dichter Chrestien, der als Vorlage ein »Großes Buch« hatte? Der Junker, der vaterlose Sohn der Witwe, lebt in der Einöde, fern von allem Tun und

Treiben der Menschen, fern von der Welt, in der Kummer, *Kampf* und Kriege herrschen, ganz und gar ist er der Sohn der *Mutter,* die ihm das *Leben* schenkte. Sie ist die *Mutter des Lebens,* so daß der »gute Sohn« auf seiner Lebensfahrt ganz kindlich von ihr spricht. Er ist ihr *Erstgeborener,* gleichsam der *erste Mensch.* Er weiß nur etwas vom *lichten Gott* und vom *finsteren Teufel* durch die Lehre seiner Mutter. So lange treibt er sein paradiesisch-kindliches Leben, bis er Rittern begegnet, von denen er seiner Mutter erzählt:
»Schweigt stille, Mutter! habe ich nicht heute die schönsten Wesen, die es gibt, gesehen? Sie sind schöner, wie ich glaube, als Gott und alle *seine Engel.*«
Diese Engelritter, vor denen der noch namenlose Junker – er ist eine Art *Urmensch – anbetend niederkniet,* nennen ihm den Namen Artus und locken ihn so aus seinem mütterlichen Kinderparadies in die Welt des *Kampfes.* Wehen Herzens muß ihn die Mutter ziehen lassen, sie nimmt ihn noch einmal liebevoll in *die Arme:*
»*Weinend küßt* ihn beim Abschied die Mutter, die ihn sehr innig liebte, und sie flehte zu Gott, er möge ihn geleiten. Lieber Sohn, spricht sie, Gott führe dich!« Nun verläßt der Junker, von seiner Mutter bäuerlich gekleidet, »eine ringsum geschlossene Hirschledermütze« auf dem Kopf, die Einöde, in der er noch kindlich in der Anschauung von Göttern und Engeln gelebt hat.
Hören wir nun dazu die entsprechenden Grundideen Manis, lassen wir die makrokosmischen Bilder auf uns wirken. Wir werden bis in einzelne Begriffe eine erstaunliche Übereinstimmung feststellen können:
»Darauf sprach Mani zu seinen Jüngern, was diese fünf Zeichen betrifft, so sind sie das Mysterium des *Ersten*

Menschen: Er ist herausgekommen mit ihnen aus dem Aeon des Lichtes. Und wiederum, als er vollendet hatte seinen Kampf, ist er hinaufgegangen mit diesen guten Zeichen und wurde aufgenommen in die Aeonen des Lichtes.

Der *erste Friedensgruß* ist der, den die *Götter* und *Engel* im Lande des Lichtes dem Ersten Menschen gaben zu der Zeit, da er ausziehen wollte gegen den Feind. Die Götter und Engel gingen mit ihm, indem sie ihn begleiteten und ihm gaben ihren Frieden und ihre Kraft und ihren Segen und ihre Siegeswünsche ...

Die erste Rechte ist die, welche die *Mutter des Lebens* dem Ersten Menschen gibt, als er zum Kampf ausziehen wollte.

Der erste Kuß ist der, mit dem die Mutter des Lebens den Ersten Menschen küßte, als er im Begriff war, sich von ihr zu trennen und herabzusteigen zum Kampf. Auch alle Götter und Engel, die in den Aeonen des Lichtes sind, küßten ihn.

Die erste Verehrung ist die Verehrung, mit der der Erste Mensch verehrte, als er im Begriffe war, auszuziehen zu dem Abgrund, der unten ist; er *beugte seine Knie*, indem er *anbetete den Gott* der Wahrheit ...

Die erste Handauflegung ist diejenige, welche die Mutter legte auf das Haupt des Ersten Menschen. Sie *rüstete ihn zu*, machte ihn stark, legte ihm die Hand auf und entsandte ihn zum Kampfe.«[91] (S. 38)

Es gleicht sich vieles: Der Junker will ausziehen, die Engelritter geleiten ihn hinaus, die Mutter gibt ihm den ersten Abschiedskuß, sie umarmt ihn, sie rüstet ihn zu, und er selbst beugte seine Knie zum Gebet, zur Verehrung.

Das Motiv des Junkers ist der verwandelte Erste Mensch. Aber es leuchten die fünf Zeichen, von denen Mani spricht, hindurch, und es steht ein kosmischer Mensch hinter der Junkergestalt des Chrestien de Troyes. So wie die Märchen der Abglanz uralter Götterlehre sind, so ist hier das Junkermotiv der Abglanz, das Schattenbild des Ersten Menschen, wie ihn Mani in immer neuen Varianten als kosmischen Menschen, als göttliches Menschengeschöpf schildert.

Fünffach wird das Menschenwesen in seinen Seelentiefen begabt aus den göttlichen Bereichen des Lichtes: Die Friedenskraft gibt ihm die innere Ruhe, die Rechte lenkt ihn den richtigen Weg, der Kuß bekundet das Wesen der Liebe, die Verehrung läßt ihn aufschauen zu etwas Höherem, und die Handauflegung durchströmt ihn mit geistiger Kampfeskraft. Mani meint das ganz lebenspraktisch, obwohl alles aus höchster Schau gesagt ist. Das bezeugt beispielhaft folgende Stelle in bezug auf den Kuß: »Auch dieser Kuß besteht unter den Menschen, indem sie mit ihm einander küssen, sei es nun, wenn sie verreisen und sich voneinander trennen wollen oder wenn sie sich einander nähern wollen gemäß dem Mysterium des Ersten Menschen.«[91] (S. 39)

Mit diesen »fünf Zeichen« hat der Mensch, der sie unten in der Finsternis von der göttlichen Begabung zur errungenen Fähigkeit umwandelt, die Möglichkeit, sich zum Lichtbereich hindurchzukämpfen.

Ein wohlgerüsteter, kosmischer Gralritter steht hier vor uns. Er ist das Urbild für den Perceval des Chrestien, für den Parzival des Wolfram. Als Namenlose ziehen sie aus dem urmütterlichen Bereich ihres kindlich-paradiesischen Daseins, das einem schuldlosen Lichtbereich

gleicht, hinunter in das Kampfesleben, in den Bereich der Finsternis, wohlbegabt und ausgerüstet, so daß ihr engelhaftes Wesen, ihr strahlendes Antlitz, ihr schöner Leib von den Dichtern unermüdlich gepriesen wird. Sie kämpfen sich zur Gralburg, der Burg des Lichtes durch, um dann als Könige des Lichtes den kosmischen Graltempel, der die Menschheitsweisheit birgt, zu schützen. So wird der Erste Mensch zum Auserwählten Menschen, von dem es an anderer Stelle heißt:
»Der Auserwählte Mensch, der das Bild seines Gesichtes, das oberhalb seines Körpers sich befindet, beherrscht, bezwingt und es zum Guten leitet, gleicht dem Mysterium des von göttlichem Lichte Begeisterten (φεγγοκάτοχος), der über die Wache oberhalb der Zone gebietet.
Wer über sein Herz Herr wird, es zu bezwingen, entspricht dem großen König der Ehre, der die sieben Himmel bezwingt.«[91] (S. 172)
Hier mündet das Bild des kosmischen Ritters, des Auserwählten Menschen ein in ein Motiv, das Wolfram auf dem Höhepunkt seines Epos in feierlicher Weise zur Wirkung bringt. Es ist der Augenblick, in dem sein Parzival von der Gralbotin Cundrie als Gralkönig begrüßt wird und die arabischen Namen der sieben Planeten von ihr wie ein kosmischer, die Königswürde besiegelnder Gruß ausgerufen werden. Dabei drücken die Wörter »beherrschen«, »bezwingen«, »König« jeweils dasselbe aus.
Hier leuchtet ein Menschenbild durch, das wir auch beim Lebensgang des Parzival herausarbeiteten. Mit Mani aber dringen wir in eine Zeit zurück, in welcher der Mensch als kosmisches Wesen angeschaut wurde, der vom Herzen aus die sieben Planetensphären beherrscht

und vom übersinnlichen Antlitz aus (vgl. Bild des Gesichtes oberhalb des Körpers) den Gürtel des Tierkreises (Zone). Dieser Auserwählte Mensch kann sehr gut aus dem kosmischen Gesichtspunkt des Megalithmenschen verstanden werden. Er schaute auf der Erde stehend hinaus in das Weltenall, das für ihn der Leibestempel war; Mani dagegen schaute nach innen, wie es dem Wesen der südlichen Kulturen entspricht. Die zarathustrischen Eingeweihten standen im Feuertempel und Wasserheiligtum, erlebten von hier die außerhalb des Tempels befindliche Rotunde um den heiligen See, wie es in Shiz war. In Ägypten und in Griechenland diente das Innere der Tempel der kosmischen Schau. Durch ein so geartetes Anschauen gewinnt Mani ein Bild des Menschen, das bis in die Leibesfunktionen (d. h. Bewegungsströmungen) und den Körperbau (d. h. statische Form) hinein zeigt, daß er ein Geschöpf des ganzen Kosmos ist.[91] (S. 169 ff.)

Als ihn seine Jünger einmal fragen, wer Adam sei, bekommen sie die Antwort: »Gott hat sein Bild offenbart. Die Erzengel und Mächte sahen sein Bild, sie bildeten ihre Gestalten nach seinem Bilde, welches ist Adam und Eva.«

Alles, was Mani des weiteren über Adam sagt, wirkt wie ein sonnenhaftes, lichtgeistiges Strahlen. Aber dazu gehört auch die finstere Seite, das Böse, das Hinuntersteigen auf die Erde, in den Kampf, wie es vom Ersten Menschen zunächst angedeutet war. So wird der Auserwählte Mensch nicht nur vor die Aufgabe gestellt, Beherrscher zu werden der Sphäre seines Antlitzes und seines Herzens, die zum oberen Menschen gehören, sondern auch der drei Sphären des unteren Menschen. Dar-

um sagt Mani über diesen Auserwählten Menschen: »Wer über seinen Schoß Herr wird und seine Begierde bezwingt, entspricht dem Mysterium des Adamas des Lichtes*, der die Hyle (d. h. das Festgewordene, die Materie) bezwingt.
Wer den Magen bezwingt und über das Feuer in ihm Herr wird, weiterhin die Speisen reinigt, die in ihn hineinkommen, gleicht dem König der Herrlichkeit, der die Räder dreht, indem er das Leben hinaufsendet (indem er sein Leben wieder an den Kosmos anschließt).
Wer über die Führerschaft (ἀρχοντική) drunten in seinen Füßen Herr wird und sie fesselt mit der Fessel des Friedens, ist gleich dem Gleichgewichtsträger (ὠμοφόρος), der mit seinen Sohlen die Abgründe drunten bezwingt.«[91] (S. 172)
Das ist die wahre Berufung des Menschen, der göttlich-kosmische Würdekraft in sich trägt. Ihm ist die Fünf eingeprägt als heilige Zahl seines Auserwählten Menschen, der zu zwei Teilen dem Lichte, zu drei Teilen der Finsternis zugeordnet ist. Parzival ringt um die Zweiheit, sein Kampfesbruder Gawan kämpft sich durch die Dreiheit in kosmischer Dramatik hindurch, beide erschauen sich in ihrer wahren Bestimmung, als sie beide nach dem Kampf rufen: Ich habe mich selbst bezwungen, beherrscht; beide sind auserwählte Menschen geworden.
Kosmisch groß ist die wahre Bestimmung des Menschen, der aus den Licht-Äonen herniedersteigt und sich in die Finsternis-Regionen hineinmischt. Kosmische Mensch-

* Adamas des Lichtes = die jungfräuliche Erde des Lichtes; diese Bedeutung entspricht genau der, die der Einsiedler Trevrizent dem Parzival vorträgt (vgl. in Wolframs »Parzival« 464,13).

heitsdramatik spiegelt sich in der folgenden Stelle wider:

»Denn das Siegel der ganzen Welt ist auf Adam gesiegelt. Deshalb haben sich der Himmel und die Erde seinetwegen bewegt. Verstörung und Verwirrung sind um seinetwillen zwischen den Bösen und Guten entstanden. Die Guten zogen ihn zum Leben wegen ihres Bildes und ihrer Gestalt, die auf ihn gelegt sind. Die Bösen dagegen, sie zogen ihn zum Tode, um durch ihn zu herrschen und das Reich zu empfangen und durch ihn die ganze Welt zu demütigen.«[91] (S. 157)

Blicken wir nun von hier aus in die Welt des mittelalterlichen Rittertums, um zu entdecken, was dort an das Menschenbild, wie es Mani entwirft, erinnert. Schon bei der Geburt des Knaben bringt Wolfram das Bild der Gottesmutter und ihres Gotteskindes, zugleich aber die bis an den Tod grenzende Verzweiflung der Mutter Herzeloyde. Damit deutet der Dichter das besondere Schicksal seines Helden an. Das Weheleid der Mutter des Lebens beim Abschied vom Ersten Menschen klingt dramatisch an: »Als dann am Morgen der junge Tag erschien, wurde der Knabe schnell mit sich einig, denn es drängte ihn zu Artus. Frau Herzeloyde küßte ihn und lief ihm nach. Der Menschheit ganzer Jammer ereignete sich da.«[85] (S. 79) Man könnte sagen: »Himmel und Erde bewegten sich«, es kostete der »Mutter des Lebens« das Leben, »das Böse zog sie zum Tode«.

Parzival aber ist das Geschöpf, das diese »Verstörung« veranlaßt hat. Die Ritter, die den naiven Muttersohn mit dem Jagdspeer antreffen, bewundern seine Gestalt und halten ihn für »ein rechtes Kunstwerk aus Gottes Hand«. Dabei will Wolfram noch ausdrücklich betonnen, daß er die Wahrheit sagt, und fügt an dieser Stelle zu: »All das entnehme ich der Geschichte selbst, die es mir wahrheitsgetreu berichtet: niemals vor ihm (Parzival) seit Adams Zeiten war das Aussehen eines Mannes besser geraten.« Damit rückt die Gestalt des Parzival ganz in die Sphäre des Ersten Menschen. Durch das Narrengewand, das ihm seine Mutter angezogen hat, schimmert sein reines, liebliches Wesen hindurch, so daß seine Base Sigune beim ersten Anblick ausruft: »Dein Aussehen zeugt von der Sorgfalt des Schöpfers.« Gleichzeitig aber deutet sie ihm seinen Namen als »Mittendurch«. Er ist also der als Geschöpf Gottes durch die Erdenfinsternis Hindurchschreitende. Sie sagt ihm voraus, daß er bis zur saelde, bis zur himmlischen Seligkeit hindurchdringen wird.

Aber noch hat er sein Narrengewand an und stiftet am Artushofe Verwirrung, weil er den edlen Roten Ritter erschlägt und sich dort wie ein »Trappe« benimmt. So trägt er die geraubte rote Ritterrüstung, sie zeugt von seinem ungezügelten Wesen, das er dann bei dem edlen Gurnemanz ablegt, so daß er Herr über die Begierde wird. Als solcher erscheint er am Hofe der verzweifelten Stadt Pelrapeire vor der schönen, lieblichen Condwiramurs, daß »es fast schien, als verdunkelte er den hellen Glanz der Sonne«. Immer wieder läßt der Dichter das Ur-Bild des Menschen hindurchleuchten und kann sich nicht genug tun, um es in stets neuen Varianten auszumalen: »Da stand er nun, der junge Parzival, auch ohne Flügel eines Engels Bild, aufgeblüht auf der Erde. Artus und seine Edlen empfingen ihn voll Liebe, und alle, die ihn sahen, waren ihm herzlich zugetan.«[85] (S. 180)

Er ist derjenige, der zum Auserwählten Menschen hinstrebt. Als solcher aber stiftet er Verwirrung, wohin er kommt. Er wird am Tode seiner Mutter und des Roten Ritters schuldig, am weiteren Siechtum des Amfortas. Darauf folgt der Fluch der Sigune, der Bann der Cundrie, das Böse hat an ihm teil. »Vor Gott seid ihr für die Hölle bestimmt, ... aber auch auf Erden wird man euch zur Hölle wünschen, wenn die Edlen zur Besinnung kommen.« So vernichtend trifft die häßliche und doch so stolze Cundrie den ritterlichen Helden, der die Bestimmung zum Auserwählten Menschen in sich trägt. Noch gesteigert wird die Intrige, das Böse, in dessen Fänge der mannhafte Ritter Gawan gerät. Da ist es die Ausgeburt des Häßlichen, der furchterregende Malcreature, Cundries Bruder, das böse Geschöpf. Er droht dem Helden mit dem Stock, um ihn zu verprügeln. Gawan packt ihn erzürnt bei den Haaren, die wie Igelborsten seine Hand blutig zerschneiden. Das ist die Sphäre, in welcher der finstere Magier durch seine Intrigen und Tücken herrscht.

In der Dramatik des Guten und Bösen, wo der Kampf und Krieg des Ersten Menschen auf Erden bis in Einzelheiten zur Anschauung, zum schmerzlichen Erleben kommt, spricht sich der manichäische Weitblick aus. Alles, was sich hier und heute ereignet, hat seinen Urgrund im Wesen des Menschen als des Geschöpfes, welches das Siegel Gottes trägt. So läßt Wolfram den Einsiedler Trevrizent zu Parzival sagen: »Unser Vater Adam empfing von Gott die Gabe, allen Wesen Namen zu geben, den zahmen und den wilden. Er erkannte auch eines jeglichen Art, dazu den Umlauf der Sterne und die Wirkungen der sieben Planeten. Ebenso erfuhr er die Kräfte aller Kräuter und wozu jegliches dienlich war.« Hier entwirft Wolfram das Bild der Bestimmung des Ersten Menschen, des Adam Kadmon.*

Danach aber fährt er fort: »Als seine Töchter nun in die Jahre kamen, daß sie Kinder gebären konnten, riet er ihnen, enthaltsam zu sein.« Aber sie gehorchten ihm nicht. Da wurde das Menschenbild verdorben und verunstaltet. Ausdruck dafür sind Cundrie und Malcreature. Beide unterscheiden sich dadurch von der Menschheit, daß sie zur Nachkommenschaft gehören, in der die Begierde des Weibes vorherrschte (»von wîbes gir ein unterscheit in schiet von der mennischeit«, 520 1–2).** Was bei Wolfram in ritterliche Lebensbilder gekleidet ist, heißt bei Mani in kosmischen Menschheitsbildern folgendermaßen: »Denn die Nachkommenschaft der Erzeugung der Menschen der Urzeit, die in der Welt erzeugt wurde, ist recht verschieden von der heutigen ... Denn die heute in diesen Generationen geboren werden, sie stehen da klein und verkrüppelt, und einzeln werden sie geboren in einem einzigen Mutterleibe, kaum zwei oder weniger, indem sie auch noch in ihrer Gestalt häßlich sind, klein in ihrem Wuchs und schwach in ihren Gliedern. Ihre Leiden und ihre Gedanken sind voll Schlechtigkeit, böse sind sie, sie sind untergegangen, sie vergehen in ihrem Alter, in dem sie leiden; auch der Tod trifft sie rasch.«[91] (S. 147)

* Diese Bezeichnung geht auf die syrische Bezeichnung 'naša qadmaja »der Erste Mensch« zurück, in der Muttersprache Manis.

** Gerade durch dieses Wort »mennischeit« bei Wolfram bekundet sich der kosmische Gesichtspunkt, der das ganze Epos durchzieht.

Diese beiden Stellen zeigen beispielhaft die sinngemäße Übereinstimmung, vor allem dann, wenn man sie ganz in ihrem Zusammenhang liest. Bei Wolfram ist es das 10. und 11. Buch, bei Mani ist es Kapitel LVII.
Mani zeigt dort, wie Adam, der Erste Mensch erzeugt wurde, indem er in den makrokosmischen Rhythmus der Sphären des Tierkreises (σφαῖρα der Ζώδια) hineingestellt wurde. Wolfram zeigt, wie Adam ganz im Sternenkosmos und in dessen Wirkungen lebte. Beide schildern dann, wie die Menschheit durch die Generationen herabstieg in das Böse, Häßliche, Todverwandte, in die Schwachheit. Mani schaut es kosmisch*, Wolfram sieht es irdisch an konkreten Einzelgestalten: Klingsor, Cundrie, Malcreature und den anderen. Tief wird der mannhafte Held Gawan verstrickt, Parzival dagegen umgibt stets eine lichte, sonnenhafte Atmosphäre. Gawan ist mit der Zauberburg Schastel Marveil und dem finstern Magier Klingsor schicksalsmäßig verbunden und erringt einen ritterlichen Sieg. Parzival ist mit der lichthaften Gralburg und dem leidenden Amfortas schicksalsmäßig verbunden und erringt einen königlichen und priesterlichen Sieg. So haben wir zwei Zentren in der farbigen, lebendigen Welt des mittelalterlichen Rittertums. Im Mittelpunkt beider steht einmal der Gral, der alles kosmisch Christliche anschaubar macht, das andere Mal die magische Spiegelsäule, die alles irdisch Sinnliche sichtbar macht. Die lichte Gralburg und der Graltempel liegen tief verborgen im Wald an einem See; die magische Säulenburg mit dem oberen Rundraum liegt an einem großen Strom weit sichtbar, oberhalb eines Angers.

* Siehe das Kapitel: »Über den Körper, daß er entsprechend dem Bilde des Kosmos eingerichtet ist«.

Beide Zentren senden ihre Wirkungen unter die Menschen, sie ziehen sie herein in ihre Bereiche, einmal in den Bereich des Lichten und Guten, das andere Mal in den Bereich des Finsteren und Bösen, indem sie die durch das Leben Ziehenden ansprechen. Das Lichte und das Finstere umgarnen gewissermaßen die Menschen auf ihren Lebenspfaden, indem sie Schicksale knüpfen und lösen, je nach Wesensart jedes einzelnen Menschen. In genialer und schöpferischer Weise lenkt Wolfram, getragen von Menschenkenntnis und umfassendem Geschichtswissen, die Lebensfäden unzähliger Ritter und Frauen. In seiner ritterlich-menschlichen Welt, die so bunt, munter und lebensvoll sich zu einem sinnvoll Ganzen zusammenwebt, wirken diese beiden Zentren. Lichtkräfte und Finsternisgewalten spielen hinein, und alles trifft sich an der kosmischen Tafelrunde, wo der weltliche König Artus oder, historisch exakt gesagt, seine Tradition herrscht.

Mani wiederum spricht zu seinen Jüngern aus weitblikkender Menschheitsperspektive über die vier Jäger des Lichtes in ihren Lichtschiffen und die vier Jäger der Finsternis in ihren Finsternisschiffen, wie sie ihre Netze auswerfen, um darinnen die Menschen hereinzuholen in ihre Bereiche. Es sind jeweils vier solcher fischenden Jäger, weil es sich um vier menschheitliche Entwicklungsstufen im Zeitlichen handelt, während es sich bei Wolfram um den zeitlichen »Augenblick« (im Sinne Manis gesprochen) des Rittertums handelt.

So ist der erste Jäger der Erste Mensch, der sich herabläßt in die verschiedenen Bereiche der Finsternis, der das Netz der Liebe über alle Kinder der Finsternis von seinem Lichtschiff her ausbreitet. Von hier strahlen die urmütterliche Liebe, die Kraft des Mitleidens aus, wie sie der »Mutter des Lebens« zukommen.

Der zweite Jäger des Lichtes zeigt der unten befindlichen Tiefe seinen Lichtabglanz und stellt dem gesamten Lichte nach, das sich in allen Dingen befindet. Sein Netz ist sein Lichtabglanz, ihn nahm die ganze Welt gefangen. Von hier breitet sich das sonnenhafte Licht wirksam über alles und durch alles Dasein aus.

Der dritte Jäger ist Jesus, der dem Licht und dem Leben nachstellt und es zur Höhe führt. Sein Netz ist seine Weisheit, durch die er die Seelen ergreift und seine Gemeinde von der Irrfahrt befreit. Nun ist die Zeitenwende da, und die Menschenseelen werden erfüllt von der Liebe und Weisheit des Erlösers.

Der vierte Jäger ist der große Gedanke, der von seinem Lichtschiff das Netz des lebendigen Geistes auswirft, um im Heute die Seelen durch Licht und Leben vorzubilden für die letzte Menschengestalt bei der Auflösung der Welt.[91] (S. 28)* Denn der Mensch ist durch das Empfangen des Heiligen Geistes mündig geworden und beschreitet den Weg der Geist-Erkenntnis.

Entsprechend sind auch die Jäger der Finsternis und ihre jeweilige Tätigkeit im Menschheitszeitenstrom geschildert. Im Anfang im Zusammenhang mit der Begierde, dann durch den bösen Sinn, durch die Macht des Fleisches und schließlich durch den Tod, wenn List und Tücke den Menschen umgarnen.

In Miniaturbildern ersteht vor dem Leser des Wolfram-Epos der Lebensweg des Ritters Parzival. Er ist ein Adam, ein Erster Mensch, noch nicht er selbst, sondern

* Die »vier Jäger des Lichtes« sind fast wörtlich nacherzählt (adaptiert).

ein Abglanz der Mutter und des Gurnemanz. Dann wird er auf einen langen Irrweg geführt, auf dem er als Gralritter nach Licht und Leben sucht, bis er schließlich als Gralkönig ein Zukunftsbild des Menschen abgibt, nachdem er »Jesus« durch den Einsiedler Trevrizent begegnet ist.

Alle anderen Gestalten der ritterlichen Welt wandeln auf ihren Lebensbahnen durch die Netze des Lichtes. Gawan und die Seinen durch die Netze der Finsternis. Amfortas, der Fischer im Boot auf dem vor der Lichtburg befindlichen See, erinnert an das Bild der Jäger des Lichtes in den Lichtschiffen. Der Fährmann, der mit seinem Boot Gawan über den breiten Fluß zum Zauberschloß Schastel Marveil bringt, weist auf die Jäger der Finsternis mit ihren Finsternisschiffen. Ja, ein bäuerlicher Fischer führt den kindlichen Parzival nach Nantes zur Tafelrunde des Königs Artus. Es gibt bei Mani einen Satz, der das Bild des jagenden Fischers oder fischenden Jägers als Grundmotiv herausstellt: »Der Anfang aller Jäger und Waidmänner ist der Erste Mensch.«[91] (S. 43) Wolfram selbst sagt an der Stelle, an der er vom Fischer am See vor der Gralburg spricht, daß dort Waidmänner geankert hätten. Im Sinne Manis könnten wir also sagen: Der Gralkönig Amfortas wirft als Fischer des Lichtes in seinem Lichtschiff das Lichtnetz über Parzival aus, um ihn für die Lichtburg zu erjagen. – Der Dichter Chrestien spricht immer nur vom Fischerkönig.

Mit dem ersten Besuch des Parzival auf der Gralburg ist der Würfel für seinen kosmisch christlichen Schicksalsweg gefallen; er beschreitet ihn als Gralsucher, als Sucher nach der höchsten Weisheit durch Irrtum, Verzweiflung und Gottlosigkeit, bis er Gralkönig wird. Er läßt durch sein Wesen, sein Handeln, seinen Weg das Bild des Ersten Menschen, des Adam Kadmon, wie es Mani in gewaltigen, die Tiefen des Menschseins offenbarenden Imaginationen zeichnet, in mittelalterlichen Lebensbildern neu erstrahlen.

Es stellt sich hier die Frage: Hat Mani das Herabsteigen seines Ersten Menschen genauer beschrieben? – Gleich im Anfang der Kephálaia antwortet er unter anderem seinen Jüngern: »Das Kommen des Sendboten hat stattgefunden immer wieder ... wie ich euch gesagt habe: von Sethel, dem erstgeborenen Sohne Adams bis Enosch sowie Enoch, von Enoch bis Sem, dem Sohne Noe's ...«

Diese Aussage ist in große menschheitliche Zusammenhänge hineingestellt, so daß sie eine Grundlegung der christlich-kosmischen Weltanschauung Manis bedeutet. Zugleich taucht damit eine Generationenreihe auf, die ganz deutlich auf das Lukasevangelium hinweist, wo dieselbe von Jesus aus rückwärts geführt wird und mit den Namen: Sem, Noah, Henoch, Enos, Seth und »Adam, der war Gottes« endet (Luk. 3, 36–38). Dabei spielen die Lücken im manichäischen Text keine Rolle, weil ja immer das Wörtchen »bis« die ausgefallenen Namen überbrückt. Hier und in einem Psalm[92] (S. 142) wird diese Linie Adam-Sethel bis Jesus durchgeführt. Es ist hier also von der Generationenreihe die Rede, die bei Lukas über den priesterlichen Nathan, den Sohn Davids, bis zu Jesus führt mit dem Unterschied, daß Mani mit Adam beginnt. Da aber die Psalmen bei den Manichäern die geistigen Kraftquellen waren, die sie die Realität einer geistigen Welt erleben ließen und in ihnen einen feurigen Tatwillen auslösten, kann ermessen werden, wie wesensnahe sie die Gestalt des nathanischen Jesus erlebten:

»Wir stehen alle in einer Gesinnung.
Und die Hand wollen wir zur Anrufung ausstrecken,
Und das Auge auf Deine Gestalt richten.
Und den Mund wollen wir öffnen, um Dich anzurufen,
Und die Zunge zum Lobpreis bereit machen.
Dich rufen wir an, der du ganz Leben bist,
Dich preisen wir, Jesus der Glanz! Neuer Äon!
Du bist, Du bist, der das Wahre ausführende Gott,
Ein edler Arzt, der liebste Sohn, das geliebteste Ich . . .
. . . Und erbarme Dich unser und liebe uns,
Wohltäter, der Du ganz Liebe bist . . .«[95] (S. 88 f.)

Hier leuchtet und wirkt etwas von dem liebevollen Wesen des nathanischen Jesus durch den Psalm hindurch, den Lukas der Evangelist und Arzt uns schildert, wenn er über Geburt und Jugend des Jesusknaben berichtet.* Mitleid und Liebe sind die besondere Wirkungskraft dieses Evangeliums, durch welches das Mütterliche der Maria im Stall mit ihrem Kinde in der Krippe noch heute jede Weihnacht das Kind und den inneren Menschen bewegt. In keinem anderen Evangelium kommt das Mütterliche so zum Ausdruck wie bei Lukas: Nach der Verkündigung eilt Maria zu ihrer Freundin Elisabeth. »Und es begab sich, als Elisabeth den Gruß Marias hörte, hüpfte das Kind in ihrem Leibe.« Da sind beide, Elisabeth und Maria, aufgenommen in die Generationenreihe, die zurückgeht bis auf Adam, der Gottes ist; jede Mut-

* Vgl. dazu den Roman von Taylor Caldwell: »Geliebter und berühmter Arzt«, Stuttgart - Hamburg 1959.

ter nach ihrer Art. Denn wen sie unter dem Herzen tragen und wer sich in diesem Augenblick zum ersten Male begegnet – sie sollen sich wieder am Jordan begegnen. Beide Mütter, die das aus tiefsten Mutterkräften ahnen, öffnen dem größten Menschheitsgeschehen die Tore, sie preisen psalmodierend gemeinsam die Begnadigung, daß sie Raum geben dürfen Johannes, dem Rufer, der alle Prophetie, von der wir bisher sprachen, zusammenfaßt, und Jesus, dem göttlichen Kinde. Über die Gestalt Sethels, die Mani ganz in die kosmischen Werdezeiten der Menschheit hineinstellt als den Sohn Adams, münden wir ein in die geistige Substanz des Lukasevangeliums, wie sie auf geisteswissenschaftlichem Wege von Rudolf Steiner bis in Einzelheiten erschlossen wurde durch seine im Jahre 1909 in Basel gehaltenen Vorträge.[81]

Eine Brücke des Verständnisses für das Wesen des nathanischen Jesuskindes kann gewiß das Bild der Sixtinischen Madonna vermitteln, das über vier Jahrhunderte unzählige Menschen tief beeindruckt hat. Die Mutter trägt das ruhig blickende Kind herab aus der Generationenreihe, die im ätherischen Wolkenglanze, den verkündenden Engelscharen gleich, in ungezählten Angesichtern sich kundtut, als wollten sie Mutter und Kind liebevoll geleiten. Voll und ganz getragen fühlt sich die Mutter von den himmlischen Heerscharen, davon spricht ihr Blick. Zwei Erdenmenschen im Gewande eines Papstes und einer Jungfrau empfangen Maria und den nathanischen Jesusknaben, davon zeugt der geöffnete Himmel. Das priesterliche Element zur Linken und das jungfräulich-mütterliche Element zur Rechten geleiten durch Handgeste und Blick Mutter und Kind aus den ätherischen Gefilden zur Erde nieder, wo die beiden Engel nachdenkend und lauschend an der Schwelle der Erde dem Geschehen folgen. – Läßt der Betrachter dieses Bild immer wieder auf sich wirken, dann strahlt ihm Liebe und Mitleid geheimnisvoll entgegen. Jeder ist davon mehr oder weniger berührt. Auch die Schicksale dieses Bildes sind beeindruckend. Es wirkt wie ein Wesen, das rätselhaft das Inferno des zweiten Weltkrieges überstand.

Es soll noch ein weiteres rätselhaftes Motiv in Wolframs Epos verfolgt werden – das sich in verwandelter Form bei Mani wiederfindet –, um von einer anderen Seite an die Bedeutung des Lukas-Evangeliums heranzukommen.

Vor seinem Besuch auf der Gralburg findet die bereits erwähnte Begegnung Parzivals mit seiner Base Sigune statt, bei der er seinen Namen und seine Berufung erfährt. Er erblickt erstmals die laut klagende Jungfrau mit ihrem toten Schionatulander im Schoß. Aber dieser Anblick rührt ihn nicht, vielmehr greift er wutentbrannt nach dem Speer. Mitleid empfindet er nicht. – Im Palas der Gralburg sieht er den leidenden Amfortas und die blutende Lanze. Aber Mitleid fehlt ihm, er fragt nicht. Nachdem er ganz niedergeschlagen die Gralburg verlassen hat, begegnet er erneut Sigune; wieder erkennt er sie zunächst nicht. Aber er bewundert ihre Liebe, mit der sie den inzwischen einbalsamierten Toten im Schoße hält. Er begrüßt sie mit den Worten: »Liebe Frau, mir tut eure Not herzlich leid. Bedürft ihr meines Dienstes, so will ich euch helfen.« Doch es ist angelernte Höflichkeit, kein Mitleid. So treffen ihn Bann und Fluch seiner Base, als sie erfährt, daß er nicht nach dem Leid des Amfortas und der ganzen Ritterschaft gefragt hat.

Denn auch dort fehlte das Mitleid. – Zum dritten Male steht der Gralsucher nach seiner langen Irrfahrt vor der Jungfrau Sigune und dem toten Schionatulander, bevor er zum Einsiedler Trevrizent in die Einsamkeit kommt. Er trifft im Wald auf eine neu erbaute Klause. Darin findet er den Toten im Sarg und über dem Sarge in tiefster Trauer und endlosem Klagen seine Base, die er kaum wiedererkennt. Sie wird durch Cundrie vom Grale gespeist. Erschüttert ist er über die hinsiechende Sigune und ihre grenzenlose Liebe. – Beim vierten Male ist Parzival als berufener Gralkönig mit Condwiramurs und seinem Sohn Loherangran unterwegs zur Gralburg. Sie finden in der Klause Sigune tot am Sarge kniend. Sie legen ihren Leichnam neben den toten Schionatulander und schließen den Sarg.

In gesteigerten Stufen treten Parzival die Liebe als Vorbild und das Mitleid als Aufforderung entgegen; und zwar immer dann, wenn es sich für den Gralsucher um Lebensentscheidungen handelt. Richard Wagner hat in seiner Oper »Parsifal« dieses Doppelmotiv aufgegriffen. Man könnte sagen, es sei ein buddhistisches Motiv. Denn wir werden an die vier Mitleidsmotive des jungen Buddha erinnert, als er einem Toten, einem Kranken, einem Greis und einem Mönch begegnet.

Wolfram geht als christlicher Dichter weit über die reine Mitleidskraft hinaus; er hebt das buddhistische Ideal in die christliche Sphäre, so wie es für Europa in Frage kommt. Es handelt sich um die Todesüberwindungskraft, wie es vor allem die letzte Szene ausdrückt, wo der Sarg Sigunes und Schionatulanders geschlossen wird, Parzival seiner Berufung als Gralkönig folgt und Amfortas von seinen Leiden heilt. Es ist die christliche

Kraft, die im Mittelalter in der Pietà ihren Ausdruck fand, die in jeder Kirche, jedem Dom zu sehen war, von der die Gläubigen in ihrem Gemüte ergriffen wurden. In einmaliger Vorbildlichkeit bringt dies die Pietà im Petersdom zu Rom zum Ausdruck. Der jugendliche Michelangelo hat sie geschaffen. Auch dieses Kunstwerk hat bis heute sein besonderes Schicksal. Das Antlitz der Gottesmutter, der Mutter des Lebens, ist geprägt von kosmischem Schmerz: Den toten Leib des jugendlichen Jesus kann man nur verstehen als den, der zurückgeht auf Adam, »der Gottes war«. Hier spricht höchste, todverwandelnde Liebeskraft, für die ein neues Wort gefunden werden müßte.

Mit dieser vom Göttlichen gespeisten Durchhaltekraft sind wir am Urquell des Manichäismus angekommen: In ihm gilt das Stehen im Sturm, das Leuchten in der Finsternis, das Lieben im Haß, das lebenserfüllte Tragen des Toten. Das ist *die Mischung der Polarität,* aus der das Wort *dennoch* flammt. Sie ist alles andere als *Weltsucht,* weil sie die ganze Erdennatur durchstrahlende Liebeskraft ist, wie es in einem Psalm zum Bemafest, einer Art kultischer Abendmahlsfeier, zum Ausdruck kommt:

»Siehe, alle Bäume und Kräuter sind wieder neu geworden!
Siehe, die Rosen haben ihre Schönheit weithin zerstreut!
Denn die Fesseln sind gesprengt worden, das schadet ihren Kelchblättern.
Du auch sprenge die Ketten und die Fesseln von unserem Eigensinn.
Die ganze Luft ist lichterfüllt, die Sphäre des Himmels heute im Glast.

Auch die Erde bringt Blüten hervor,
Die Wellen des Meeres, sie ruhen,
Denn der finstere Winter, von Kummer erfüllt, ist vorüber.
Laßt auch uns entweichen der Schande des Bösen.«

Die Mischung der Polaritäten, von der wir sprachen, ist aber auch alles andere als *Weltflucht.* Das kommt in einem Psalm zum Ausdruck, der die Duldekraft, die Todesüberwindungsmacht aller vom Geiste des Lichtes erfüllten Sendboten schildert. Dort heißt es, leider etwas lückenhaft:
»Sethel auch (Adams) Sohn, seine Duldekraft ist groß.
Enoch auch und Noah, Sem ...
... Alle die Seligen, die diese Lasten haben tragen müssen bis hinunter zu dem Einen, Erhabenen, dem Geliebten, Jesus, unserm Herrn ...«
Dann folgt die Schilderung seines Kreuzestodes bis in Einzelheiten. Immer wird die Durchhaltekraft einzelner Christen gepriesen, jedem wird diese besondere Fähigkeit des Überwindens zugesprochen, die jeder nach seiner Art sich erringt, bis zuletzt von Mani gesagt wird: »der auch den Kelch trinken mußte«. Gesänge tauchen auf, in denen es nach jeder Zeile heißt: »Tragekraft«. Und einmal heißt es von Jesus Christus: »Du gingst zum Ölberg, du wurdest als der die Sonne Überragende erschaut.«[92 (S. 123)] Aber immer geht diese Kraft aus von Sethel, dem Sohne Adams, der Gottes war.[92 (S. 144; 146)]
Damit sind wir von Parzival ausgehend wieder auf den Jesus des Lukasevangeliums gestoßen, der bei der Sixtinischen Madonna Raffaels und der Pietà des Michelangelo Pate stand, so daß sich in unserer Betrachtung

der Lebensbogen Jesu Christi von der Geburt bis zum Kreuzestode erstreckt.

Im Rückblick auf die Gesamtbetrachtung treten drei deutlich zu unterscheidende Hauptmotive hervor, die sich als geistesgeschichtliche Strömungen offenbart haben:

1. Das kosmische Sonnenwesen, dem wir durch die vorchristliche, wir könnten auch sagen, heidnisch-christliche Ära zu folgen suchten, bis der Christus bei der Jordantaufe Wohnung nahm in dem dreißigjährigen Jesus. Von diesem göttlich-menschheitlichen Niedersteigen legen die ersten Verse des *Johannesevangeliums* Zeugnis ab; denn sie sprechen vom Uranfang der Fleischwerdung Gottes. Aber es kündet auch das *Markusevangelium* »von einem Anfang der Engelsbotschaft Jesu Christi«, indem es auf den Propheten Jesaja hinweist, der das Kommen des Messias vorverkündet (Jes. 40/3). Auch dieses Evangelium ist nur vom kosmischen Gesichtspunkt her zu verstehen. Rudolf Steiner fordert seine Zuhörer auf, aus folgendem Verständnis in die Tiefen des Markusevangeliums einzudringen: »Versuchen Sie dahinter zu kommen, was es heißt: *Irdische Vorgänge sind ein Schattenbild makrokosmischer Vorgänge*, und Sie werden den ersten Schritt getan haben, um eine der größten Urkunden der Welt – das Markusevangelium – nach und nach verstehen zu können (Vierter Vortrag von Rudolf Steiner aus: »Exkurse in das Gebiet des Markusevangeliums« vom 7. November 1910. Bibl. Nr. 124).

2. Der Jesusknabe aus der königlich-salomonischen Ahnenreihe. Zu ihm führten der Graltempel und das Zarathustra-Heiligtum von Shiz. Er trug die Weisheit des

Zarathustra in sich. Seine Geburt wurde dem Joseph vorverkündet. Ihm huldigten die drei Weisen aus dem Morgenlande, weil sie seinen Stern erschaut hatten. Mit ihm flüchteten die Eltern nach Ägypten, so daß sie dem Kindermord durch König Herodes entgingen. Von diesem göttlich-menschlichen Geschehen legt das *Matthäusevangelium* Zeugnis ab.[86] (S. 1-3)

3. Der Jesusknabe aus der priesterlich-nathanischen Generationenreihe bis zurück zum Adam, »der Gottes war«. Zu ihm führt die Gestalt Parzivals als Abbild des Ersten Menschen, wie ihn Mani dargestellt hat. Er trug die göttliche Liebe in sich. Seine Geburt wurde Maria vorverkündet, die als Mutter ganz im Mittelpunkt der Geschehnisse steht. In der Begegnung von Maria und Elisabeth kommt durch den Lobgesang beider Mütter die menschheitliche Zeitenwende in wunderbarer Weise zum Ausdruck. Der Knabe wurde von den Hirten angebetet, die durch die himmlischen Heerscharen den Weg zur Krippe fanden. Als er zwölf Jahre alt war, hatten seine Eltern nach dem Passahfest das Erlebnis seiner Weisheit, die er den Schriftgelehrten im Tempel von Jerusalem offenbarte. Von diesem göttlich-menschlichen Geschehen legt das *Lukasevangelium* Zeugnis ab.

Durch das sonnenhafte Wesen des Grales fällt ein neues Licht auf die vier Evangelien. Man ahnt etwas von der göttlichen Wesenheit, die durch ihren dreijährigen Erdenwandel die Zeitenwende der Menschheit erwirkte. So kann Schritt vor Schritt ein Verständnis für die Evangelien erweckt werden, das nicht durch ein irdisch-kausales, sondern durch ein aktives, spirituelles Denken sich ihnen nähert. Ein solches Denken kann zum bedeutend-

sten Geschehen innerhalb der Menschheitsgeschichte hinführen: zur Jordantaufe durch Johannes. In der Jordantaufe zog der kosmische Christus in den Leib des Jesus ein, der Träger der Liebe und Weisheit war. In diesem Geschehen klingen die vier Evangelien zusammen.
An dieser Stelle ist die Frage berechtigt, wieso es einen vorchristlichen Gral geben kann, der zum Verständnis des geistigen Sonnenwesens, des kosmischen Christus, führt und auch zum Erkennen seines Niedersteigens bis zur Verleiblichung in dem Jesusknaben, wie es durch die beiden Tempeldarstellungen Graltempel und Zarathustraheiligtum zum Ausdruck kam, an denen sich das Tempelerlebnis des zwölfjährigen Jesus und auch das Christuswort vom Leibestempel in ihrer Bedeutungstiefe zeigen. Bisher waren die Gralvorstellungen auf das Bild der Schale oder des Kelches gerichtet, während hier im Grunde vom Gral *vor* aller Gestalt gesprochen wurde.
Diese Doppelfrage nach dem kosmischen Christus und nach dessen Verleiblichung ist von Wolfram von Eschenbach voll bewußt (vgl. 453/1–10) erst in seinem 9. Buche beantwortet. Darum soll seine Antwort, seinen Versen in adaptierender Weise folgend, wiedergegeben werden (vgl. 453/11 bis 455/22):
Ein Heide*, das heißt ein in vorchristlichen Anschauungen lebender Mensch, erschaut im geistigen Bereiche der Gestirne das lichte Wesen eines »dinc«, d. h. eines Etwas, das den Namen Gral erlesen oder erhören läßt. Es wird im Herniederkommen »auf die Erde« durch eine »Schar« von Engeln begleitet, die sich nach Erfüllung ihrer Auf-

* Diese Bezeichnung wird im Zusammenhang mit dem Namen Flegetanis viermal wiederholt.

gabe wieder hinauferhebt in den Sternenkosmos, mit dem »der Heide Flegetanis« als hellsichtiger Sternenkundiger vertraut ist. Was hat er durch die Kraft seiner vorchristlichen Anschauungsweise in Wirklichkeit bis in den Namen Gral bildhaft erlebt?

Bei der Jordantaufe geschah dieses historische Wunder, das von der Stimme einer höheren Welt begleitet war, wie die Evangelisten berichten. Engelwesen hatten den Christus hernieder begleitet; sie hielten gleich Gewändern die leibliche Hülle des Jesus bereit, so daß er einziehen konnte; sie stärkten ihn noch, als er in der Wüste, der Gottverlassenheit des Erdenbereiches, mit den Versuchermächten vierzig Tage zu ringen hatte. Danach stiegen sie wieder auf.

Das hat Flegetanis schauend erlebt durch eine Offenbarung. Er stammt aus der Ahnenreihe des »Salomo« und ist mütterlicherseits »Israelit« –, väterlicherseits (vaterhalp) ist er sternenkundiger (fision) Heide, man könnte am besten sagen »Chaldäer«. Als solcher schreibt er »die Urgeschichte« (gestifte) des Grales in chaldäischer Schrift (heidnischer schrifte) nieder.

In diesem Zusammenhang erwähnt Wolfram nun auch seinen Gewährsmann »Meister Kyot«, den Christen, der nicht mit »heidnischem« Verständnis diese Schrift entziffert, sondern mit christlichem Wissen. Deshalb kann er die Schrift des Heiden Flegetanis lesen, übersetzen und verstehen, nachdem er Buchstaben und Sprache »gelernt« hat (der karacter â b c muos er hân gelernet ê). Er erkennt also, daß es sich um das Niedersteigen von Christus handelt, das im Zeichen des ganzen Kosmos, der ganzen gottväterlichen Weltschöpfung geschieht und den Namen Gral trägt. Hierfür sucht und findet Kyot die Ahnenreihe im Königreich Anjou in »einem lateinischen Buch« erwähnt; sie ist dafür bestimmt, Hüter und Pfleger des Grales zu sein, dem nun ein Tempel erbaut werden kann. Es tauchen die Namen Titurel, Frimutel, Amfortas auf und Herzeloyde, die Parzival das Leben schenkt.

Es darf also gesagt werden: Die Wurzeln des Graltums sind in der vorchristlichen oder heidnischen Ära zu suchen, wie bereits viele Forscher in Einzelheiten ausgeführt haben und wie von Rudolf Steiner aus geistiger Sicht dargestellt wurde.

So bildet die Jordantaufe einen göttlichen Menschheitsaugenblick, zu dem auch die dreijährige Wirkenszeit des Jesus Christus gehört. Sie wird zur Menschheits- und Erdentaufe, die durch den Kreuzestod besiegelt wurde, da dreimal der Kelch als göttlich-menschheitliches Wahrbild erglühte und von Auferstehungslicht erstrahlte:

»Das erste Mal beim letzten Abendmahl
als der speisende Kelch;
das andere Mal im Garten Gethsemane
als der Kelch der Todesüberwindungskraft;
das letzte Mal auf Golgatha unter dem Kreuz
als der Kelch der Heilung und Wandlung.«

Dieser dreifache Kelch zog sich zusammen zum Wahrbild des Grales. Ihm durften wir durch Europa folgen. Sein Ursprung lag im Vorchristlichen und führte uns sogar nach Persien.

Dann stand der Gralsucher vor unserem inneren Auge, der Parzival-Parsifal; er wurde zum Vorbild des Gegenwartsmenschen, der sich durch Gottlosigkeit hindurchringt und berufen ist, vom »Tode Gottes« heuti-

ger Theologie und gegenwärtigen Glaubens aufzusteigen zur Geisterkenntnis.
Aber dieser Parsifal lenkte unsere Erkenntnisschritte auch in die Vergangenheit, zu dem umfassenden, die Welt des dritten Jahrhunderts durchdringenden Christuskünder Mani. Durch ihn kehrten wir wieder zurück zum Garten Gethsemane, wo sich das Schicksal der Menschheit entschied und der Gral wie ein Sonnenaufgang nach finsterster Nacht sich erhob.

Der Gral in den europäischen Katastrophen des 19. und 20. Jahrhunderts

Bei der Suche nach Wesen und Bedeutung des Grales hat es sich auf dem Wege durch das geistig-kulturelle Europa gezeigt, daß er das Menschheitsgeschehen in Palästina und insbesondere auf Golgatha in großartigen Imaginationen widerspiegelt. Dieses Geschehen war und ist im Grunde genommen ein Ewigkeitsaugenblick in der irdischen Vergänglichkeit, in dem der Sinn des Erdenweges der Menschheit so aufleuchtete, daß sowohl zurückliegende Kulturepochen als auch die Gegenwart und ferne Zukunft im Laufe dreier Jahre blitzartig erhellt wurden. Dadurch ist ein Blick in die weisheitsvolle göttliche Führung der Erdenmenschheit möglich. Zu diesem kosmischen Zeitpunkt war Europa durch das Griechentum und Römertum im Verlauf von etwa sieben Jahrhunderten zu geschichtlicher Wirkung gekommen. Schon diese Tatsache läßt eindrucksvoll erkennen, daß während des Lebens und Wirkens Jesu Christi das Morgenland und Abendland in wunderbarer Weise ineinanderspielten. Es klang etwas aus, es ging etwas zu Ende, die Zeitgeschichte durchschwang eine kosmische Abenddämmerung. Die menschliche Fähigkeit, mit den Rhythmen des Sternenalls eins zu sein und das schöpferische Tun höherer Wesenheiten wahrzunehmen und ihre Weisungen in Taten umzusetzen, nahm schrittweise ab, wenn auch die Bibel und andere Schriften noch ganz selbstverständlich von Engel- oder von anderen Offenbarungserlebnissen sprechen. Die Pforten der geistigen Welt schlossen sich für das menschliche Bewußtsein. Nur Verstand und Gemüt hatten noch mehr oder weniger die Fähigkeit, Spirituelles aufzunehmen und zu betätigen. Gerade in diese Epoche seelischer Bewußtseinsentwickelung fiel das Wirken Christi. Das Abendland hatte begonnen das Morgenland abzulösen. Sichtbares, religiöses Zeichen dafür sind die katholische und orthodoxe Kirche sowie die abendländische Kunst. Alle drei bildeten und lenkten die Menschenseelen, gaben ihnen den Lebensinhalt durch viele Jahrhunderte. Als aber in dieser Entwicklung die Gefahr bestand, daß das Bewußtsein für die kosmische, geistige Wesenheit des Christus vollends verlorenging, leuchtete die Gralsage wie ein Leitstern auf und wirkte in den Tiefen der Menschenseelen.

Wer als rein pragmatischer Geschichtsforscher die Entwicklung der christlichen Kirchen und auch die politischen Machtkämpfe, Kriege, Revolutionen und nicht zuletzt die technisch-wirtschaftlichen Ereignisse bis ins 19./20. Jahrhundert ins Auge faßt, könnte meinen, die christliche Ära sei abgelaufen und werde durch die materialistische Weltanschauung abgelöst, in welcher der Mensch als ein sterbliches Wesen mit Tiereigenschaften aufgefaßt wird. Wer so denkt, kann im Hinblick auf das Christentum höchstens von einem »schlichten Menschen Jesus« sprechen. Nun ist es aber an der Zeit, mit unserem Bewußtsein die ganze Welt der Tatsachen zu umfassen, die nicht nur eine äußere, eben pragmatische,

sondern auch eine innere, nämlich geistig-seelische Seite hat, die dem Menschen die Strömung eines kosmischen (»esoterischen«) Christentums erschließen kann.
So wie die vielen mineralischen Schichten eines Steinbruches noch nicht die volle Wirklichkeit sind und von den Geologen als Zeichen, Merkmale eines Werdeprozesses angesehen werden, so sind geschichtliche Ereignisse Ausdruck, Merkmal für die Wirksamkeit geistiger Strömungen, die im Miteinander oder Gegeneinander zu historischen Fakten führen.
So konnte darauf hingewiesen werden, daß gerade im Ausgang des 12. Jahrhunderts im Süden Frankreichs der Katharerkrieg als Symptom der Auseinandersetzung zwischen einem dogmatischen und einem kosmischen Christentum wütete. Dringt man von dort aus eine Schicht tiefer in das innere Geschichtsgeschehen, so stößt man auf die Tatsache, daß zur gleichen Zeit im Norden Frankreichs die Gralgeschichten eines Robert de Boron und Chrestien de Troyes in aller Stille konzipiert werden, die im 9. Jahrhundert spielen; ebenso dichtet Wolfram zu gleicher Zeit seinen Parzival. Dieses historische Faktum ist Zeichen für das Wirken der Gralströmung in ganz Europa, denn bei Wolfram stießen wir auch im Zusammenhang mit Toledo in Spanien darauf. Alle drei Dichter gleichen so den Jägern des Lichtes, die über ihre Zeitgenossen ihre Lichtnetze auswerfen, während das Wüten der Jäger der Finsternis drunten im Süden Frankreichs unter der Ägide Roms vor sich geht. Diese Auseinandersetzungen erschütterten offensichtlich ganz Europa und beschworen in dieser Zeit die Inquisition herauf. Mit dem Konzil zu Verona im Jahre 1184 unter Papst Lucius III. begann diese immer schär-

fere, unmenschlichere Formen anzunehmen. Es war der Kampf um ein dogmenfreies, kosmisches Christentum, das zeigen die bitteren Jahrzehnte des Kreuzzugs gegen die Katharer auf der einen und die mit Zurückhaltung, aber mit inspirativem Enthusiasmus geschriebenen Graldichtungen auf der anderen Seite. Das Lichte ruft das Finstere auf den Plan oder auch umgekehrt. Wir könnten hier von einer *dynamischen Polarität* sprechen, die sich immer wieder in den verschiedensten Formen im Verlauf der Geschichte zeigt. Denken wir nur an die Kämpfe zwischen Kaisertum und Papsttum.

Dieses Gesetz der dynamischen Polarität gilt nun für das Graltum in Europa in erhöhtem Maße, weil dieses das Vergangenheit und Zukunft umschließende menschheitliche Ereignis in sich birgt und einen Aufruf an jeden Menschen darstellt, der in seinem höheren Ich angesprochen ist. Er wird zum Sucher, zum Parsifal, der um Erkenntnis des Gralwesens ringt. Denn zum Grale finden, heißt für den Menschen heutiger bewußter Entscheidungen: zum kosmischen Christus finden, der die Stufen der Zeitepochen durchwirkt.

So fragen wir aus dem Zeitgeist des 19./20. Jahrhunderts heraus: Ist die christliche Ära wirklich abgelaufen? Friedrich Nietzsche hat seinerzeit im Zusammenhang mit dem Krieg 1870/71 berechtigt von der »Exstirpation des deutschen Geistes« gesprochen. Er war der erste, der vom »Tode Gottes« sprach und schließlich ein Bild des »Übermenschen« entwarf, um damit als Antichrist Kritik am Christentum zu üben.[99] Es wäre einseitig, nur auf solche Stimmen zu hören, die dem Materialismus die Wege ebneten. In jener Zeit bekundete sich auch die Stimme eines Richard Wagner, der ganz andere Zusammenhänge erkannte und dadurch auch mit dem späteren Nietzsche in Gegensatz geriet. Denn Wagner hat, von Schicksal und Berufung geführt, ähnlich gehandelt wie einst die Graldichter. Er schuf ein Lebenswerk, das aus den Tiefen der Geistesgeschichte Europas und ihrer Quellen geschöpft war und im »Parsifal« seine Krönung fand. Bereits beim ersten Aufenthalt in Paris (1839–42) entdeckte er die »Schätze des keltischen Sagenkreises aus Artus' Tafelrunde, und es entstanden aus diesen Heldenliedern oder Chansons de Geste erste Entwürfe zum *Lohengrin* und zum *Parsifal.*«[100] (S. 52)

Westlich-keltische und später auch nordisch-germanische Geistigkeit inspirierte und lenkte den fast Dreißigjährigen. Dies war wie ein tröstender Leitstern für ihn, der in bitterster Armut lebte; dieser Leitstern verließ ihn nie und richtete ihn immer wieder auf, wenn die Schicksale ihn niederdrückten. Wer die Lebenslinie seines Schaffens Schritt vor Schritt verfolgt, gewahrt den gewaltigen Bogen, der sich von der ersten Pariser Zeit bis zur Uraufführung des »Bühnenweihespiels Parsifal« im Jahre 1882 spannt. Während um Wagner bis zur Mitte des Jahrhunderts der Materialismus als Lebenshaltung sich immer mehr durchsetzte und »der Streit über Leib und Seele«[101] auf seinem Höhepunkt angelangt war, hat er die großartige Spiritualität der alten europäischen Mythologien und Sagen in sich aufgenommen; sie erschlossen sich ihm wie Erinnerungen an eigenes, früheres Erleben. Sie erfüllten in mächtiger Bildersprache seine Seele, sie wurden begleitet von symphonischen Klängen, von jeweils entsprechenden Einzelmotiven, bis sie sich zu einem offenbarenden Erlebnis am Karfreitagmorgen des 10. April 1857 in der Villa

Wesendonck in Zürich verdichteten, so daß er darüber schreiben konnte: »Nun brach auch schönes Frühlingswetter herein; am Karfreitagsmorgen erwachte ich zum ersten Male in diesem Hause bei vollem Sonnenschein: das Gärtchen war ergrünt, die Vögel sangen, und endlich konnte ich mich auf die Zinne des Hauses setzen, um der langersehnten, verheißungsvollen Stille mich zu erfreuen. Hiervon erfüllt, sagte ich mir plötzlich, daß heute ja *Karfreitag* sei, und entsann mich, wie bedeutungsvoll diese Mahnung mir schon einmal in *Wolframs* »Parzival« aufgefallen war. Seit jenem Aufenthalte in Marienbad (1845), wo ich die ›Meistersinger‹ und ›Lohengrin‹ konzipierte, hatte ich mich nie wieder mit jenem Gedichte beschäftigt, jetzt trat sein idealer Gehalt in überwältigender Form an mich heran, und von dem Karfreitagsgedanken aus konzipierte ich schnell ein ganzes Drama, welches ich, in drei Akte geteilt, sofort mit wenigen Zügen flüchtig skizzierte.«[102]
Es steht deutlich ein Gralerlebnis vor uns, das einst die Artusritter der Tafelrunde hatten, das den Einsiedler der Bretagne einst erschütterte.
So mächtig wurde Wagner im dramatischen Für und Wider von dieser Grundkonzeption für seinen »Parsifal« getragen – er spricht später (1865) in einem Brief an König Ludwig II. von Bayern von dem »sonnigen Charfreitag der ersten Empfängnis«[102] –, daß vor und nach dem Krieg von 1870/71 je ein Prosa-Entwurf entstand. Und im Jahre 1879, wo der Materialismus vollends in alle Lebenszweige und Kulturbereiche eingezogen war, beendete Wagner die Komposition, bis schließlich am 26. Juli 1882 die Uraufführung des »Bühnenweihespiels Parsifal« stattfand, einem Sieg des Graltums

in Europa gleichend. Durch dieses Werk hat er aus menschheitshistorischen Zusammenhängen alles gesagt, was er sagen konnte, so daß er bewußt auf sein rein buddhistisches Drama »Die Sieger« verzichtete. Hierdurch war die Schwelle des 20. Jahrhunderts für die Zukunft deutlich gemacht: Das christliche Europa trägt in sich selbst die spirituelle Erkenntniskraft, durch die dem Gral zugrundeliegende Weisheit den Weg in das herankommende Jahrhundert zu zeigen. Und dieser Weg führt nicht in die Vergangenheit zurück.

Aber es ist noch hinzuzufügen: So erfüllt war Wagner von der Gralidee, daß selbst der deutsch-französische Krieg seine Freundschaft mit dem französischen Dichter Edouard Schuré in keiner Weise trüben konnte. Beide Künstler schloß ein geistiges Band zusammen, denn es floß durch ihre Werke in das europäische Geistesleben des 19. Jahrhunderts ein, was wie tiefste Erinnerungen im Genius Europas ruhte. Richard Wagner und Edouard Schuré trafen sich in der Anschauung uralter Mysterien des keltisch-druidischen Westens. Sie ergänzten sich, indem Wagner den Blick nach dem Norden Europas und Schuré nach dem Osten über Griechenland bis nach Indien lenkte.* Die Lebenswerke beider Dichter lassen Mysterienweisheit ferner Zeiten der Menschheitsgeschichte wie in einem vollendeten Rund in Europa aufleuchten, in dessen Mitte sonnenhaft das Wissen um den kosmischen Christus erstrahlt.

Zwei Städte trugen diesen Impuls in das 20. Jahrhundert: Bayreuth, die Wagnerstadt mit dem Festspielhaus, und München, wo schon ein Jahr nach der ersten

* Wir erwähnten bereits das Drama von Edouard Schuré ›Die Kinder des Lucifer‹, vgl. S. 114.

Begegnung Schurés mit Rudolf Steiner (in Paris 1906) die erste Aufführung des »Heiligen Dramas von Eleusis« stattfand. Es geschah unter der Leitung Rudolf Steiners im Rahmen des Münchner Kongresses der Theosophischen Gesellschaft; im Jahre 1909 folgte dort die Aufführung der »Kinder des Lucifer«. Damit haben wir die Schwelle vom 19. in das 20. Jahrhundert überschritten, wo wiederum das Gesetz dynamischer Polarität im Zusammenhang mit dem Graltum wirksam war. Die Kräfte der Völkeregoismen hatten sich mit denen des Technisch-Materiellen gepaart und ein ungeheuerliches Waffenarsenal aufgebaut. Der erste Weltkrieg erschütterte Europa. Wieder erstrahlte die Uridee des Grales in neuer Bildgestalt: Es berührt uns erneut das Wesen des Grales als Todesüberwindungsmacht, als sonnenhaftes Ich, das sich wie ein Kelch dem Geisteswirken öffnet, in dem das kosmische Christuswesen waltet. Von einem solchen Gesichtspunkt her ist der Dichter *Walter Flex* zu verstehen, der als erster Zeuge für das Fortwirken der Gralströmung in Europa erwähnt werden soll. Er war als künstlerischer, feinfühliger Mensch ebenso für innere, geistige Erlebnisse aufgeschlossen wie Richard Wagner. Das zeigt sich vor allem in seiner Novelle »Der Wanderer zwischen beiden Welten«, in der er ein Kriegserlebnis schildert, das er mit seinem Freund Ernst Wurche im ersten Weltkrieg hatte. Beide Welten, die irdisch-vergängliche sowie die göttlich-geistige, waren ihm vertraut. Das kommt ihm in den langen, russischen Winternächten besonders zum Bewußtsein, so daß er als Soldat und Kämpfer schreibt: »Und wieder Wochen und Wochen des Schanzens und Lauerns, und in Schnee und Regen sind alle Röcke sich gleich geworden. Es gibt keine fremden Gesichter mehr im Graben. Aber die fehlenden kommen nicht wieder. Nur in den langen, grauen Nächten kommen sie und reden. Der Verkehr mit den Toten macht einsilbig und still.« Während der ersten Kriegs-Weihnacht 1914 hat er ein Offenbarungserlebnis, von dem er selbst sagt: »Das war allerdings die stärkste Inspiration, die ich je erlebt habe.« So schrieb er aus einem Guß seine Novelle »Vom Großen Abendmahl« nieder.[103] Schon die Benennung läßt erkennen, daß hier ein Gralmotiv anklingt, das sich ganz aus der feierlich ernsten Stimmung der ersten deutschen Kriegsweihnacht herausgebildet hat. Es spricht sich in folgenden Hauptbildern aus:

Eine arme Bäuerin, die durch den Krieg zur Witwe geworden ist, darf mit ihrem Kind zur Heiligen Weihnacht in den geistigen Bereich der Toten, der Seelen der gefallenen Soldaten vordringen, weil ihr von unsäglichem Leid erfülltes Bewußtsein erlischt und einem höheren Bewußtsein Platz macht. Da erschaut sie, wie von Gnadekräften getragen, in wunderbarem Rosenschimmer die knospenhaften Seelen der Ungeborenen, die dabei sind, zur Erdengeburt herniederzustreben. Sie segnen mit lichtströmenden Kräften wie in einem himmlischen Spiel das »Waislein« der Mutter-Witwe, das sie, mütterlich bergend, in ihren Armen trägt. Davon werden auf Erden seine Hände einmal leuchten und segnen. Im Weiterschreiten erschließt sich der Mutter-Witwe im Trauergewand auch der Bereich, in dem die Seelen der toten Soldaten, vom Weihnachtslicht umstrahlt, Einzug halten und sich den zahllosen Gestalten zugesellen. Letztlich wird ihr die Gnade zuteil, dem geliebten Lebensgefährten ins Antlitz zu schauen, der

in der Herzkammer der Erde Wächter ist über das Gute und Böse auf Erden. Dort empfängt sie von ihrem königlichen Wächter als göttlichen Lebenstrost einen goldenen Becher unter drei Worten: »Tränke meinen Knaben!« und eine perlenfarbene Muschel unter drei Worten: »Speise meinen Knaben!« Als die Mutter-Witwe wieder zu sich kam, war ihr Leben fortan gesegnet, und sie trug ihr Kind in eine bessere Zukunft.
Hier ist das Gralerleben des Heilenden, Speisenden eingekleidet in die tragischen Einzelschicksale, die der erste Weltkrieg mit sich brachte. Gleichzeitig wird der Schleier vom einseitigen Diesseitsbewußtsein gehoben, und der nachtodliche Bereich wird schaubar, in dem die scheidenden und niedersteigenden Seelen sich begegnen. Wie eine Ahnung taucht das Bild ganzer Totenheere vor uns auf. Das Rätsel des Nachtodlichen sowie des Vorgeburtlichen wird angesprochen. Im sonnenhaften Licht des Grales erhellt sich die geistig-göttliche Welt, die an unsere irdisch-sinnliche Bewußtseinswelt angrenzt.
So ordnet sich die Gesamtkonzeption des Weihnachtsmärchens von Walter Flex in das europäische Graltum ein. Die frühchristliche Imagination der hierarchischen Sphären der Engelwesen ist zwar verdunkelt, aber die Anschauung einer nachtodlichen Welt tritt wieder hervor. Dem Dichter war sie durch sein Erleben im Schützengraben erschlossen. In ihr findet das »Große Abendmahl« für die Mutter-Witwe und deren Knaben statt, einem kosmischen Kultus gleichend. Ein Gethsemanegeschehen geht vor sich, bei dem Tod und Auferstehung in eins verschlungen sind.
Davon mögen die Soldaten etwas erlebt haben, als sie Weihnachten 1914 die Erzählung hörten. »Dieses Weih-

nachtsmärchen las ich am heiligen Abend bei der Christfeier der fünften Kompagnie vor dem tannenbekränzten Altar der Dorfkirche von D ... in Frankreich, wo wir den Heiligen Abend feierten«, schreibt der Dichter. Es geschah beim Flackerschein der Weihnachtsbäume, beim Donner der Geschütze. Das Wesen des Grales als Todesüberwindungsmacht führte bei dieser Altarfeier seine Sprache.

Eine andere Bildgestalt nimmt der Gral in dem Drama von *Albert Steffen* »Der Chef des Generalstabs« an, in dem die Substanz des europäischen Geisteslebens in den Schicksalsentscheidungen der deutschen Kriegsführung im ersten Weltkrieg wirkt. Dadurch taucht der Name Gral auf und bringt den Kampf der finsteren Mächte und ihren teuflischen Giftgaskrieg gegen das lichthaft Edle, Ritterliche, Menschenwürdige so zum Vorschein, daß es nicht nur um Völkerschicksale geht, sondern um die Zukunft der Menschheit überhaupt. Den erschütternden Verlauf der dramatischen Auseinandersetzung dieser beiden Mächte läßt der Dichter in die Verse ausklingen:

»O Zeichen! Grab und Gral an einem Tag
dem deutschen Volke wiederum gegeben.«

Im letzten Akt der dramatischen Handlung wird die dynamische Polarität noch gesteigert, und es erinnern die Bilder durchaus an die Erzählung von Walter Flex, nur tritt die Gestalt des Grales noch deutlicher hervor. Die Totenheere aller Völker werden in das dramatische Geschehen geistiger Auseinandersetzungen einbezogen. Sie, die sich mutvoll geopfert haben, leuchten in einem kosmischen Farbenbogen auf, der sich von West nach

Ost wölbt. Alle aber werden aus der Gralschale gespeist, weil in dem Genius Europas die Wesenhaftigkeit der Gralströmung durch die Jahrhunderte so wirksam war und ist, wie es dargestellt wurde. Aus dem ganzen Kriegsmaterial aber »ballt sich ein greuliches Tier zusammen. Es ist Ahriman, der Drache des Abgrundes, der die ich-lose Organisation benutzen will, um sich emporzuwühlen«, so schließt der Dichter das Bild ab. Hier offenbart sich, der apokalyptischen Gewalt des ersten Weltkrieges entsprechend, die Polarität von Licht und Finsternis.[104] (S. 126)

Walter Flex schrieb seine Novelle um Weihnachten 1914. Deshalb entspricht sie in ihrer Bildhaftigkeit dem Wesen und der Haltung des deutschen Soldaten zur Zeit des Kaiserreiches; sie wendet sich an das Gemüt, an das Mitleiden, an die Tröstung des Menschen. Aber im innersten Kern eröffnet sie den Blick in das Nachtodliche, in die Sphären einer Welt, in der die Seelen der Gefallenen zu finden sind, wo mit Becher und Schale getränkt und gespeist werden darf, wie es die Mutter-Witwe erlebt. Die dramatische Handlung »Der Chef des Generalstabs« des Schweizer Dichters Albert Steffen erschien erst im Jahre 1927. Sie ist aus einer Überschau und einem zeitlichen Abstand geschrieben. Sie gewährt Einblick in das Verhalten und die Handlungen der verantwortlichen Träger der deutschen Kriegsführung und läßt den ersten Weltkrieg im Licht eines Menschheitsschicksals erscheinen, das sich im christlichen Europa abspielt. Das Drama ist bewußt in die spirituelle Sphäre erhoben, in welcher der Abgrund des Dämonischen in der Gestalt des Ahriman gegenüber dem Lichtbereich des Erzengels Michael erlebbar und erkennbar wird. Der

Dichter greift zum Bild des Grales, um dem blutigen Völkerringen Europas einen höheren Sinn abzulesen. Dabei läßt er die spirituelle Substanz der geschichtlichen Gralströmung in den Verlauf des Dramas einfließen, indem er auf den Gralkelch im Osten sowie die Artusrunde im Westen hinweist.[104 (S. 51 f.)] Dies geschieht aus historischer Erkenntnis ganz bewußt, wie es im Nachwort eindeutig zum Ausdruck kommt.[104 (S. 134 f.)]

Eines jedoch sollte jeden Leser in Erstaunen setzen: daß in beiden Dichtungen das heilende, stärkende Gefäß bildhaft auftaucht und gleichzeitig das Bewußtsein über die Todesschwelle hinaus erweitert wird, wodurch die Heere der Toten erschaubar werden.

Alles vollzieht sich in der Sprache des Graltums. Derart wird das Erkenntnisergebnis der Geisteswissenschaft bestätigt, das Rudolf Steiner in folgendem Satz zusammenfaßt: »Man sieht, daß sich aus der *Erkenntnis des Grals* das höchste Ideal menschlicher Entwicklung ergibt, welche für den Menschen denkbar ist: die Vergeistigung, welche der Mensch durch seine eigene Arbeit erlangt ... In der *Wissenschaft vom Gral* führt der Weg in die übersinnlichen Welten ...[118 (S. 370 und 363)]

Hiermit ist eine Grundlage geschaffen, um für die zweite Weltkriegskatastrophe die Frage zu stellen: Wurden auch in dieser Zeit Soldaten oder Dichter von Offenbarungserlebnissen oder Inspirationen oder von anderen Schicksalsfügungen begnadet, die dem Wesen und Wirken des Graltums entsprechen?

Nur auf *ein* historisches Ereignis soll hier eingegangen werden, um das Weiterwirken der Gralströmung anhand von Tatsachen aufzuzeigen und zu erkennen, daß das Gesetz der dynamischen Polarität wirksam ist und die Gralkräfte dort tröstend, heilend und kraftspendend wirksam werden, wo eine Individualität, ein Suchender, ein bewußtseinswacher »Parsifal« dafür empfänglich ist.

Im Dezember des Jahre 1917 – also im ersten Weltkrieg – lag der englische Offizier Wellesley Tudor Pole im schwersten Kampf gegen die Türken vor Jerusalem, die auf deutscher Seite kämpften. Am Abend vor der Schlacht erschütterten ihn die Worte eines Kameraden zutiefst, der seinen Tod wie in einer geistigen Vorschau wahrnahm: »Ich werde in diesem Kampf mit dem Leben nicht davonkommen wie Millionen andere Männer in diesem Krieg. Es wird noch mein Schicksal sein, jetzt zu gehen. Du wirst überleben und einen noch tragischeren Konflikt zu sehen bekommen, der auf jedem Kontinent und Ozean und in der Luft ausgefochten wird. Wenn diese Zeit kommt, erinnere dich an uns. Wir werden uns danach sehnen, unser Teil zu tun, wo auch immer wir sein mögen. Gib uns die Möglichkeit, so zu handeln, denn dieser Krieg wird für uns ein rechtmäßiger Krieg sein. Wir werden dann nicht mit materiellen Waffen kämpfen, aber wir werden euch helfen, wenn ihr uns die Möglichkeit geben werdet. Wir werden dann eine unsichtbare, mächtige Armee sein ... Gewähre uns dafür einen Augenblick jeden Tag und durch euer Schweigen gib uns unsere Gelegenheit. Die Macht des Schweigens ist gewaltiger, als ihr wißt. Wenn diese tragischen Tage herbeikommen, vergiß uns nicht.«[105 (S. 139)]

Auch hier spricht uns wieder das Bild der Seelen der gefallenen Soldaten an, und wir werden von der Wirklichkeit einer Welt berührt, die jenseits unserer äußeren Sinneswelt liegt. Dieser Welt blieb der dem Geistigen auf-

geschlossene Philosoph Wellesley Tudor Pole treu, denn er konnte »die unsichtbare Armee« nicht vergessen; zu tief hatte sich das Kriegserlebnis mit seinem Kameraden eingeprägt. Als im zweiten Weltkrieg die Dünkirchenkatastrophe der westlichen Verbündeten sich mehr und mehr abzeichnete, führte er im Anfang des Jahres 1940 die »Big Ben Silent Minute«, eine Schweige- und Gebetsminute für jeden Abend 9 Uhr im Londoner Radio (BBC) ein. Sie galt für das ganze britische Reich und seine Verbündeten. Lange hatte er sie in aller Stille mit seinen treuesten Freunden, geleitet von den Worten seines gefallenen Kameraden, vorbereitet. Durch königlichen Erlaß wurde diese Schweigeminute für den 26. Mai 1940 zum Nationalen Gebetstag für das ganze Commonwealth erhoben. Und es geschah drei Tage später das völlig Unerwartete: Fast eine viertel Million Soldaten konnten, vom Nebel verborgen und geschützt, nach England hinübergerettet werden und entgingen ihrer Vernichtung. Ein englisches Regierungsmitglied sprach es damals eindeutig aus: Es würde nur wenige geben, die sich weigern zu gestehen, daß ein Zusammenhang zwischen dem Gebet der Nation zu Gott und der Rettung der Armee von Dünkirchen bestünde.[106] (S. 139)
Etwas Unglaubliches hatte sich ereignet; ein Geschehen, das von einer höheren Schicksalsmacht gelenkt war, als öffnete sich ein Vorhang und gäbe den Blick frei in eine Welt, in der Menschenseelen und Engelwesen aus einem Zeitenlosen in das menschheitliche Zeitgeschehen hinein wirksam sind. Eine »Sternstunde der Menschheit«, wie sie Stefan Zweig in seinen historischen Miniaturen beschreibt, hatte inmitten des Krieges geschlagen.[108]
Mit Recht wird von der Schriftstellerin Simone Saint-

Clair in ihrem Buch »La route du Graal« (Der Weg des Grals) auf den Zusammenhang dieser Sternstunde mit der Gralströmung hingewiesen. Sie beschreibt, wie Tudor Pole 50 Jahre darum gekämpft hat, in den Besitz der Kelchquelle von Glastonbury und ihres Gartens (Chalice Well of Glastonbury) zu kommen, die er um das Jahr 1909 zum ersten Mal zu Gesicht bekam. Dort hatte er das Offenbarungserlebnis, daß diese Stätte ein Brennpunkt der Gralsage sei, die mit Joseph von Arimathia zusammenhängt. Dieses Erlebnis hat ihn wie ein Leitstern sein ganzes Leben begleitet, so daß er immer für geistige Erlebnisse offen war.[106] So war er durch ein höheres Schicksal vorbereitet, die Worte seines todbereiten Kameraden in der richtigen Weise aufzunehmen und in seinem Herzen zu bewegen, um sie schließlich in die Tat umzusetzen, als es an der Zeit war.

Über das Fleckchen Erde um die Chalice Well, das heute im Besitz seiner Freunde und Gönner ist, sagt er: »Ich glaube, daß der Becher oder Kelch dazu bestimmt ist, das Zeichen für ein neues Zeitalter zu werden, das jetzt heraufdämmert, und es ist meine Hoffnung, daß die Kelchquelle ihre inspirierende Aufgabe für Taten und Handlungen erfüllen möge, einer Pforte gleichend, durch die Offenbarungen für zukünftige Zeiten fließen mögen, die von dieser Quelle durch England und die Welt strahlen sollen.«[105] (S. 223)

In dieser Weise ordnet sich die Stätte von Glastonbury (vgl. S. 22) in das dramatische Geschehen beider Weltkriege ein und läßt den aufgeschlossenen Gralsucher erleben und erkennen, daß auch heute noch das Wesen der Gralweisheit sich wirksam zeigt durch das dynamische polare Gesetz.

Durch alle Kapitel unserer Arbeit aber wurde angeregt, zu einem bildhaften Anschauen alltäglicher Ereignisse oder auch legendarischer Erzählungen, oder auch übersinnlicher Vorgänge, wie sie die Bibel beschreibt, zu kommen. Wer so verfährt, dem wird das Angeschaute, das ihm als Tatbestand entgegentritt, Sprache und Ausdruck von geistigen Vorgängen. Gerade in den Tatbeständen der Schlacht von Jerusalem und der Schlacht um Dünkirchen ist die Sprache so eindeutig, daß die Schriftstellerin Simone Saint-Clair in Anknüpfung daran ihr Buch über den Weg zum Gral schreibt, »der zweifellos bis zum Ende der Zeiten vorgezeichnet bleiben wird«. Diese Erkenntnis, die den ganzen Stoff, den Kontext der Tafelrunde des Königs Artus sowie der Gralsuche umschließt, war ihr durch ein schweres Lebensschicksal wie eine Erleuchtung gekommen, als sie »der Hölle der Frauen« (L'enfer des femmes), dem Konzentrationslager von Ravensbruck, entronnen war. Dies geht aus ihrer Schrift »Perceval ou l'Histoire d'un jeune homme par lui-même« (1947) hervor.[107] So kann sie der Geistestat von Tudor Pole, dem Seher und Philosophen, ein ganzes Buch widmen, das sie vollbewußt »La route du Graal« nennt. Darin gilt ausdrücklich ein Kapitel der Big Ben-Schweigeminute und der Kelchquelle von Glastonbury (»Big Ben et Chalice Well«).

*

Unsere Betrachtung ist nun vollständig in das 20. Jahrhundert eingemündet, und es läßt sich rückschauend wie auch zusammenfassend folgendes aussprechen: In zweifacher Weise hat der Gral, wie er durch Zeiten und Räume dargestellt wurde, seine Wirkung gezeigt.

1. Durch das vielseitige Anschauen seines Wesens konnte über geistige Strömungen gesprochen werden, durch die das Geheimnis und Wunder einer weisen, göttlichen Lenkung der menschheitlichen Geschicke erlebbar wurde. Es konnte angedeutet werden, daß solche Strömungen Auswirkungen höherer geistiger Wesen sind (vgl. das Kapitel »Johannes Scotus Erigena«).
2. Das Urbild des Grales offenbarte innerhalb der Geschichte des Abend- und Morgenlandes ein kosmisches Christentum, das Vergangenheit und ferne Zukunft in sich so verbindet, wie es die Evangelisten durch ihre verschiedenen Berichte über Geburt, Leben, Wirken und Auferstehung des Jesus Christus verkünden.

Mit diesen beiden Erkenntnisergebnissen stehen wir unmittelbar vor den Toren einer Geisteswissenschaft, wie sie Rudolf Steiner inauguriert und bis in alle Lebenszweige zu Beginn des 20. Jahrhunderts entwickelt hat. Er spricht davon, daß durch sie den Menschen das Mittel in die Hand gegeben ist, das Christus-Ereignis auf Erden immer tiefer zu begreifen und zu erfassen. Dieser Gedankengang wird mit folgendem Satz abgeschlossen: »Das *verborgene Wissen vom Gral* wird offenbar werden; es wird als eine innere Kraft die Lebensäußerungen der Menschen immer mehr durchdringen.«[118 (S. 364)] Eine solche Wirkung konnte in ihren verschiedenen Formen aufgezeigt werden, vor allem für das 19./20. Jahrhundert.*

* Hier sei erwähnt, daß es außer dem Gralimpuls noch andere Inspirationsquellen gibt, auf die hier nur hingewiesen werden kann (vgl. Anm. 119).

Für diese Wissenschaft vom Geist, die in ihrem Zentrum eine sonnenhafte Christologie enthält, mußte auch eine Heimstätte errichtet werden, wie einst für den Gral, die ebenfalls das widerspiegelt, was für eine christliche Erdenmenschheit maßgebend ist.
Im Jahre 1913 konnte von Rudolf Steiner durch die Mithilfe seiner Freunde für einen Bau ein Hügel gefunden werden, der in der weitwelligen Landschaft des Schweizer Jura in Dornach unweit von Basel gelegen ist. Von ihm schweift der Blick über schweizerische, deutsche und französische Gebiete, die durch ihre Höhen und Senken von besonderer Schönheit sind. Man befindet sich auf historischem Boden, davon zeugen noch verschiedene Burgruinen im Umkreis. Hier wurde im Jahre 1499 durch die Schweizer der Sieg über ein deutsches Heer errungen und damit die Selbständigkeit der Schweiz eingeleitet.[110] Aus der frühen Zeit des 7. Jahrhunderts leuchtet die Gestalt der heiligen Odilie herüber.[111/112] – Dieser Platz ist durch seine großartige Natur, seine geographische Lage und seine Geschichte in besonderer Weise für einen Bau prädestiniert, der Ausdruck eines neuen, vom Zeitgeist des 20. Jahrhunderts herausgeforderten Kulturimpulses sein soll. Welche Grundform mußte der Bau haben, welches Urbild schwebte Rudolf Steiner vielleicht schon viele Jahre vor? Wie dachte er über das Kunstwerk, das kurz vor und während des ersten Weltkrieges aufgerichtet und durchgestaltet wurde? In einem Vortrag, in dem er über das priesterliche Druidentum im Westen Europas genaue Angaben macht, sagt er: »Nun kommt man darauf, wie gerade solche Orte, in denen das Geistige, das an den Menschen herantritt, gewissermaßen schon durch die

Beschaffenheit des Ortes stark sich ausprägt, wie gerade solche Orte für ihre Kultstätten, für die wichtigeren Kultstätten von diesen alten Druidenpriestern aufgesucht worden sind. Gerade diese Druidenzirkel, die wir damals besucht haben (sc. 1923 in Penmaenmawr, North Wales): Hätte man sich mit einem Luftballon in die Luft erhoben und hätte man von oben heruntergeschaut auf den kleineren und auf den größeren Kreis ..., so würde man die beiden Zirkel so wahrgenommen haben wie den Grundriß des abgebrannten Goetheanum.«[114]
Damit klingt das Motiv der Steinsetzungen an, die makrokosmische Bauten im mikrokosmischen Erdenraum des Menschen waren. Dieses Motiv nimmt noch deutlichere Züge an, wenn wir die Worte hören, die Rudolf Steiner bei der Grundsteinlegung für den Bau des ersten Goetheanum sprach: »Als Sinnbild der Menschenseele, die sich weiht unserem großen Werke, haben wir diesen Stein geformt. Er ist uns Sinnbild in seiner Zwölfgliedrigkeit, der strebenden, als Mikrokosmos in den Makrokosmos eingesenkten Menschenseele: Anthropos, der Mensch, wie er sich herleitet von Wesenheiten der göttlich-geistigen Hierarchien. So ist dieser unser Grundstein Sinnbild unserer eigenen Seele, die wir einverleiben dem, was wir als richtiges geistiges Streben für die Gegenwart erkannt haben. So werden wir versenken diesen Stein, der geformt ist nach den Weltenbildern der Menschenseele, in das Reich der Elemente.«[113 (S. 228)]
Dieser Grundstein ist aus zwei miteinander verbundenen kupfernen Pentagondodekaedern gebildet, von denen der größere nach Osten, der kleinere nach Westen lag, um auf das Ineinanderwirken von Makrokosmos und Mikrokosmos hinzuweisen.

So hat sich der Gralstein eines Wolfram von Eschenbach, dem das himmlische und das irdische Element zugeordnet waren, in den Grundstein verwandelt, dem das makrokosmische und das mikrokosmische Element zugeordnet sind und der sich in die Ost-West-Richtung eingliedert. Beide aber wollen von der Speisung und Stärkung der Menschenseele sprechen, die sich einem Höheren einordnet. In diesem Sinne dürfen wir den Namen Gral erwähnen, der die Uridee des neuen Menschen als Offenbarungskraft in sich trägt und den höheren Menschen im Menschen aufruft.
Bei der feierlichen Grundsteinlegung am 20. September 1913 wurde das Datum in derselben Art bestimmt, wie es bei der ersten Erscheinung des Grales in der Tafelrunde der Artusritter auf dem Camelot-Hügel in Südengland geschah und wie es der Einsiedler der hellen Bretagne für sein Gralerlebnis vollzog: *Es wurde jedesmal an das Geschehen der Passion auf Golgatha angeknüpft* (vergl. S. 30 u. 108).
Der Baubeginn des ersten Goetheanum wird dadurch in den geschichtlichen Strom des Graltums hineingestellt, wie wir ihn durch die Zeiten und geographischen Räume Europas hindurch schilderten. Der Bau selbst aber erhielt den Namen »Goetheanum«, weil er an das deutsche Geistesleben Mitteleuropas anknüpft, wie es besonders durch die geistdurchwirkte Naturanschauung Goethes zum Ausdruck kommt und wie es Rudolf Steiner durch die Herausgabe von »Goethes Naturwissenschaftlichen Schriften« grundlegend für seine anthroposophisch orientierte Geisteswissenschaft dargestellt hat.[115]
Die Gliederung des künstlerisch durchgeführten Bau-

werkes von 65 000 Kubikmeter Rauminhalt, das zwei sich schneidende Kuppeln überwölbten und das mit Ausnahme des Betonunterbaues aus dem lebendigen Material verschiedener Holzarten errichtet wurde, war eine Metamorphose des Graltempels, wie ihn Albrecht von Scharfenberg beschrieb. Die Dreiheit, die sich in der Rotunde mit dem gewölbten Himmel darüber und mit dem Sakramentshaus in der Mitte und dem darin schwebenden Gral ausspricht, hat sich in die Dreiheit von großem rundem Kuppelsaal und kleinerer runder Kuppelbühne und der darin geplanten, 9,5 m hohen Christusdarstellung verwandelt. Es waren die beiden konzentrischen Runden des Graltempels auseinandergerückt, wodurch die beiden sich schneidenden Rundenräume, Zuschauer- und Bühnenraum, entstanden und der Gral im kleineren Raum durch die aus Holz geschnitzte Gruppendarstellung des »Menschheitsrepräsentanten« enthüllt wurde, so daß Wagners Ruf: *»Enthüllt den Gral! Öffnet den Schrein!«*, den Zeitschicksalen des 20. Jahrhunderts entsprechend, erfüllt war (vgl. S. 241). So haben die Zeitenräume mit dem Graltempel eine Verwandlung vollzogen, der durch die Verstandes- und Gemütsseele Ausdruck war des mittelalterlichen Zeitgeistes, wie nun das Goetheanum Ausdruck ist unseres Zeitgeistes durch die Bewußtseinsseelenkräfte. Es hat sich ein geschichtlicher Stufengang ereignet, wie er sich auf anderer Entwicklungsstufe vom Feuerheiligtum von Shiz zum Graltempel hin vermuten läßt. Über eine solche geschichtliche Verwandlung spricht Rudolf Steiner einmal und charakterisiert zugleich das Zeitalter der Bewußtseinsseele. In vorchristlichen Zeiten wohnte der Gott im Tempel. In den romanischen und gotischen Kirchen kann auch die Gemeinde wohnen. Im Bau der Zukunft jedoch soll die geistige Welt sprechen, er wird dadurch zum Haus der Sprache, zum Haus des Wortes, in dem selbst die Formen und die Gliederung des Ganzen zur Sprache werden.[113] (S. 251)

Aufgrund unseres Forschungsweges möge besonders für diejenigen Leser, die den kosmischen Bau von Stonehenge selbst besucht haben und ihn in seiner Aufbaugeometrik kennen, auf die Hauptgliederung seiner ganzen Steinsetzung aufmerksam gemacht werden.

Der innerste Kern war ja der sogenannte »horseshoe« (Pferdehuf), der aus fünf trilithons (torartigen Dreisteinen) bestand, die in halbrunder Becherform aufgestellt waren. Diese war nach Nordosten (Sommerwendepunkt) geöffnet, und ihr lag das Pentagramm zugrunde, das – wie dargestellt wurde – sich als Grundrißfigur ergibt und auf den Menschen deutet, wenn man die fünf möglichen Diagonalen des Pentagramms zieht. Dann entsteht ein Fünfstern gleichsam als Signatur der Menschengestalt.

West Ost

Erstes Goetheanum, Querschnitt: im Westen das Portal, danach Zuschauerraum, im Osten die Bühne.

Die Rotunde von 30 aufrechten Steinkolossen dagegen, die durch 30 Decksteine im Kreisrund verbunden waren, wirkte wie ein strahlenförmiges Hinausgehen und Hereinwirken in alle und aus allen Himmelsrichtungen. Sie hat also *makrokosmischen* Charakter wie der horseshoe

Ost

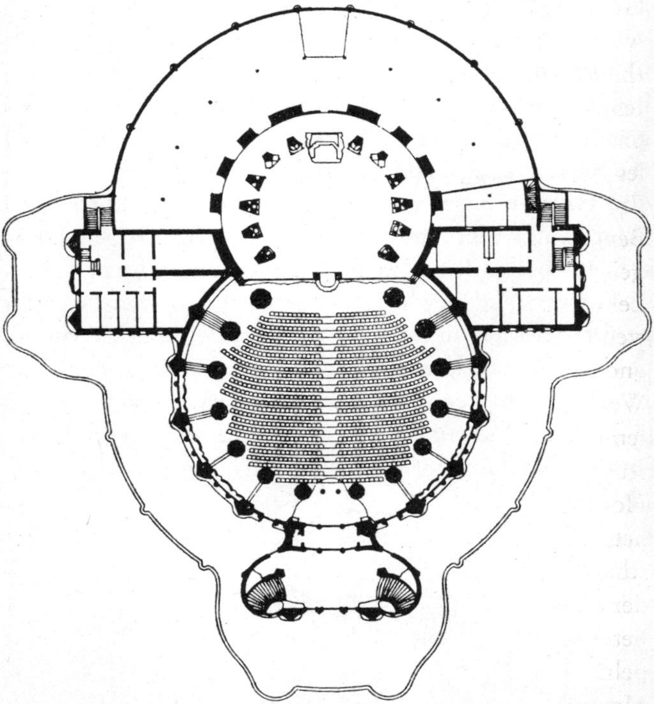

Grundriß des ersten Goetheanum, Bauzeit 1913–1920 (vgl. Anm. 117).

mikrokosmischen Charakter hat, so daß sich der Mensch als Mikrokosmos in den Makrokosmos einordnet.

Der gesamte Aufbau der Steinsetzungen ist außerdem auf die Sonne, vor allem auf die Sommersonnenwende ausgerichtet. Dadurch hatte die Funktion von horseshoe und Rotunde ein Erleben und Wahrnehmen des Sonnenwesens vermittelt, das Träger und Offenbarer des kosmischen Christus ist. Durch die Übersicht der Grundstruktur und Hauptfunktion von Stonehenge wird klar, daß Wesen und Bestimmung des ersten Goetheanum-Baues ihm verwandt sind, der wie der Graltempel die Dreiheit von Mikrokosmos, Makrokosmos, Christus in sich trug. Zudem entsteht ein eindrucksvolles Bild der Verwandlungen durch die Zeitenräume der Empfindungsseele, Verstandes- und Gemütsseele bis zur Bewußtseinsseele, die heute berufen ist, die Pforten zur geistigen Welt zu öffnen. Dies kann durch die neue Lehre vom Menschen, die Anthroposophie, geschehen, wenn der Gegenwartsmensch sie aus voller Freiheit prüft und individuell ergreift.

Weitere Motive zeigen die Metamorphose vom Graltempel zum Goetheanum an. Unter der großen Kuppel trugen zweimal sieben Säulen aus sieben verschiedenen Holzarten, um die Symmetrieachse des Baues angeordnet, das Gewölbe. Sie bezeichneten damit die planetarische Sphäre. Unter der kleineren Kuppel befand sich der Bühnenraum mit zweimal sechs Säulen, sie bezeichneten dadurch die Sphäre des Tierkreises. Beide Kuppeln gaben in farbigen Bildkompositionen die Welt- und Menschheitsgeschichte so wieder, daß sich ihr göttlicher Sinn und ihre weisheitsvolle Lenkung dem Aufschauenden erschließen konnten. Er erblickte im Osten, in der Mitte der kleineren Kuppel die Gestalt des kosmischen Christus in dramatischer, vorwärtsdrängender Haltung.

Dieser Bau aus Holz, auf einem Betonsockel errichtet,

wurde trotz des beginnenden ersten Weltkrieges, trotz der vielen Einberufungen zum Militär von einer Gemeinschaft von Künstlern, Architekten und Bauarbeitern unter der Lenkung Rudolf Steiners weitergebaut und weiter künstlerisch durchgestaltet. Siebzehn Nationen waren an den Arbeiten beteiligt. So offenbart sich auf dem Dornachhügel in einer Einmaligkeit für Europa das Gesetz der dynamischen Polarität, das Ausdruck der Todesüberwindungskraft ist, die das Geheimnis der Auferstehung in sich birgt.[116, 117] Als der Bau des Goetheanum nach sieben Jahren unermüdlichen Schaffens nahezu vollendet war, konnten in ihm zu Michaeli 1920 die ersten Hochschulkurse der »Freien Hochschule für Geisteswissenschaft« in Dornach stattfinden. Sie waren thematisch der Auftakt zu der neuen Dreiheit von Wissenschaft, Kunst und Religion oder einer »neuen Dreiheit der schauenden Kunst, der geistig erfassenden Wissenschaft und der Wiedergeburt der im Übersinnlichen erlebenden Religion«.[12 (S. 413)]

Aber zwei Jahre später fiel dieses einmalige Bauwerk in der Silvesternacht 1922/23 einer Brandstiftung zum Opfer. Die neuneinhalb Meter hohe Holzgruppe blieb jedoch verschont, da sie nicht fertig geschnitzt war und sich noch im Atelier befand. In ihrer Mitte schreitet der »Menschheitsrepräsentant« Christus gewaltig durch die Mächte der Weltsucht in Gestalt des Ahriman und durch die Kräfte der Weltflucht in Gestalt des Luzifer. Er nimmt unbeirrt seinen Weg in die Menschheitszukunft. Die gesenkte rechte Hand hält Ahriman in Bann, während die erhobene Linke Luzifer abwehrt.

Der Gral hat sich für Europa enthüllt, und aus Asche und Trümmern *des ersten Goetheanum* erhob sich wie ein

Phoenix das *zweite Goetheanum*, ein Betonbau, den Rudolf Steiner noch selbst entworfen hatte. In dem mächtigen, nach Westen blickenden Bau fand die Holzgruppe, die er vor seinem Tode fast fertig geschnitzt hatte, ihre Aufstellung. In diesem Bauwerk konnte die Geisteswissenschaft ihre neue Heimat finden. Sie verbindet in zeitgemäßer Weise Wissenschaft, Kunst und Religion und wird von Rudolf Steiner auch die »Wissenschaft vom Gral« genannt, weil sie das Christusgeheimnis wirksam in ihrer Mitte trägt. [118, 119] Auf ihrem Weg findet der Mensch die Möglichkeit, frei von jedem Dogma, erlebend und erkennend in die übersinnlichen Welten stufenweise einzudringen und sein Bewußtsein dahin zu erweitern. Er wird, im Bilde gesprochen, zu einem Parsifal, der mutig und bewußt durch die Gefahren von Weltsucht und Weltflucht kämpfend hindurchschreitet.[120]

*

Verschiedene Offenbarungserlebnisse wurden einzelnen Persönlichkeiten des 19. und 20. Jahrhunderts zuteil, wenn in Europa Katastrophen hereinbrachen und Millionen sich opferten. Sollten sie vergessen sein? Gewiß, die ungezählten Totenheere schweigen; aber es ist jenes Schweigen, von dem Tudor Poles Kamerad, der die Nähe seines Todes wahrnahm, sagte: *»Gewährt uns jeden Tag ein schweigendes Gedenken, denn die Macht des Schweigens ist gewaltiger, als ihr wißt!«* Eine solche Stille, in der Meditation geübt, bringt die äußeren Sinne zum Schweigen und die inneren Sinne zum seelisch-geistigen Empfinden, zum übersinnlichen Wahrnehmen

durch neu sich entfaltende Organe. Offenbarungserlebnisse beginnen ihre Sprache durch Bilder und Imaginationen. Diese Sprache kann in bezug auf den Gral als eine einheitliche Geistessprache vernommen werden, die in immer neuen Imaginationen ihr Wort führt, wie es sich von Richard Wagner bis Tudor Pole zeigt. Eine ganz neue Religiosität kündet sich hier an: Die Kluft zwischen Glauben und Wissen ist überwunden. Die Geisteswissenschaft Rudolf Steiners gibt jedem die Möglichkeit, diese Kluft zu überbrücken.
Friedrich Rittelmeyer schilderte bereits 1933 die Situation Europas vom Gesichtspunkt der Weltkrise des Christentums. Aus einer sein Leben bestimmenden Gralerkenntnis heraus sagt er: »Wo Glaube und Gemüt im alten Sinn nicht mehr aufleben wollen, da gibt es nur einen Weg: hinein in den Geist, und aus dem lichten, warmen Geist neue Gefühle holen. Man kann gar nicht in Gedanken erleben, ohne die geistigen Hintergründe der Welt zu spüren. Man kann nicht im Geist erstarken, ohne für alle Geistesoffenbarung empfänglich und immer empfänglicher zu werden. Das haben Hunderte erprobt. Die Religion der Zukunft wird eine Religion des Geistes sein. Aber die Gefühle werden in ihr nur um so feiner und reicher blühen.«[121] (S. 72 f.)

Literaturnachweis und Anmerkungen

1 Vgl. Gordon Rattrey Taylor: ›Das Selbstmordprogramm, Zukunft oder Untergang der Menschheit‹. Frankfurt/Main 1971. Besonders Kap. XI, XII.

2 Rudolf Steiner: ›Die Mysterien des Morgenlandes und des Christentums‹. Vier Vorträge, Berlin 3. bis 6. Februar 1913. Vgl. 4. Vortrag vom 6.2.1913. GA Dornach 1960, Bibl.-Nr. 144.

3 Robert de Boron: ›Die Geschichte des heiligen Gral‹. Aus dem Altfranzösischen von Konrad Sandkühler. Stuttgart 1958.

4 Thomas Scott Holmes: ›Wells and Glastonbury‹. London 1908

5 Geoffrey Ashe: ›King Arthur's Avalon‹. London 1957. Siehe auch:
   a) Lional Smithett Lewis: ›St. Joseph of Arimathia at Glastonbury‹. London 1964.
   b) Royal Archaeological Institute: ›Excavations on Glastonbury Tor Somerset 1964/66‹. London.
   c) Geoffrey Ashe: ›Camelot and the vision of Albion‹. London 1971.

6 Geoffrey Ashe: ›The Quest of Arthur's Britain‹. London 1968. Siehe auch:
   a) R. J. Youlton: ›A summary of King Arthur in Cornwall‹. Tintagel 1967.

7 Wellesley Tudor Pole: ›The Silent Road‹. London 1969. Siehe auch:

a) »*The Messenger of Chalice Well*« Zeitschrift hrsg. in Glastonbury Little St. Michael House.
b) Simone Saint-Clair: ›La route du Graal‹. Paris 1963. Kapitel XV.
c) F. Hardcastle: ›Chalice Well Glastonbury‹. Glastonbury 1965.
d) Arthur E. Hendersen: ›Glastonbury Abbey then and now‹. London 1963.

8 John Cottrell: ›My Search for the Holy Grail‹, in der Zeitschrift ›*Ladies Home Journal*‹. New York 1970. 4.

9 C. A. Raleigh Radford: ›The pictorial History of Glastonbury Abbey the Isle of Avalon‹. London 1968.

10 Leslie Alcock: Excavations at South Cadbury Castle 1966 bis 1970‹. Reprinted from the Antiquaries Journal, London 1968. Siehe auch:
a) Leslie Alcock: ›Camelot, die Festung des König Artus? Ausgrabungen in Cadbury Castle 1966–70‹. Bergisch-Gladbach 1974
b) Leslie Alcock: »Camelot Research Committee«, ›*Final Newsletter*‹, University College, Cardiff.

11 Geoffrey von Monmouth: ›Vita Merlini‹, hrsg. von Inge Vielhauer. Amsterdam 1964.
Siehe auch: Maria Christiane Benning: ›Merlin der Zauberer und König Artus‹. Ahrweiler 1958; Konrad Sandkühler: ›Robert de Boron, Merlin der Künder des Grals‹. Stuttgart 1975.

12 Günther Wachsmuth: ›Rudolf Steiners Erdenleben und Wirken. Von der Jahrhundertwende bis zum Tode. – Die Geburt der Geisteswissenschaft. Eine Biographie‹. Dornach 1951.

13 Rudolf Steiner: ›Esoterische Betrachtungen karmischer Zusammenhänge‹. Bd. VI. GA Dornach 1977, Bibl.-Nr. 240.

14 Claire O'Kelly: ›Guide to Newgrange with plans, map and forty photographs‹. Wexford 1971.

15 Ernst Uehli: ›Atlantis und das Rätsel der Eiszeitkunst‹. Stuttgart 1936.

16 J. K. Charlesworth: ›Historial Geology of Ireland‹. Edinburgh – London 1963

17 R. A. S. Macalister: ›The Archaeology of Ireland‹. London 1949.
18 Cornelis Los: ›Die altirische Kirche‹. Stuttgart 1958.
19 Carl Johann Greith: ›Geschichte der altirischen Kirche‹. Freiburg 1867.
20 Ella Young: ›Keltische Mythologie‹. Ahrweiler 1955.
21 Vgl. hierzu:
a) J. George Frazer: ›The Golden Bough – The magic art and the evolution of Kings‹. London 1922. S. 367f.
b) Joseph Raftery: ›Prehistoric Ireland‹. London 1951. S. 54, 212.
c) E. Hull: ›Folklore in the British Isles‹. London 1920. S. 299f.
22 Herman Wirth: ›Der Aufgang der Menschheit‹. Jena 1928.
23 Rudolf Grosse: ›Der Silberkessel von Gundestrup. Ein Rätsel keltischer Kunst‹. Dornach 1963.
24 Hans Gsänger: ›Irland, Insel des Abel. Das heidnische Irland.‹ Freiburg 1969.
25 J. Weisweiler: ›Die Kultur der christlichen Heldenzeit‹. Berlin 1945. Hier sind beide Kulturkreise »Hirsch« und »Stier« ausführlich belegt.
26 Rudolf Steiner: ›Mysteriengestaltungen‹. 9. Vortrag. GA Dornach 1974, Bibl.-Nr. 232.
27 Karl Hublow: ›Die Skellig Michael, Irlands Michael-Insel‹. Begleittext zu 12 Fotopostkarten. Konstanz 1968.
a) ›Steinkreise und Gräber‹, Bildreihe in Fotokarten, Mappe III, 1969.
28 James Dyer: ›Discovering Archaeology in England and Wales‹. Tring, Herts. 1969.
29 Diether Lauenstein: ›Der Messias, eine biblische Untersuchung‹. Stuttgart 1971 sowie Fischer Taschenbuch Verlag, Frankfurt 1984, überarbeitete Auflage. Band-Nr. 5546.
30 Ulrich Mann: ›Vorspiel des Heils, die Uroffenbarung in Hellas‹. Stuttgart 1962.
31 Rolf Müller: ›Der Himmel über den Menschen der Steinzeit‹. Berlin 1970.
32 Uwe Lemke: ›Gotland, ein geistesgeschichtlicher Quellort‹. Stuttgart 1970.

33 A. Thom: ›Megalithic sites in Britain‹. Oxford 1967.
34 Ministry of Works: ›Stonehenge‹. London 1953, S. 14.
Ministry of Works: ›Stonehenge and Avebury‹. London 1964.
35 Gwenc' Hlan Le Scouëzec: ›Guide de la Bretagne Mystérieuse‹. Paris 1966.
36 Raden Mas Noto Soeroto: ›Göttliches Schattenspiel.‹ Weimar 1956.
37 Rudolf Steiner: ›Initiationswissenschaft und Sternenerkenntnis‹. GA Dornach 1964, Bibl.-Nr. 228
38 Werner Hülle: ›Steinmale der Bretagne‹. Ludwigsburg 1967.
39 Hélène Jeaubran: ›La Bretagne‹. Bonn 1959.
40 Gwenc' Hlan Le Scouëzec: ›Histoires et Légendes de la Bretagne‹. Paris 1968.
41 Wilhelm Rath: ›Das Buch vom Gral‹. Stuttgart 1968.
42 Magda Janssen: ›Peronnik der Einfältige‹. Übersetzung aus dem Foyer Breton des Emile Souvestre. München 1922.
43 W. J. Stein: ›Weltgeschichte im Lichte des Heiligen Gral‹. Stuttgart–Wien 1928.
44 Libanios, ›Autobiographische Schriften‹. Übersetzt von Peter Wolf. Zürich–Stuttgart 1967.
45 Ferdinand Kattenbusch: ›Lehrbuch der Konfessionskunde‹. Freiburg 1892. Bd I.
46 Gerhard Fittgau: ›Der Begriff des Mysteriums bei Johannes Chrysostomos‹. Bonn 1953.
47 ›Die göttliche Liturgie des Johannes Chrysostomos‹ Siehe: »Proskomodie«
48 Konrad Burdach: ›Der Gral‹. Stuttgart 1938.
49 Hans Gsänger: ›Irland, Insel des Abel. Das heidnische Irland‹. Freiburg 1969.
a) W. G. Hanson: ›The early monastic Schools of Ireland‹. London 1927.
50 Dionisios Aeropagita: ›Die Hierarchien der Engel und der Kirche‹. Übersetzt von Walther Tritsch. München-Planegg 1955.
51 Thomas Malory: ›Der Tod Arthurs‹. Hrsg. Severin Rüttgers. Leipzig.

52 ›Wolfram von Eschenbachs Parzival und Titurel‹. Hrsg. von Karl Bartsch. Leipzig. 1935. (Mit Wort- und Sacherklärungen für ein genaues Studium)

53 Bodo Mergell: ›Wolfram und seine französischen Quellen‹. Münster 1943.

54 Werner Wolf: ›Albrecht von Scharfenbergs Jüngerer Titurel‹. Bd. I, Berlin 1955; Band II^1 1964; Band II^2 1968.

55 Henry Kratz: ›Wolfram von Eschenbachs Parzival‹. Bern 1973.

56 Sigfus Blöndel: ›Islansk-Dansk Ordbog‹

57 Eugen Kölbing: ›Die nordische Parzivalsaga und ihre Quelle‹. Wien 1869.

58 Rudolf Steiner: »Christus und die geistige Welt. Von der Suche nach dem heiligen Gral«. GA Dornach 1977, Bibl.-Nr. 149, 5. Vortrag.

59 Herbert Hahn: ›Vom Genius Europas‹. II. Band, Stuttgart 1964.

60 Leopold von Schroeder: ›Die Wurzeln der Sage vom heiligen Gral‹. Wien 1910.

61 Hans von Wolzogen: ›Die Edda‹, aus dem Altnordischen übersetzt. Leipzig.

62 Margarita Woloschin: ›Die grüne Schlange‹. Stuttgart 1954 sowie Fischer Taschenbuch Verlag, Frankfurt 1982, Band-Nr. 5514.

63 Gottfried Frenzel: ›Die Farbverglasung aus St. Lorenz Nürnberg‹. Augsburg 1968.

64 Rudolf Steiner: ›Die Mission einzelner Volksseelen im Zusammenhang mit der germanischen Mythologie‹. GA Dornach 1982, Bibl.-Nr. 121, X. Vortrag.

65 Herbert Hahn: ›Vom Genius Europas‹. I. Band, Stuttgart 1963.

66 Walter Johannes Stein: ›Weltgeschichte im Lichte des heiligen Gral‹. Stuttgart–Wien 1928.

67 J. Hergenröther: ›Photios, Patriarch von Konstantinopel‹. Regensburg 1867.

68 Franz Rolf Schröder: ›Die Parzivalfrage‹. München 1928. Vgl. dazu auch: Herbert Kolb: ›Munsalvaesche. Studien zum Kyotproblem‹. München 1963.

69 Gudula Trendelenburg: ›Studien zum Gralraum im Jüngeren Titurel‹. Göppingen 1972.
Vgl. dazu: Karin-Maria Petersen: ›Zum Grundriß des Graltempels‹ in: Festschrift für Kurt Herbert Halbach. S. 271 ff.

70 Werner Wolf: ›Albrechts von Scharfenberg Jüngerer Titurel‹, Einleitung Seite CVIII.

71 R. Ghirshman: ›Iran‹. München 1964.

72 R. Steiner: »Wendepunkt des Geisteslebens«. Vortrag über »Zarathustra«, Berlin, 19.1.1911. GA Dornach 1983, Bibl.-Nr. 60.

73 Hans Henning von der Osten und Rudolf Naumann Hrsg: ›Thakt-i-Suleiman. Vorläufiger Bericht über die Ausgrabungen 1959‹ (Teheraner Forschungen 1), Berlin 1961.

74 Lars-Ivar Ringbom: ›Zur Ikonographie der Göttin Ardvi Sura Anahita‹. Åbo Akademi 1957.

75 Lars-Ivar Ringbom: ›Graltempel und Paradies. Beziehungen zwischen Iran und Paradies im Mittelalter‹. Stockholm 1951.

76 Naumann, Huff, Kleis, Boehmer/Wiegartz: »Thakt-i-Suleiman und Zindan-i-Suleiman«. Vorläufiger Bericht über die Ausgrabungen in den Jahren 1963/64. ›*Archäologischer Anzeiger*‹ 80, 1965. R. Naumann: ›Takt-Zendan‹, Berlin 1977.

77 Rudolf Steiner: ›Das Matthäus-Evangelium‹. GA Dornach 1978, Bibl.-Nr. 123, 1. Vortrag.

78 Hommel, Fritz: »Ethnologie und Geographie des Alten Orients«. ›Handbuch der Altertumswissenschaft‹ 3. Abteilung, I. Teil, 1. Band. S. 209/10 auch Anm. 2. München 1926.

79 R. Ghirshman: ›Iran‹. München 1964; siehe die kurze Andeutung im Inhaltsverzeichnis.

80 Hermann Beckh: ›Zarathustra‹. Stuttgart 1927.

81 Rudolf Steiner: ›Das Lukas-Evangelium‹. GA Dornach 1977, Bibl.-Nr. 114. IV. Vortrag.

82 Emil Bock: ›Urchristentum II. Kindheit und Jugend Jesu‹. Stuttgart 1939. Vgl. dort (S. 56 f) die Anmerkung, die auf die Gralsage Bezug nimmt.

Siehe ferner bei Ringbom (Anm. 75), wo auch auf das von Emil Bock zitierte Mysterienbuch ›Die Biene‹ hingewiesen wird (S. 500).

83 Vgl. Fragment: In einem fragmentarischen Text, der aus Assurbanipals Bibliothek stammt und den Kampf eines Lichtgottes mit einem Ungeheuer der Finsternis schildert, heißt es zum Schluß, wie eine Prophetie auf das Leben des Jesus Christus von der Jordantaufe bis Gethsemane bezogen:

»Laß aufsteigen Gewölk, einen Sturm errege,
Dein Lebenssiegel halte vor dein Antlitz;
Setz an und töte den Labbu!«
Er ließ Gewölk aufsteigen, erregte einen Sturm,
Hielt sein Lebenssiegel vor sein Antlitz,
Setzte an und tötete den Labbu.
Drei Jahre, drei Monate, einen Tag und zehn Stunden
Floß das Blut des Labbu unaufhörlich.

84 Henry Kratz: ›Wolfram von Eschenbachs Parzival‹. Bern 1973. Vgl. Kap. V »Gahmuret«.

85 Für den mittelhochdeutschen Text wurde die Ausgabe von Karl Bartsch benützt: ›Wolfram von Eschenbachs Parzival und Titurel‹ Band I bis III, 4. Auflage. Leipzig 1935. Für die Übersetzung Friedrich Knorr und Reinhard Fink. Jena 1943.

86 Vgl. dazu: A. Huck: ›Synopse der drei ersten Evangelien‹. Tübingen 1922.

a) »Die matthäische Vorgeschichte«, S. 1–3.
b) »Die lukanische Vorgeschichte«, S. 3–9.

Aus dieser Übersicht geht der Unterschied klar hervor.

87 Chrestien de Troyes: ›Perceval oder die Geschichte vom Gral‹. Aus dem Altfranzösischen übersetzt von Konrad Sandkühler. Stuttgart 1957.

88 Wolfgang Golther: ›Parcival und der Gral‹. Stuttgart 1927.

89 W. F. Veltman: ›Sänger und Ketzer‹. Zeist 1967.

90 Vgl. dazu:

a) Arno Borst: ›Die Katharer‹. Stuttgart 1953.
b) Otto Rahn: ›Kreuzzug gegen den Gral. Die Tragödie des Katharismus‹. Freiburg 1933 und Stuttgart 1964.
c) Jacques Madaule: ›Das Drama von Albi. Der Kreuzzug

gegen die Albigenser und das Schicksal Frankreichs‹. Olten–Freiburg i. Br. 1964.
91 ›Manichäische Handschriften der Staatlichen Museen Berlin‹, Hrsg. Carl Schmidt. Stuttgart 1939, Bd. I, Kephalaia.
92 ›Manichaean Manuscripts in the Chester Betty Collection‹. Ed. by C. R. C. Allberry, Nr. A. Stuttgart 1938. Volume II, Part II.
93 Albert Steffen: ›Das Todeserlebnis des Manes‹. Drama. Dornach 1934.
94 Albert Steffen: ›Mani‹. Dornach, Stuttgart 1930.
95 Geo Widengren: ›Mani und der Manichäismus‹. Stuttgart 1961.
96 ›Neue Originalschriften des Manichäismus aus Ägypten‹. Fundbericht von Prof. Dr. Dr. Carl Schmidt. Berlin 1930.
97 Franz Rolf Schröder: ›Die Parzivalfrage‹. München 1928.
98 Rudolf Meyer: ›Der Gral und seine Hüter‹. Stuttgart 1956.
99 Friedrich Nietzsche: ›Unzeitgemäße Betrachtungen‹, in ›Gesamtausgabe‹ Bd. I. Leipzig 1909.
100 Camille Schneider: ›Edouard Schuré, seine Lebensbegegnungen mit Rudolf Steiner und Richard Wagner‹. Freiburg 1971.
101 Jürgen Bona Meyer: ›Zum Streit über Leib und Seele‹. Hamburg 1856.
102 Richard Wagner: ›Mein Leben‹. Dies ist die eine Fassung seines Karfreitagserlebnisses; die zweite Fassung ist an König Ludwig II. am 14. April 1865 in München gerichtet. »Außerdem gibt es noch die an Mathilde Wesendonck gesandte Vertonung der Worte, die Parzival ursprünglich im 3. Akt ›Tristan‹ singen sollte: Wo find' ich dich, du heil'ger Gral, dich sucht voll Sehnsucht mein Herze‹« (etwa April 1858). Diese Mitteilung verdanke ich Gertrud Strobel vom Richard-Wagner-Archiv, Bayreuth.
103 Walter Flex: ›Vom großen Abendmahl‹. München 1916.
104 Albert Steffen: ›Der Chef des Generalstabs‹. Dornach 1927.
105 Wellesley Tudor Pole: ›The Silent Road‹. London 1969.
106 Simone Saint-Clair: ›La route du Graal‹. Paris 1962. Vgl. besonders das Kapitel »Big Ben et Chalice Well«.

107 Simone Saint-Clair: ›Perceval ou l'Histoire d'un jeune homme par lui même‹. Paris 1947.
108 Stefan Zweig: ›Sternstunden der Menschheit. Zwölf Miniaturen‹. S. Fischer Verlag, Frankfurt 1950.
109 Vgl. Gerhard von dem Borne: »Der Gral und der Gralbau«, in »*Die Drei*«. Stuttgart 1975, Heft X.
110 D. K. Gauß: ›Von der Urzeit bis zum Bauernkrieg des Jahres 1953. (Geschichte der Landschaft Basel und des Kantons Basel-Land)‹. Liestal 1932.
111 Th. Maurer: ›Die Heilige Odilie‹. Straßburg 1930.
112 Hermann Jülich: ›Arlesheim und Odilie‹. Arlesheim 1955.
113 Günther Wachsmuth: ›Rudolf Steiners Erdenleben und Wirken. Von der Jahrhundertwende bis zum Tode. Die Geburt der Geisteswissenschaft. Eine Biographie‹. Dornach 1951.
114 Rudolf Steiner: ›Initiationswissenschaft und Sternenerkenntnis‹. GA Dornach 1964, Bibl.-Nr. 228, S. 103f.
115 Goethes Naturwissenschaftliche Schriften‹. Hrsg. von Rudolf Steiner mit Einleitungen, Fußnoten und Erläuterungen im Text. Bd. I–IV 1 u. 2. Stuttgart 1883f.
116 Rudolf Steiner: ›Das Hereindringen der spirituellen Offenbarung seit dem letzen Drittel des 19. Jahrhunderts. Sylvestergedanken‹. Vortrag vom 31.12.1919. GA Dornach. Bibl.-Nr. 195.
117 Rudolf Steiner: ›Der Dornacher-Bau als Wahrzeichen des geschichtlichen Werdens und künstlerischer Umwandlungsimpulse‹. Dornach 1937, S. 157f.
Vgl. Rudolf Steiner: »Der Baugedanke des Goetheanum«, einleitender Vortrag (am 21. Juni 1921) mit Erklärungen zu den Bildern des ersten Goetheanum. Dornach 1932;
›Sprechender Beton. Wie Rudolf Steiner den Stahlbeton verwendete‹. Hrsg. von Rex Raab, Arne Klingborg, Åke Fant. Dornach 1972.
118 Rudolf Steiner: ›Die Geheimwissenschaft im Umriß‹. Vgl. Kapitel: »Gegenwart und Zukunft der Welt- und Menschheitsentwicklung«. GA Dornach 1977 Bibl.-Nr. 13 sowie Rudolf Steiner: ›Ausgewählte Werke‹, Fischer Taschenbuch Verlag, Frankfurt 1985, Bd. 5, Nr. 3095.

119 Sigismund von Gleich: ›Die Inspirationsquellen der Anthroposophie‹. Zeist 1953. Abschnitt IV: »Der Grals-Impuls«.

120 Rudolf Steiner: ›Die Sendung Michaels‹. Vortrag vom 13.12.1919; »Baustile als Ausdruck der Menschheitsentwicklung. Griechischer Tempel, Gotischer Dom, Gralstempel, Dornacher Bau.« GA Dornach 1983, Bibl.-Nr. 194.

121 Friedrich Rittelmeyer: ›Rudolf Steiner als Führer zu neuem Christentum‹. Stuttgart 1933. S. 72f., 76f.

122 Wolfgang Müller: ›Dionysios Areopagites‹, Basel 1976.

123 Michael Eschborn: ›Karlstein. Das Rätsel um die Burg Karls IV.‹ Stuttgart 1971.

Perspektiven der Anthroposophie

Rudolf Meyer
Zum Raum wird hier die Zeit
Die Gralsgeschichte
Band 5532

Rudolf Meyer, Jahrgang 1896, studierte Theologie und war Mitbegründer der 1922 von Friedrich Rittelmeyer mit Hilfe Rudolf Steiners ins Leben gerufenen »Christengemeinschaft«, ›Die Weisheit der deutschen Volksmärchen‹ (Fischer Taschenbuch Nr. 5505) gehört zu seinen am weitesten verbreiteten Werken.

In der Hochblüte des Mittelalters, zwischen 1180 und 1280, erhält die Welt erstmals Kunde vom Gral und seiner heiligen Stätte, der Gralsburg, sowie von Perceval, dem Gralssucher. Fast gleichzeitig sind die bedeutendsten Dichter jener Zeit vom Gralsmotiv ergriffen, das sie zum Mittelpunkt ihrer Epen machen. Rudolf Meyer geht den Ursprüngen der Gralssage nach, die mehr als eine gewöhnliche Sage ist und auf tiefe spirituelle Hintergründe verweist. Er behandelt eingehend die Motivwelt jener mittelalterlichen Gralsdichtungen und beschreibt die ungewöhnliche Ausstrahlungskraft dieses Themas.

Fischer Taschenbuch Verlag

fi 435/1